안동문화로 보는 한국학

안동문화로 보는 한국학

배영동·정진영·윤천근·이종호·이지영·임재해 지음

알렙

한국학의 시선으로 안동문화를 보다

이 책은 한국학과 지역문화를 동시에 이해하기 위해 집필되었다. 한국학의 시선으로 지역문화를 보는 것이기도 하고, 지역문화 이해를 통하여 한국학에 다가가기 위한 것이기도 하다. 여기서 한국학과 지역문화는 다분히 제한적인 의미로 쓰인다. 한국학은 전통적인 한국 사회와 문화를 연구하는 학문 체계라는 뜻이다. 지역문화는 특정 지역의 문화를 지칭하는바, 여기서는 안동문화를 가리킨다. 그러므로 이 책은 안동문화에 대한 이해를 통해서 한국학을 만들고자 하는 것이니, 그 결실은 안동문화에 관한 한국학이라고 해도 좋을 것 같다.

문화에 대해서는 어떤 집단 구성원들의 사고방식의 체계라든지, 생활방식이라는 정의가 널리 알려져 있다. 그런가 하면 사람들이 살아가는 데 필요한 교양을 문화라고 하기도 한다. 그렇다면 사람들이 집단을 이루어 살면서 무엇을 중요하게 생각하는지, 상황에 따라 무엇을 적절하고 바람직하다고 판단하는지에 대한 준거를 문화라고 할 수 있다. 그뿐만 아니라 집단 구성원들이 처한 현실적 여건에 영향을 받아서, 바람직하다고 생각하고 추구한 바와 다르게 실행된 삶의 방식 또한 문화이다. 앞쪽은 문화의 이상형이고, 뒤쪽은 문화의 실제형이다. 문화 연구에서는 이상형도 중요하고 실제형도 중요하다.

집단에 따른 문화 차이는 지역에 따른 문화 차이의 문제이기도 하다. 따라서 안동문화를 이해하려는 과업은 안동 지역에 어떤 사람들이 살았는가, 그리고 그들이 만든 집단은 어떤 집단인가, 나아가 그 집단 구성원들이 무엇을 추구하면서, 무엇을 중시하고, 무엇을 바람직하게 생각하며 살아왔는가에 대한 문제로 귀결된다. 하지만 안동 사람들이 설정하고 추구한 바는 현실적 제약으로 인해서 언제나 생각하고 의도한 대로 실행에 옮겨지지는 않았을 것이다. 바로 이 지점에서 평소 지향한 바와 다른 실천적 국면의 문화에 대한 이해가 또한 필요하다.

이 책은 역사학, 민속학, 철학, 한문학, 국문학의 관점에서 안동문화에 대하여 접근한다. 이 다섯 학문은 모두가 사람들의 삶과 의식, 생각과 실천의 경향성이 무엇인지를 다룬다는 점에서 공통점이 있다. 그러므로 이 책은 크게 보면 여러 학문적 접근이 얽혀서 하나로 종합될 수 있고, 작게 보면 서로 다른 학문적 성향을 견지한 성과의 집합이다. 이들 학문의 시선은 안동 사람들의 삶, 의식, 사고, 실천을 다루면서도 약간씩 다른 접근을 하여 안동문화의 다른 측면을 바라보고 있다.

역사학은 기본적으로 문헌 자료를 분석하면서 당대 사회와 문화를 재구성하고, 그것이 시간 흐름 속에서 어떤 특성을 갖는지에 대해서 고찰한다. 반면에 민속학은 문헌 자료보다는 언어 전승·행위 전승·물질 전승과 같은 전승 문화 자료를 활용하여 집단 구성원들의 삶과 풍속이 어떠한지에 대해서 살핀다. 철학은 그 시대를 살았던 선현들의 생애와 사상을 통하여 바람직하게 지향했던 삶의 좌표에 대해 궁구한다. 한문학은 한문으로 저술된 문학작품을 분석하여 삶의 지향성과 문학적 형상미를 해명한다. 국문학은 한글로 기록되거나 구전되는 문학 텍스트를 분석하여 당대의 삶에 대한 감성적 접근을 시도한다.

그럼에도 다섯 학문의 시선으로 안동문화에 대해서 한 권의 책을 만든 까닭은 학문 분야가 상이하더라도, 공통점을 중요하게 바라볼 필요가 있고 그 나름의 의의도 클 것이기 때문이다. 학문 분야별로 나누어 집필함으로써 학문적 시선의 차이를 존중하면서 다양한 시선으로 안동문화를 조명할 수 있도록 하였다.

실은 안동 지역 사람들의 삶과 의식, 사고, 실천적 행위의 의미를 해명하기도 쉽지 않다. 다른 지역 사람들과 어느 정도 구분되는 면모를 중요하게 포착해야 하기 때문이다. 게다가 안동 사람들은 사회적 지체에 따라 구분되는 존재였고, 그들의 삶도 경제 계층에 따라서 상당한 차이가 있게 마련이다. 이러한 차이에 관해서는 일반적으로 학문마다 강조점을 조금씩 달리하고 있다.

역사학은 상층과 하층 사람들의 삶에 대해서 함께 생각하되, 상층 사람들이 남긴 기록 자료를 위주로 분석하고 있다. 민속학은 상대적으로 하층 사람들과 보통 사람들의 전승 문화에 강조점을 두고 연구함으로써 민중 생활을 중요하게 생각한다. 철학과 한문학은 주로 선현들의 삶과 사상, 의식을 분석하는 데 치중하기 때문에 일반적으로 지식인 중심의 연구를 수행하고 있다. 국문학에서는 구비문학을 분석할 때는 민중주의적 문학 전통을 중시하지만, 기록문학을 분석할 때면 주로 지식인들이 창작한 국문학 작품을 중심으로 다룬다.

제1부 「안동의 지역과 역사」는 역사학적 접근으로 안동 지역과 안동 사회, 안동의 유교문화를 개괄적으로 해명하고 있다. 지역과 지방의 용어 문제를 검토하고, 안동의 역사를 살피면서 보통명사 안동이 고유명사 안동으로 성립되는 과정을 설명한다. 이어서 안동 사회와 안동문화의 특징을 양반문화와 유교문화를 중심으로 이해하고자 한다. 그런데도 안동에 양반이 많았다는 것은 그만큼 하층민도 많았음을 뜻한다고 지적한다. 특히 안동 사회가 지배층과 피지배층 간의 모순과 갈등을 크게 경험하지 않았음을 설파한다. 그뿐만 아니라 안동의 양반문화에 대해서는 퇴행적으로 접근할 것이 아니라 미래 지향적 차원에서 성찰할 것을 주문한다.

제2부 「안동 지역의 민속」은 민속학적 관점에서 안동문화에 대해 설명하고자 한다. 문헌사료를 분석하기보다는 안동 사람들의 전승적 · 실천적 행위의 국면에서 안동문화를 바라보고자 한다. 그래서 안동 지역에서 주목되는 명절과 일생의례, 놀이와 축제, 동제와 신앙, 의식주 생활에 대해서 다룬다. 안동의 민속은 더러는 고려 왕들의 안동 행차와 관련하여 형성되고, 일부는 재래의 신앙과 의례로 전승된 것이며, 또 어떤 것은 유교문화의 보급으로 뿌리 내린 결과임을 지적한다. 그리고 유교 의례 가운데 안동에서 유달리 강한 전승력을 지닌 것은 함께 다루고 있다.

제3부 「안동 사람의 사상과 철학」은 철학적 안목으로 안동문화 이해를 지향한다. 특히 안동이 배출한 퇴계 이황을 주목하면서, 퇴계 이황 이전 시기의 안동, 퇴계 이황의 일생, 퇴계학 시대의 안동과 혈족주의 문화로 나누어서 설명하고 있다. 고려말 안향으로부터 우탁으로 이어지는 주자학의 학문 계보 속에서 안동 일원에 주자학이 전파

되고, 다시 진성 이씨의 안동 이주와 정착의 기반 위에서 퇴계 이황이 배출되었다고 한다. 특히 퇴계의 『주자서절요』, 「성학십도」, 「사단칠 정론」, 「거경궁리의 수양론」을 퇴계학의 요체로 파악하고 있다. 그리 고 안동을 중심으로 한 퇴계학파는 조선 후기 유교문화를 선도하는 역할을 하였다는 것이다.

제4부 「안동 선비의 규범의식과 한시 창작」은 한문학적으로 안동 문화를 해명하려는 것이다. '안동의 선비문화와 선비 형상', '안동 선 비의 문예 인식과 유교적 규범의식', '안동 선비의 한시 창작과 풍류 양상'을 중요한 내용으로 다루고 있다. 안동 선비에게서 주목되는 처 사형 안빈낙도의 삶과 전원시, 그리고 천인합일의 미의식과 유교적 문예관을 포착하고 있다. 특히 자주 거론되지 못한, 숨은 선비들을 다수 발굴하여 그들의 삶과 문학작품을 상호관계 속에서 분석하고 있다.

제5부 「안동의 문학」은 국문학의 시선으로 '안동의 설화', '안동 여 성과 규방가사', '이육사의 삶과 고향 안동'에 대해서 설명한다. 먼저 안동의 공동체 문학 안에 안동 사람들의 의식이 어떻게 설화에 갈무 리되어 있는지를 살핀다. 또한 안동을 중심으로 하여 크게 성행한 규 방가사를 통해서, 유교적인 사회구조 속에서 억압되었던 당대 여성들 의 삶과 의식을 읽고 있다. 마지막으로 안동에서 태어나 어린 시절을 보낸 이육사의 삶과 글을 통해서 '고향'으로서 지역의 의미를 조명하 였다.

이렇듯이 이 책에는 안동사의 흐름을 기반으로 하여, 선비와 같은 지식인들의 문예 지향적인 삶의 방식, 양반 사족과 같은 지배층의 문 화뿐만 아니라 민중들의 이야기와 풍속이 두루 망라되어 있다. 과거와 현재, 남성과 여성을 넘나들며 역사학, 민속학, 철학, 한문학, 국문학이 한데 어울려 안동문화를 풀어가는 동시에, 안동문화에 대해 한국학의 분과학문의 특색을 살려 설명한다.

앞으로 저자들이 의견 교환을 활발하게 하여 더 세련된 감각으로 지역문화 연구를 확장할 수 있기를 기대한다. 끝으로 이 책이 안동문화를 사례로 하여 한국학을 이해하고, 한국학의 시선에서 안동문화를 되돌아보는 디딤돌이 된다면 참으로 다행이다.

2016년 2월 25일
저자들의 뜻을 생각하며
배영동 씀

차례

제3부 안동 사람의 사상과 철학

제4부 안동 선비의 규범의식과 한시 창작

제5부 안동의 문학

제1부 안동의 지역과 역사

정진영(안동대 사학과)

1장

왜 '지역'인가?

1 '지역'과 '지방', 그리고 역사

지역이란 일정한 땅의 구역을 말한다. 그래서 특정한 구역의 명칭인 영남이나 호남 등과 함께 쓰면 보다 분명해진다. 즉, '영남 지역'이니 '호남 지역' 등은 우리가 일상에서 흔하게 사용하는 말이다. 그러니 지역이라는 말은 그리 특별한 의미를 가지는 것은 아니다. 여기에 사회니 문화라는 말을 붙이더라도 크게 문제되지 않는다. 지역 사회, 지역문화란 '일정한 사회적 특징을 가진 지역 안에서 성립되어 있는 생활공동체나 문화' 정도로 정의할 수 있다. 이런 정도에서는 지역을 지방이라는 말로 바꾸더라도 큰 문제가 없다. 앞에서 언급하였던 '영남 지역', '호남 지역', 혹은 지역 사회, 지역문화를 '영남 지방', '호남 지방' 혹은 지방 사회, 지방 문화라 하더라도 그 의미와 개념상의 큰 차이를 발견하기란 쉽지 않다.

그러나 지역과 연구 혹은 역사라는 말이 결합되어 지역 연구나 지역사가 되면 문제는 복잡해질 수도 있다. 그것은 지역 연구라는 용어가 제국주의 국가가 독립한 식민지에 대한 지배력을 그대로 유지하기 위한 정책적 수단을 확보하기 위해 사용하기 시작했다는 그 전력 때문이다. 말하자면 지역이라는 말에는 어딘지 제국주의의 식민지 지배 냄새가 난다는 것이다. 사실 서구의 '동아시아 지역사', '아프리카 지역사' 등의 지역사는 자국의 지역사가 아니라 옛 식민지 지역에 대한 연구를 의미하게 된다. 이러한 점에서 한국의 역사학계에서는 '지역'보다는 '지방'이라는 말을 더 선호하기도 한다. 그렇다고 지방이라는 용어가 아무 문제 없이 누구에게나 보편적인 용어로 받아들여지는 것은 아니다.[1]

지방이란 엄연히 중앙에 대한 상대적인 말로 쓰인다. 그리고 흔히들 지방은 중앙의 하위 개념이나 종속적인 의미로 이해한다. 오늘날 서울 사람들에게 '지방'이란 문화적으로나 경제적으로 그저 '낙후된 시골' 정도로나 이해된다. 따라서 지방에 산다는 것은 마치 밀림지대에서 사는 것처럼 끔찍한 일로 받아들여진다. 더구나 지방 사람들 또한 스스로를 서울의 머나먼 변두리쯤으로 여기기도 한다. 이러한 사정에서 지방의 문화나 역사란 저급한 것이거나 중앙에 종속되어 독자적이거나 주체적인 의미를 가지지 못하는 것으로 이해되기 십상이다. 또한 지방은 지방색이나 지역감정과 같이 부정적인 의미로 인식되기도 한다. 그러니 '지방'이라는 말 대신에 중앙으로부터 상대적으

---

1) 고석규, 「지방사 연구의 새로운 모색」, 『지방사와 지방문화』 1, 역사문화학회, 1998.

　　　　　　　　　　안동문화로 보는 한국학

로 독립적이고 독자적인 '지역'이라는 용어를 사용하자는 일부의 주장도 일리 있다.

　그럼, 지방이라는 말 자체가 중앙에 대한 종속적인 개념일까? 서울은 중앙이고, 중앙은 지방에 비해 우월한 지위를 가지는가? 여기서 우리가 분명히 알아야 할 것은 서울도 경상도나 전라도와 마찬가지로 하나의 지방이라는 사실이다. 그래서 조선시대에는 국가의 상징인 왕과 중앙의 관료들이 있고, 서울에는 한성부(漢城府)가 설치되어 경상도나 전라도와 마찬가지로 지방관이 파견되어 있었다. 오늘날에도 서울시장은 지방자치단체장의 하나에 불과하고, 서울에도 지방경찰청이 있고, 지방국세청이 있다. 서울이 그 본래부터 우월적 지위를 가진 것은 아니었다. 그러나 조선 왕조 중엽인 17세기 이후 서울에는 점차 물화(物貨)와 인물(人物)이 집중되었다. 이를 바탕으로 하여 서울의 권세가들은 권력을 독점하고 이를 더욱 고착시켜나갔다. 그들은 지방으로부터 징수된 조세와 유입되는 물화에 의지해서 생활하거나 부귀영화를 누려왔다. 이런 구조는 오늘날이라고 하여 크게 다르지 않다.

　이제 중앙(서울)과 지방의 불평등한 관계는 엄연한 현실이 되었다. 이것이 현실이라면, 종속적인 '지방'이라는 말을 '지역'으로 바꾼다 하여 불평등한 현실이 개선되거나 저절로 타개되는 것은 아니다. 차라리 우리의 현실을 분명하게 드러내어 주는 '지방'이 보다 적절한 것은 아닐까? 그래서 '지방'과 '중앙'이 대등한 관계로 발전해가야 하고, 상호 보완적인 역할을 찾아 함께 발전해가야 할 공동체임을 확인하고, 그렇게 지향해가야 하는 것은 아닐까?[2]

---

2) 정진영, 「한국지방사연구의 현황과 과제' 토론문」, 『한국지방사 연구의 현황과 과제』, 한국사연구회, 2000, 420~421쪽.

그러나 여기서 우리는 지나치게 '지역'과 '지방'이라는 용어에 집착할 필요는 없다. 그것은 용어의 문제가 아니라 우리가 지역이나 지방을 통해 추구해야 할 가치가 무엇인가에 보다 큰 관심을 두어야 하기 때문이다. 그래서 여기서는 지역이나 지방을 크게 구별하지 않고 편의대로 사용하기로 한다.

그럼, 우리가 지역이나 지방에 대해 이렇게 관심을 가지는 것은 무엇 때문이며, 언제부터였을까? 물론 그것은 중앙의 종속적인 지방이 아니라 주체적이고 독자적인 존재로서의 지역과 지방이다. 일반적인 의미로서의 지방이나 지역이 우리의 관심 대상이 된 것은 지방자치제의 실시와 크게 관련되었다고 할 수 있다.

우리나라의 지방자치법은 1949년 제헌국회에서 제정되었다가 이승만에 의해 그 실시가 보류되거나 장기 집권을 위한 도구로 이용되다가 결국 1958년에는 그나마 폐지되고 말았다. 이후 4 · 19 혁명을 통해 집권한 장면 정권에서 지방의회와 자치단체장 선거를 통해 전면적인 지방자치가 실시되기에 이르렀다. 그러나 5 · 16 군사정변을 통해 박정희 군부는 이를 폐기하였다. 이후 전두환 정부에 이르기까지 오랫동안에 실시되지 못하였다. 독재 혹은 군사정권은 시 · 도지사와 시장 · 군수를 국가 공무원으로 임명함으로써 지방에 이르기까지 권력을 독점적으로 장악하였다. 오랫동안 폐지되었던 지방자치제가 다시 실시된 것은 문민정부의 출범 이후인 1995년에 이르러서였다.

국가공무원으로서의 시 · 도지사나, 시장 · 군수는 지방의 이익이나 입장에 대한 고려 없이 어디까지나 국가 정책이나 시책의 수행자일 뿐이었다. 도나 시 · 군 또한 행정 단위로서 그저 국가의 한 조직이고 부분일 뿐이었다. 그러나 지방자치제는 이제 지역의 문제와 이익을 우선

안동문화로 보는 한국학

적인 관심사로 둘 수밖에 없었다. 일방적인 중앙의 논리가 아니라 개별 지역의 입장을 대변할 수밖에 없게 되었다. 지방이나 지역이 이제 중앙의 예속에서부터 벗어나 독자성이나 개별성을 가질 수 있게 되었다.

지방자치제는 지역의 다양한 문제들을 스스로 해결해야 한다. 그러나 해결해야 할 문제와 해야 할 역할에 비해 재정적 자립도는 아주 열악할 수밖에 없다. 오랫동안 중앙의 종속체로 존재함으로써 자립적인 경제적 기반을 확보할 수 없었기 때문이다. 결국 지방의 재정 자립도는 지방자치의 성패를 가르는 중요한 요인이 된다. 재정 자립도를 향상시키고, 지역민들의 삶을 풍요롭게 하기 위한 지역 경제의 활성화는 지자체의 피할 수 없는 역할이다.

몇몇 공업지대를 제외하고는 대부분의 지역에서 경제를 활성화하기 위한 방법은 극히 한정적일 수밖에 없었다. 그것은 다름 아닌 문화관광산업이다. 이를 위해 지역의 다양한 문화유산을 발굴하고 축제를 기획해야 했다. 사실, 문화가 돈이 되는 세상이 되었으니 이제까지 크게 주목받지 못하였던 지역의 역사와 문화가 지방화 시대에 가장 중요한 산업자원이 되었다. 지방이나 지역이 단순한 행정구역이 아니라 하나의 역사와 문화의 원천이고 공간이 되었다. 지방자치의 실시는 지역이나 지방을 하나의 독자적이고 개별적인 존재로 부각시켰다.

개별 지역이나 지방의 독자성과 개별성은 곧 지역 정체성의 확보를 의미한다. 정체성이란 그들만의 고유한 성격이고, 따라서 다른 지역과의 차별성을 의미하는 것이다. 그리고 이를 기초로 하여 그 지역의 이미지를 제고하거나 도시 브랜드화함으로써 적극적인 지역 마케팅으로 활용하기도 한다. 이런 가장 대표적인 곳이 바로 안동이다. 안동은 풍부한 유교 자원을 이용하여 '한국 정신문화의 수도'가 되었다.

이와 비슷한 예로 군위는 '삼국유사의 고장', 예천은 '충절의 고장', 영주는 '선비의 고장'이 되었다. 아무튼 지역은 이제 이런 과정을 거치면서 자기 고유한 정체성을 확보하고 구축해나갈 수 있게 되었다.

학문적인 차원에서도 1990년대에 들어와 국가 또는 중앙 중심의 역사에서 벗어나 새로운 인식틀을 모색하기에 이르렀고, 그 대안으로서 지방사에 대한 관심이 커져갔다. 이제 지방사는 단순히 국가나 중앙 역사의 부산물이거나 지엽적인 문제가 아니라 그 자체가 하나의 분야와 방법으로서 자리하게 되었다.

지방사는 종래의 일반사(국가사)와는 여러 측면에서 차이가 있다. 우선 일반사가 전국적인 범위에서의 각 분야의 일반성과 일부의 사건만을 취급하는 단편적이고 부분적인 역사라면, 지방사는 특정 지방 공동체의 전체사 즉, 지방 공동체의 기원, 성장, 해체를 연구하는 것을 말한다. 말하자면 지방사는 지배층 중심의 부분적인 역사가 아니라 어떤 공동체를 정치구조뿐만 아니라 사회구조, 인구 변동, 경제 발전, 문화 가치의 변화 등 다각적인 측면에서 포괄적으로 연구하는 전체사로서의 의미를 가진다. 이런 지방사를 위해서는 문헌자료만이 아니라 현지조사가 아주 중요하다. 이를 통해 지방사는 추상화된 인간이 아니라 그들의 고장에서 피와 살을 가진 살아 있는 인간을 취급하는 것이고, 관념적인 집단이 아니라 가정을 가진 구체적인 인간을 취급하는 것이며, 세금을 내는 보통 사람, 민중과 민중문화를 취급하는 그래서 주의나 이념에 빠져들지 않는 참신한 역사가 될 수 있다. 말하자면 지방사란 인간에 가장 가깝게 접근할 수 있는 역사학인 셈이다.[3]

---

3) 정진영, 「영남 지역 지방사 연구의 현황과 과제」, 『지방사와 지방문화』 1, 1998, 62~63쪽.

동시에 지방사는 오늘날의 우리 사회가 가지는 중앙과 지방의 불평등 구조의 심화라는 모순을 어떻게 극복할 것인가에 대한 과제도 안고 있다. 이는 지방사 연구의 현재적 의미이기도 하다.

이제 지역 혹은 지방사가 갖는 이러한 의미를 염두에 두고 그 범위를 어떻게 설정해야 할 것인가를 생각해보자.

지역이란 말 자체가 어떤 한정적인 범위를 내포하고 있는 것은 아니다. 그것은 자연적인 특성에 따라 구획된 영역, 말하자면 자연지리적인 범위일 수도 있다. 또한 정치적 인위적인 경계에 의해 구획된 영역이거나, 이를 넘어서서 정치·경제적이나 사회문화적 상호작용이 일상적으로 이루어지는 생활 영역일 수도 있다. 그리고 그 내부에서도 크고 작은 여러 단위들을 설정할 수도 있다. 가령, 영남이라는 보다 큰 단위로 묶을 수 있을 것이고, 그 내부에서 안동권·상주권·진주권·경주권 등으로 다시 나눌 수도 있다. 물론 보다 일반적으로는 군현을 단위로 하거나 그 내부의 촌락을 대상으로 삼기도 한다.

또한 이러한 정치적 혹은 행정적인 측면에서가 아니라 경제적 관점에서의 시장권이나 문화나 물화의 유통을 중심으로 한 해안 지역이나 강 유역을 하나의 단위로 삼을 수도 있다. 그 목적에 따라 다양하게 설정될 수 있다. 이러한 범위와 단위는 상호 중첩됨으로써 보완적일 수도 있다. 연구 단위로서의 상호 중첩적인 지역과 지방은 정치 행정적인 측면과는 달리 상호 배타적이거나 경쟁적인 이해관계로 충돌할 여지는 거의 없다. 비록 현실적인 이해관계에서 경쟁이 불가피하다 하더라도 비슷한 역사적 경험과 문화적 특성을 함께하는 지자체간 상호 협조 관계의 구축과 연대는 더 큰 시너지 효과를 기대할 수 있을 것이다.

지역의 범위와 단위를 이 같이 다양하게 설정할 수 있다는 것을 전제로 하여, 여기서는 대표적인 범위와 단위가 되는 군현, 혹은 향촌(鄕村)에 대해서 보다 구체적으로 검토해보기로 한다.

우리 역사에서 군현제가 도입된 것은 이미 삼국시대부터였다. 삼국이 흥기하면서 주변의 다양한 성읍국가 혹은 소국가를 군현체제로 흡수하거나 편입하였다. 이렇게 편제된 군현은 고려와 조선시대를 거치면서도 그 골격을 그대로 유지해왔다. 결국 오늘날 군현의 시원은 대부분 개별적이고 독립적인 소국가였다고 할 수 있다. 따라서 군현은 이미 역사적으로 일정한 독자성과 개별성을 확보하고 있는 정치 · 사회 · 문화적인 단위인 셈이다.

그러나 다른 한편에서는 삼국시대 이래 우리의 국가체제는 이런 군현제도를 바탕으로 강력한 중앙집권체제를 구축해왔다. 이러한 집권체제의 전통 속에서 군현이 개별적이고 주체적인 정치사회, 혹은 문화적인 단위로 존속해올 수 있었는가는 극히 의심된다. 더구나 우리는 서구와 같은 지방분권의 역사적 경험도 거의 가지지 못하였다. 이러한 점에서 지역이 가지는 역사적 실체의 의미가 크게 약화될 수밖에 없다. 그러함에도 불구하고 우리의 전통사회는 지역의 개별적인 특성을 강고하게 유지해오고 있었음도 쉽게 부인할 수 없다.

역설적으로 군현은 하나의 행정 단위로 편제됨으로써 역사적 사회적으로 강인한 전통을 유지해왔다. 즉, 한편에서는 중앙집권적인 정책이 오랫동안 유지되어왔지만, 다른 한편에서는 고대 성읍국가 이래 지금에 이르기까지 행정단위로서의 지역적 외형은 거의 변하지 않았다는 사실을 주목해야 한다. 군현으로서의 존재는 다만 행정 구획만으로서가 아니라 그 지역의 토착적인 지배 집단과 민중과의 결합을

예안향교

강고하게 유지하게 한 기초이기도 하였다. 이러한 사정에서 군현은
외적의 침략에 대응하는 향토방위병으로서 의병 활동의 장이기도 하
였고, 향교(鄕校) 설치나 향약(鄕約)·향안(鄕案) 등을 실시하고 작성
하는 단위기도 하였으며, 읍지 편찬을 위한 역사·문화적 단위이기도
하였다. 또한 19세기 후반 농민항쟁의 대부분이 군현을 단위로 하여
전개되었다는 사실에서도 군현의 개별성과 독자성을 확인할 수 있다.

　고려와 조선시대의 군현은 흔히 향촌(鄕村)이라 일컬어지기도 한
다. 군현이 국가적 지배의 구역이라면, 향촌은 지역 지배집단의 권력
이 행사되는 공간이다. 향이란 향약·향안·향사당(鄕射堂)·향교 등
등의 쓰임새와 같이 행정구역상의 군현의 단위를 말하는 것이고, 촌
이란 촌락·마을이란 의미이다. 결국 군현의 범위와 다를 바가 없지
만, 향촌의 주인공인 지배 집단의 입장에 서면 중앙이나 여타의 향촌

과는 엄연히 구별되는 독자성과 개별성을 갖는다. 특히 향약이나 향안 · 향사당 등이 군현마다 갖추어져 있지만, 국가가 크게 간섭할 수도 없었고, 이웃 고을에서 경계를 넘어 참여할 수도 없었다. 이들 조직은 그 지역 지배 집단들의 전유물이었다.

향촌은 읍치(邑治)와 그 외곽인 외촌(外村) 지역으로 구분된다. 읍치에는 행정관아와 각종 시설이 있고, 향리와 관속 또는 상인들이 주로 살았다. 외촌 지역에는 조선 왕조의 지배 세력인 양반들이 특정 촌락을 중심으로 농민들과 함께 거주하고 있었다. 양반들은 그들 거주 촌락을 중심으로 족계(族契)나 동계(洞契) · 동약(洞約) 등을 실시함으로써 한편으로는 농민들을 지배 · 통제하고, 다른 한편으로는 촌락 사회의 질서와 안정을 꾀하였다.[4]

4) 정진영, 『조선시대 향촌사회사』, 한길사, 1998, 24~26쪽.

2장

마침내 '안동'이 되다

안동 지역을 삼국시대에는 고타야군(古陀耶郡)이라 하였고, 신라 경덕왕 때에는 고창군(古昌郡)이 되어 상주(尙州)에 속해 있었으나 크게 주목받지 못하였다.

안동이 역사의 중심이 되어 주목받기 시작한 것은 신라 말 후삼국 쟁패기부터였다. 후삼국시대 고려 왕건과 후백제 견훤은 치열하게 대립했다. 이때 안동 지역의 호족이었던 김선평(金宣平), 권행(權幸), 장길(長吉)은 고창전투에서 고려 왕건을 도와 후백제 견훤을 격파함으로써 고려의 후삼국 통일에 크게 기여하였다. 이로써 안동은 한때 역사 무대의 중심에 설 수 있었다. 안동은 이 기회를 발판으로 비로소 안동이 될 수 있었다. 따라서 오늘날의 안동은 이로부터 시작되었다고 할 수 있다.

신라 말기에 이르러 각 지방에는 호족이라는 실력자들이 각 지역을 장악하고 있었다. 이들은 스스로를 장군이니 성주(城主)라고 하면서 정치적, 군사적, 또는 경제적으로 독립된 주체로서 활동하고 있었다. 안동에는 흔히 삼태사로 일컬어지는 세 호족이 활동했다면, 풍산(당시 하지현)과 예안(당시 선곡현)에도 각각 원봉(元逢)과 이능선(李能宣)이 장군과 성주를 칭하면서 실질적인 지배자로 군림하고 있었다.

고려와 후백제가 각축을 벌이는 시기에 이들 지방 세력들은 어느 한편을 지지하지 않을 수 없었다. 왕건과 견훤 사이에서 관망하던 안동 인근의 호족들 가운데 가장 먼저 풍산의 원봉이 왕건을 지지하고 나섰다. 왕건은 풍산을 하지현에서 순주(順州)로 승격시켜 즉각 이에 보답했다. 원봉의 결단은 안동 인근의 호족들에게 큰 영향을 미쳤을 것으로 보인다.

곧이어 안동 지역이 왕건과 견훤의 격전지가 되었다. 공산전투(927년)의 승리로 후삼국 통일 전쟁의 주도권을 장악한 견훤이 928년(태조 11) 칠곡, 의성, 문경, 풍산 등을 거쳐서 마침내 고창군으로 진격한 것이다. 이때 풍산의 원봉은 대적하지 못하고 도망하고 말았다. 견훤의 군대는 12월에 안동을 포위했다.

왕건 역시 견훤의 북진에 대응하여 풍기, 영주, 예안 등을 거쳐 안동의 병산에 이르렀고, 930년 벽두부터 고창전투가 시작되었다. 왕건의 고려군은 병산전투에서 안동의 호족인 김선평, 권행, 장정필 등의 활약에 힘입어 승리할 수 있었다. 이 전투에서 견훤의 군사 8천 여 명이 전사했다. 견훤으로서는 엄청난 손실이었고, 이후 회복하지 못하였다. 병산전투를 계기로 통일 전쟁의 대세는 고려로 기울었다. 이로써 관망하던 호족들이 대거 고려에 투항하게 되었다. 병산전투는 안동에 많은 이야기도 남겼다.

고창 전투에서 승리한 후, 왕건은 고창을 안동(安東)으로 고치고 부(府)를 설치하였다. 그리고 고창성주 김선평에게 대광(大匡, 3등), 권행과 장정필에게 대상(大相, 7등)의 관작을 주었는데, 고려에 귀순한 다른 호족들에게 주어진 관직과 비교할 때 비교적 고위직이다. 이것은 고창전투에서 안동의 호족 김선평, 권행, 장정필이 왕건을 도와 전쟁을 승리로 이끌었기 때문이다. 이후 이들은 삼태사(三太師)로 불렸고, 각기 안동(安東)을 본관지로 하는 김(金)·권(權)·장(張) 세 성씨의 시조가 되었다.

후백제가 멸망하고, 다시 후삼국 통일의 대업이 완수된 이후 940년에 태조 왕건은 전국의 지방제도를 대대적으로 개편했다. 이때 안동부는 경주로 옮겨져 안동도호부가 되고, 안동부는 다시 영가군으로 개칭되었다. 이후에도 안동도호부는 여러 곳으로 옮겨 다녔다. 988년 (성종 6) 경주가 동경으로 승격되자 상주로 옮겨졌고, 996년에는 김해로 옮겨갔다. 김해로 옮긴 것은 해상으로부터 오는 외적에 대비하기 위함이었다. 이후에도 계속 경주와 상주 등지로 옮겨 다녔다. 이렇게 보면 안동이나 안동도호부란 명칭은 원래는 지명이 아니었음을 알수 있다. 그것은 군사적인 요충지에 설치되어 인근의 여러 지역을 관장하던 일종의 '군사령부'와 같은 의미였다. 이 같은 도호부는 안동만이 아니라 안북(安北), 안변(安邊), 안서(安西), 안남(安南) 5도호부체제로 성립되었다. 결국 안동이란 고려의 '동부 지역 군사령부' 정도가 되는 이름이다.

안동부에서 영가군으로 바뀐 후 주(州)로 승격된 것은 995년(성종 14)이었다. 이때 길주(吉州)가 되어 자사가 파견된 것이다. 1012년(현

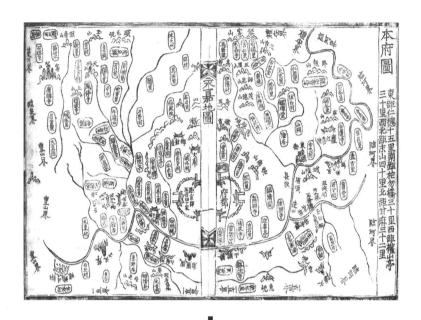

영가지(안동부)

종 3)에는 안무사가, 뒤이어 지주사(知州事)가 파견되고, 많은 속현들도 예속되었다. 임하군, 예안군, 의흥군, 일직현, 은풍현, 감천현, 봉화현, 안덕현, 풍산현, 기주현, 홍주, 순안현, 의성현, 기양현 등 14개 군현이 안동의 속현이 되었다. 이것은 안동이 경상도 북부 지역 정치행정의 중심지였음을 의미한다.

1030년에는 경주에 있던 안동도호부가 폐지되면서, 안동에 안동부가 설치되었다. 이후 1197년(명종 27)에 안동도호부로 다시 승격되었다. 1202년(신종 5)에는 경주를 중심으로 신라부흥운동이 일어났다. 이를 평정한 최충헌(崔忠獻)은 동경유수(東京留守)를 강등시켜 지경주사로, 안동도호부를 승격시켜 대도호부로 삼고 경주에 속해 있던 속

안동문화로 보는 한국학

현들도 일부 안동으로 이속시켰다. 청송, 영덕, 진보, 영주(영천), 하양, 신령, 안심 등이 안동으로 이속된 것으로 보인다. 그리고 경상도를 고쳐 상진안동도(商晉安東道)로 하였다.

이후 안동은 오랫동안 변화가 없다가 1308년(충렬왕 34)에 안동도호부를 복주목(福州牧)으로 바꾸었다. 이전의 길주(吉州)가 아닌 복주가 된 것은 안남도호부가 이미 길주목으로 바뀌었기 때문에 중복을 피하고자 함이었다.

복주목이 안동대도호부로 승격된 것은 홍건적의 침략에 따른 공민왕의 안동 몽진과 안동부민의 환대에 따른 것이었다. 말하자면 안동 또는 안동도호부의 명칭은 군사적 또는 단순한 행정제도의 개편에 따른 것이라기보다는 안동 사람들의 역할에 부응하여 주어진 것이었다. 그 역할이란 후삼국의 쟁패, 민중의 반란, 외세의 침략 등 국가적 변란 시기에 줄곧 고려 정부나 왕실을 지지했다는 것이다. '안동'이란 이름은 그 같은 지지와 협력의 대가이고 전리품이라 할 수 있다.

아무튼 안동은 한말에 이르기까지 경주 · 상주 · 진주와 함께 경상도의 4대 우두머리 지역[界首官] 또는 4진(鎭)의 하나로 존재하면서 그 관내 군현을 영도하는 위치에 있었다. 물론 이상의 안동부에 영속되었던 14읍이 그대로 유지되었던 것은 아니었다. 영주 · 의성은 인종 21년(1143)에, 예천 · 순흥 · 기주는 명종 2년(1178)에, 예안은 우왕 2년(1376)에, 은풍 · 의흥 · 안덕 · 봉화는 공양왕 2년(1390)에 분리 독립되거나 소속이 변동됨으로써 조선 왕조에 들어와서는 안동부의 관할 영역이 크게 축소 조정되었다.

8도 체제가 확립되고 향 · 소 · 부곡 등 군현제도가 크게 정비된 조선시대에도 안동부에는 길안현, 임하현, 감천현, 일직현, 계단부곡, 재

산현, 소천부곡 등 많은 속현과 부곡이 소속되어 있었다.[5]

안동부는 선조 9년(1576)에 자식이 어머니를 살해한 사건이 발생하여 한때 현으로 격하되었다가 6년 뒤 다시 복구되었고, 정조 즉위년(1776)에는 이도현(李道顯)·이응원(李應元) 부자가 사도세자(思悼世子)의 죽음에 대한 의혹을 제기하는 상소를 올린 것으로 또 다시 현으로 강등되었다가 10년 뒤인 정조 9년(1785)에 대도호부로 복귀하는 곡절을 겪기도 했다.

그러나 안동의 변화는 여기서 그치지 않고 이후에도 계속되었다. 즉 1896년에는 춘양·내성·소천·계단 등지가 봉화로, 감천이 예천으로 이속되었고, 1914년 면리 개편과 더불어 조선시대 줄곧 독립적인 군현으로 존재해왔던 예안현이 안동으로 편입되었다. 따라서 오늘날의 안동이 최종적으로 형성된 것은 지금으로부터 백여 년 전이었다.[6]

이상을 정리한다면, 안동이란 명칭과 지역적 범위는 줄곧 변화해 왔음을 알 수 있다. 안동이라는 이름 대신에 영가, 길주, 복주 등으로 불리기도 하였고, 그 지위도 주, 부, 군, 현에서 도호부, 대도호부에 이르기까지 아주 다양했다. 이에 따라 지역적인 범위도 14개 군현을 거느리는 군사적인 거진(巨鎭)이 되거나 행정적으로 인근 지역의 우두머리 지방관[界首官]이 파견되기도 하였다.

이제까지 이곳저곳을 떠돌던 '안동'이 비로소 안동에 자리 잡은 것은 고려 중·후기 이후였다. 물론 안동 사람들의 그럴 만한 의미 있는 활동에 대한 대가였으니, 안동의 입장에서는 귀한 전리품인 셈이었

5) 『영가지』, 「연혁」 조 참조.
6) 정진영, 「고려말 조선 전기 안동 재지사족의 성장과정」, 『고려시대의 안동』, 예문서원, 2006.

안동문화로 보는 한국학

다. 이런 역사적인 사정에서 안동 사람들은 안동이라는 지명에 남다른 애정을 가지고 있다.

안동이 가진 이런 역사 때문에 안동은 다양한 의미와 범위를 가진다. 오늘날의 안동과 조선시대의 안동부는 다르고, 나아가 안동 문화권이라는 것은 전혀 다른 의미와 범위를 가진다. 일반적으로 안동이란 오늘날의 안동시군 지역을 지칭하는 것이라면, 안동부는 조선시대의 춘양, 재산, 소천, 감천 등지를 포함하는 범위에서, 안동 문화권은 고려시대의 영주, 의성, 청송 등 인근 14개 군현을 아우르는 범위로 쓰인다. 물론 안동을 오늘날의 시군 지역을 지칭하는 좁은 의미와 이런저런 역사와 문화적 경험을 함께 하는 이웃 지역을 아울러 지칭하는 넓은 의미로 쓰기도 한다. 따라서 '안동 사람'이란 늘 안동의 거주 여부와는 상관없이 쓰여 왔다. 안동을 떠나 타향살이를 하는 사람들이나 안동과 이런저런 연고를 가진 사람들도 역시 안동 사람으로 자칭하였다. 그들도 역시 안동 사람이라 한다. 안동 사람들에게 안동이란 단순한 지역 명칭이 아니라 역사와 문화적 긍지의 표상이었다.

3장

안동문화의 특징, 양반과 유교문화

일반적으로 안동을 지칭하거나 수식하는 말들은 많다. 흔히들 '양반 고을'이라고도 하고 '추로지향(鄒魯之鄕)'이라고도 한다. 또 '정신문화의 수도'라는 문구도 곳곳에서 볼 수 있다. 양반 고을이란 양반이 많고, 양반문화가 풍성하다는 의미일 것이다. 추로지향이란 공자와 맹자의 고을이니 '유교의 본 고장'쯤으로 이해할 수 있다. 결국 안동이란 지역의 특징은 양반과 유교·유교문화인 셈이다. 이것은 별개의 것이 아니다. 유교·유교문화의 주체가 다름 아닌 양반들이고, 양반들의 정신적 학문적 근원은 유교이니, 유교문화란 안동 양반들이 생산한 삶의 총체라 할 수 있다.

안동을 양반 고을이라거나 유교문화가 크게 발달했다고 한다면, 그것은 어디에 무엇을 근거한 것일까? 아마 양반이 많고, 서원과 서당,

누정(옥연정사)

재실(齋室), 누정(樓亭) 등과 동성 마을이 많고, 종가(宗家)와 불천위 (不遷位) 제사도 많고, 학문적으로도 크게 성취하여 문집이나 글을 남 긴 인물도 많기 때문일 것이다. 그럼 이것은 사실일까?

안동에 양반이 많고, 유교문화가 풍성하다면, 그것이 정말 그러한 것인지는 한 번쯤 확인해봐야 할 것이다. 그럴 것이라는 막연한 추측 에 근거한 주장이나 맹목적인 믿음은 전혀 도움이 되지 않는다.

우선 양반이 많다는 것을 직접적으로 확인하기란 쉬운 일이 아니 다. 무엇보다도 구체적인 자료를 가지고 있지 못하고 있기 때문이다. 그러나 과거 합격자가 얼마나 많았는지를 통해 이를 간접적으로는 확인할 수 있다. 과거 합격이란 조선시대 양반들의 희망이요 최고의 소망이었으니, 그 많고 적음은 곧 양반 수의 다소와 크게 관련이 될 것이기 때문이다. 그리고 이것은 무엇보다도 다른 고을과 비교가 가능하다는 점에서 더욱 의미 있는 방법이 될 수 있다.

조선시대 과거 합격은 개인이나 가문에서도 영광이었지만, 그들의 존재는 나라와 고을에서도 중요한 문제였다. 이들이 곧 최고의 지배 엘리트층이기 때문이다. 그래서 다양한 방법으로 이들을 파악하고 있었다. 고을 단위에서는 읍지류에 그들의 이름을 기록해두고 있었다. 1937년에 간행된 『교남지(嶠南誌)』에도 영남 각 고을의 과거 합격자를 파악해두고 있다. 이와 『세종실록지리지』의 호구 · 전결수를 안동과 비교될 만한 중요 군현의 사정과 비교해보기로 한다.[7]

[표 ①] 경상도 주요 군현의 규모와 유생수 비교(전결수: 結)

읍명	호수	전결수	유생수	유생수 내역					
				문과	생진	음사	일천	유행	문학
안동부	1,887	11,283	915	229	329	147	54	34	122
예안현	174	908	217	61	41	65	28	7	15
안동	2,061	12,191	1,132	290	370	212	82	41	137
경주부	2,332	19,733	269	65	88	57	9	22	28
상주목	2,521	15,360	477	208	96	99	26	9	39
진주목	2,220	12,730	349	91	90	57	10	29	72

비고: '유생수'는 문과, 생진, 음사 등을 합한 수임.
자료:『세종실록지리지』(호구 전결수),『교남지』인물조(문과 생진 등)

경주부 · 상주목 · 진주목은 안동부와 함께 경상도의 4대 계수관(界

---

7) 정진영,「안동에는 왜 양반이 많은가」,『안동문화의 수수께끼』, 지식산업사, 1997.
_____,「안동 양반의 성격과 활동」,『안동양반의 생활문화』, 안동대 민속학연구소, 2000.

안동문화로 보는 한국학

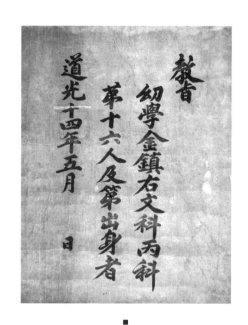

교지

首官)이다. 즉, 경상도의 가장 큰 고을이다. 그러나 규모(호구수와 전결수)에 있어서는 안동부와 예안현을 합하더라도 안동이 경상도 4대 계수관 중에서 가장 미약하다. 그러나 인물 곧 문과와 생원·진사 등 유생(儒生) 수에 있어서는 다른 지역에 비해 월등히 많다. 경주, 상주, 진주에 비해 각기 4.2배, 2.4배, 3.2배에 이른다. 조선시대 조정 인재의 반은 흔히들 영남이라고 하였고, 안동이 영남에서도 가장 많은 인물을 배출하였으니 과히 양반이 많았다는 것이 괜한 소리가 아님이 분명하다. 양반이 많으니 그들의 거주지인 동성 마을 또한 많았음이 사실일 것이다. 『조선의 취락』에는 안동의 동성 마을 17곳을 소개하고 있는데 전국에서 가장 많은 수이다. 그리고 통계상으로는 전국 동성 마을 15,000여 개 중 경상북도에는 1,901개로 조사되어 있다. 안동은 183개로 216개인 진주 다음으로 많은 수를 기록하고 있다. 그리고 이들 동성 마을에는 크고 작은 종가가 있고, 불천위제사를 모시는 종가도 50여 곳이 넘는다.

서원 또한 안동이 가장 많다. 19세기 말 당시 전국의 원사(院祠: 書院과 祠宇)는 대략 1,700여 개소로 추정된다. 이 가운데 경상도에는 711개소로 파악되니 전국의 42%가 경상도에 소재하고 있는 셈이다. 그러나 『교남지』에는 사액서원 72개소와 미사액서원 488개소만이 수록되어 있다. 안동에는 8개소의 사액서원과 40여 개소가 넘는 미사액서원이 소재하고 있는 것으로 나타난다. 경주(사액 3/미사액 27), 상주(사액 3/미사액 20), 진주(사액 5/미사액 14)와 비교할 수 없을 정도로 많다. 서당과 정사(精舍), 재실(齋室)이 포함된 누정(樓亭) 또한 그러하다. 안동에는 136개소(안동 100, 예안 36), 경주에는 53개소, 상주에는 30개소, 진주에는 48개소가 된다.

이상에서 안동에는 양반도 많았고, 양반들이 향유한 유교문화도 풍부했음을 살필 수 있었다. 그러나 양반이란 존재는 학문하는 선비일 뿐만 아니라 배운 바를 실천하는 정치 집단이기도 하였다. 안동이 양반 고을이라거나 '추로지향'이라고 일컬어지는 것은 다만 그 수의 많음과 유교문화의 풍성함만을 말하는 것은 아닐 것이다. 그 못지않게 안동 양반들이 가지는 정치적 성향이나 학문적 성취도 독특하거나 뛰어났음을 의미하는 것이다.

안동의 양반은 학문적으로는 퇴계학을, 정치적으로는 주로 동인 또는 남인을 고수했다. 이들은 16세기 중·후반에는 국정을 이끌어 가는 중심 세력이었다. 그러나 17세기, 특히 그 후반 이후에는 권력에서

안동문화로 보는 한국학

소외되어 재야 세력으로 존재했다. 당시의 집권 세력인 노론은 안동의 남인 세력을 와해시키거나 분열시키기 위해 다양한 노력을 했다. 한편으로는 억압을 통해, 다른 한편으로는 관직을 매개하거나 그 내부에 자파 세력을 심어 적극 지원하여 상호 대립하고 갈등하게 함으로써 분열시키고자 했다. 노론 세력이 안동 양반 사회의 와해나 분열에 대해 집착한 것은 안동이 영남 남인의 중심지였으므로, 안동이 붕괴하거나 분열하게 되면 영남을 장악할 수 있었기 때문이었다. 그러나 안동의 양반 사회는 노론의 억압과 끈질긴 회유에도 불구하고 꿋꿋하게 남인의 입장을 끝내 지켜내었다. 이러한 점에서 안동 양반은 특별한 존재로 인식되었고, 이러한 특질에 대한 다양한 의견이 제시되기도 하였다.

조선시대에는 고을마다 양반들의 자치조직이라고 할 수 있는 유향소(留鄕所, 혹은 鄕所)라는 것이 설치되어 있었고, 이를 운영하는 우두머리를 좌수(座首)와 별감(別監)이라고 불렀다. 양반들은 이를 통해 향풍(鄕風)을 교화(敎化)하고, 향리들을 단속함으로써 수령이 함부로 하지 못하게 견제할 수 있었다. 따라서 양반들이 여기에 참여하여 좌수와 별감이 되는 것을 영광스럽게 생각했다. 그러나 17세기 이후 조선 후기에 이르러서는 점차 국가의 간섭이 많아지고, 그 임면권이 수령에게 귀속되어 자치적 기능이 약화됨으로써 점차 양반들이 기피하게 되었다. 그러나 안동에서는 다른 지역과는 달리 사대부가 여전히 유향소를 장악하고 있었고, 명문가의 자제들도 좌수와 별감이 되는 것을 꺼리지 않았을 뿐만 아니라 정승을 하다가 은퇴하여 좌수가 되기도 하였다. 그래서 안동의 향권(鄕權)은 나라에서 빼앗으려 하여도 불가능하다고 할 정도였다. 다산 정약용(丁若鏞)이나 『택리지』를 쓴

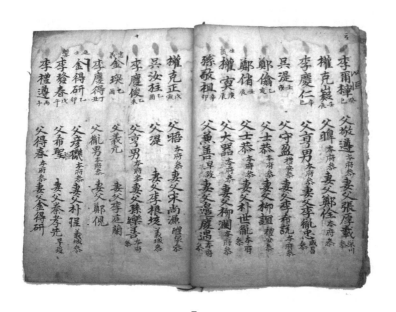

안동향안 (학봉종택 운장각)

이중환(李重煥) 등 당시의 많은 지식인들은 이런 안동을 몹시 동경하기도 하였다.[8]

안동의 이러한 특질은 어디에서 연유한 것일까? 어떤 사람은 이를 퇴계를 연원으로 하는 학맥과 혼반의 형성, 그리고 불천위 제사 등으로 안동 사회가 견고하게 묶여 있었음을 강조한다. 특히 혼인을 통한 유대관계는 인조반정 이후 안동을 중심으로 하는 영남의 남인들이 서인과 노론의 탄압을 꿋꿋이 견디는 원동력이 되었다고 하였다.[9] 또

8) 정진영, 「조선후기 향촌 양반사회의 지속성과 변화상(1)-안동 향안의 작성과정을 중심으로-」,
『대동문화연구』 35, 1999, 259쪽.
9) 주승택, 「안동문화권 유교문화의 현황과 진로모색」, 『안동학연구』, 3, 2004, 388~390쪽.

어떤 사람은 정치적인 차원에서 노론 정권에 대한 뿌리 깊은 저항 의식이 안동인들만의 문화를 만들었고, 그 결과 안동의 특유한 문중 문화, 즉 문중 간의 통혼, 문집과 족보 간행에 열을 올리는 현상을 낳았다고 하였다.[10] 안동 양반들의 이러한 특징을 다른 한편에서는 안동 양반들의 끊임없는 일상적 실천과 성찰 끝에 도달하게 되는 우주만물[物我]의 통합과 소통에 대한 주체적 깨달음의 일종인 '자득(自得)'으로 설명하기도 하였다.[11]

안동의 특징을 설명해내는 기제는 다양할 수 있을 것이다. 그러나 그 어떠한 경우에도 그것은 안동 양반들의 정치 사회적 혹은 경제적인 존재 형태와 무관하지 않을 것이다. 이와 관련하여 안동의 특징은 다음과 같이 언급되기도 하였다.

"(안동에는) 토착세력인 토성과 여기에서 분화된 사족(士族)과 이족(吏族)이 공히 강성하여 상경관인과 재지세력이 서로 동본(同本) · 동조(同祖) 의식을 갖고 상호 긴밀한 관계에 있는가 하면, 토성사족과 이주사족으로 구성된 재지사족과 재지이족은 각기 유향소와 '부사(府司)' · '현사(縣司)'를 근거로 향안(鄕案)과 단안(壇案)을 작성 비치하고 서로 협조해 나갔을 뿐만 아니라 향교와 서원이 재지사족의 장악 하에 공동보조를 취해 나간 것도 이 고장의 한 특징으로 들 수 있다. 안동부의 2대 이족인 권씨와 김씨는 호장직을 세습하면서 경상도 영리(營吏) 세계까지 영도하는 위치에 있었다. 안동유림은 조선 후기 집권층의 갖은 압제와 관권의 위

---

10) 조동걸, 「안동 역사의 유가중심적 전개―조선시대 이후 안동 역사의 개관」, 『안동학연구』, 1, 2002.

11) 김종석, 「안동 유학의 형성과정과 특징」, 『안동학연구』, 3, 2004, 246~250쪽.

협을 무릅쓰고 남인의 입장을 고수하여 '내앞의 김씨는 쟁쟁하고(川金錚錚) 하회의 류씨는 청청하다(河柳靑靑)'는 칭송을 들었는가 하면 그들의 '세론(世論)'에서 이탈한 자를 '할아버지와 아버지를 배반한(背父叛祖)' 무리로 간주하였다. 그들은 때로는 '병호시비(屛虎是非)'와 같은 자체 분열을 일으켜 심각한 향전(鄕戰)을 전개하기도 하였다."[12]

즉, 안동에는 토성에서 출자한 사족과 이족이 공히 강성하고 또한 상호 협조적이었으며, 안동 유림은 병호시비로 분열을 일으키기도 하였지만 줄곧 남인의 세론을 강하게 지켜왔던 것을 특징으로 꼽고 있다. 조선시대 조정과 재야에서 이야기되는 '안동 양반'이란 단순히 안동의 양반에 대한 문제가 아니라 특수성을 강조하는 말로 사용되었다.

안동의 양반 사회에는 앞에서 언급한 바와 같이 노론 집권 세력의 억압과 회유가 끊이지 않았고, 내부에서의 상호 갈등이 없었던 것도 아니었다. 그러함에도 안동의 양반은 남인의 세론을 굳게 지켜왔고, 갈등은 안동의 동질성을 해체할 정도로는 발전하지 않았다. 그것은 신생 노론들이 비록 관권의 지원을 받았다 하더라도 남인의 핵심 근거지인 안동의 남인에 맞서기엔 역부족이었고, 병호시비를 비롯한 안동 내부의 이런저런 갈등은 호파나 병파 또는 어느 가문과 문중이든 일방적인 승리와 굴욕을 강요할 만큼 일방적이지는 못하였기 때문이다. 또한 퇴계라는 존재와 진성 이씨들의 역할은 완충지대로서 또는 중재(仲裁)와 조화(調和)를 이끌어낼 수 있는 위치에 있었다는 사실도

---

12) 이수건, 「17,18세기 안동지방 유림의 정치사회적 기능」, 『대구사학』 30, 1986, 164쪽.

간과할 수 없다. 이러한 사정에서 내부의 다양한 시비와 갈등에도 불구하고 안동의 양반 공동체는 유지될 수 있었다.

양반이 많다는 것은 그만큼 하층민도 많았음을 의미한다. 양반 문화가 발달했다면 민속 문화 또한 풍성했음을 의미한다. 하층민도 많고, 민속 문화도 풍부했다면 하층민들의 의식 수준 또한 낮았다고는 할 수 없다. 양반들은 지주로서 존재했지만, 하층민들은 대체로 양반들의 소작농으로 생계를 유지하고 있었다. 모순에 의한 긴장관계가 형성되지 않을 수 없다. 그러나 안동의 양반이 농민을 악랄하게 수탈했다거나 외세의 침략 세력과 결탁하여 드러나게 반민족적 반농민적인 행위를 자행했다는 이야기도 없다. 농민들의 저항과 항쟁은 19세기 후반기에 전국적인 현상이었고 격렬하였다. 안동도 예외적인 처지는 아니었다. 동학 농민군이 활동하기도 했지만, 양반들에게 그렇게 적대적이지도 않았고, 일반 농민들도 열렬히 환영하지만은 않았던 것 같다.[13]

양반이 많았음에도 지배와 피지배, 지주·소작인 간의 대립이나 모순이 첨예화하지 않았다는 것은 한편에서는 안동 양반들의 지배와 통제가 그만큼 강고했다는 의미이기도 하다. 이것은 사실이다. 안동 양반들의 향촌 지배력, 즉 향권(鄕權)이 안동 양반의 특수성으로 이해될 만큼 강고한 것이었음은 이미 언급한 바이다. 그렇다면 다른 지역과는 달리 19세기 후반에 이르기까지 안동 양반들이 향권을 굳게 장악할 수 있었던 배경은 무엇인가? 그것은 안동 양반들이 정치적 학문적으로뿐만 아니라 경제적으로도 강한 결속력을 유지할 수 있었기

---

13) 정진영, 「안동에는 왜 갑오년의 난리가 없었는가」, 『안동문화의 수수께끼』, 지식산업사, 1997.

다락논(김복영)

때문이었다.

안동 양반들은 기껏 중소지주적인 경제적 기반을 가진 재촌지주(在村地主)일 뿐 부재지주(不在地主)나 대지주적인 존재를 찾아보기 쉽지 않다. 안동의 토지는 산곡 간에 소규모로, 그리고 척박한 사질토의 밭농사 위주이다. 이 같은 조건은 안동의 양반이 대지주로 성장하는 것을 자연스럽게 억제하였다. 일부 양반층이 대지주로 성장한다면, 그것은 결국 농민은 물론이고 동성 양반층의 몰락을 수반할 수밖에 없는 것이었다. 그리고 이에 따른 대지주와 몰락 양반으로의 경제적 분화는 양반 상호간의 분열로 자연스럽게 이어진다. 안동의 양반들이 대체로 중소지주로 존재하고 있었다는 것은 학문적 정치적으로 뿐만 아니라 경제적으로도 동질성을 확보하고 있었음을 의미한다. 향약을 필두로 한 향촌 사회의 조직과 규약은 이러한 중소지주적 기반위에서 성립된 것이다. 역으로 안동 양반들의 중소지주적 경제 기반은 18, 19세기에도 여전히 16, 17세기의 향촌 지배체제의 유지를 가능하게 하였던 것이라 할 수 있다.

안동에서 양반과 농민층의 모순이나 갈등이 격심하지 않았다는 것은 다만 양반들의 강력한 향촌 지배에 의한 억압으로서만 설명할 수 없다. 지배와 통제가 강하다면 그에 대한 저항과 반발도 강하기 마련이고, 안동의 하층민들만이 무기력한 존재였다고는 할 수 없기 때문이다. 따라서 이것은 양반들의 지배와 통제가 강했다 하더라도, 그것이 일방적이지 않았음을 의미한다. 안동 양반들의 향촌 지배에 있어서 간과할 수 없는 중요한 내용에는 일방적인 통제와 지배가 아니라 양반 자신들에 대한 통제와 규제도 강조되고 있었다는 사실이다. 즉 퇴계향약은 사족 자신들에 대한 강한 도덕성의 요구와 함께 하층민에 대한 불법적인 수탈을 강하게 규제하고 있었다. 말하자면 사족의 향촌 지배는 자기 통제와 규제를 전제로 한 것이었다.[14] 이것을 조선시대 양반 지배층의 노블리스 오블리제라 불러도 무방할 것이다. 이것이 바로 하층민과의 대립 모순을 완화시켰던 것으로 생각된다.

그러나 안동의 사회가 상하 간 또는 지배와 피지배 간의 모순·갈등을 크게 경험하지 못하였다는 것은 한편에서는 이후 근대 사회로의 전개 과정에서 농민들이 반봉건 반외세 주체로서 성장하는 것을

---

14) 정진영, 「16세기 향촌문제와 재지사족의 대응-'예안향약'을 중심으로-」, 『민족문화논총』 7, 영남대 민족문화연구소, 1986.

크게 제약하였고, 다른 한편에서는 상하간의 신분질서와 차등적인 인간관계를 보다 오랫동안 유지하게 함으로써 안동 사회를 전통적 또는 보수적인 사회로 인식되게 하는 원인이 되었다.[15]

---

15) 정진영, 「동학농민전쟁과 안동」, 『안동문화』 15, 안동문화연구소, 1994.

4장

유교적 친족 질서의 상징, 종가

양반과 유교문화에서 찾을 수 있는 전형적인 모습이나 상징은 아주 많다. 그러나 여기서는 종가(宗家)를 그 전형적인 상징물로 살펴보고자 한다. 종가는 유교에서 가장 중시하는 혈연적 질서, 곧 가족·친족 질서의 핵심적 산물이기 때문이다. 또한 가족과 친족의 질서일 뿐만 아니라 조선 후기 양반 사회의 가장 기본적인 사회조직이기도 하였기 때문이다.

조선 후기에는 가문(家門)이니, 문중(門中)이니, 종중(宗中)이니 하는 친족조직이 아주 발달했다. 이런 분위기에서 가문이나 문중은 상호 우열을 두고 경쟁하였다. 경쟁의 핵심에는 언제나 조상이 자리하고 있다. 하회탈마당에서도 양반과 선비가 서로 '문하시중(門下侍中)'인 할배와 '문상시대(門上侍大)'인 할배를 동원하여 지체싸움을 벌인

하회탈춤(김복영)

다. 그러다 보니 훌륭한 조상을 두지 못한 가문은 언제나 불리할 수밖에 없다.

조선 후기 양반 사회에서는 훌륭한 조상을 두지 못하면 가문의 결속력은 물론이고 문중의 형성조차도 쉽지 않았다. 따라서 그 핵심에 존재하는 종가(宗家)와 종손(宗孫)의 존재도 미미해질 수밖에 없다. 말하자면 대표 선수가 힘을 쓰지 못하니 지손들의 지위와 지체도 낮아 질 수밖에 없었다. 그래서 조상을 훌륭하게 포장하고, 종가 건물을 크게 짓고, 종손에게 더 많은 토지와 노비를 주어 지위와 지체를 높이고자 했다.

종가(宗家)라는 것은 제사를 받는 건물인 종(宗)을 이어온 집이라 할 수 있다. 종에는 대종(大宗)과 소종(小宗), 파종(派宗) 등이 있다. 대종과 파종을 잇는 집을 대종가, 파종가라 하였다. 이 가운데 소종은 4대가 지나면 제사를 받들지 않기 때문에 종가라고는 하지 않고 그냥 큰집 정도로 호칭된다.

종가는 중국 종법(宗法)제도의 산물이다. 성씨 시조로부터 적장자로 내려온 경우를 대종이라 하고 그 집을 대종가라고 하였다. 그러나 우리나라에는 이런 대종가가 없다. 그도 그럴 것이 종법이라는 것이 성씨가 만들어지고 난 한참 후인 조선시대 16세기에 본격적으로 수용되었기 때문이다. 이전에는 가계(家系)를 장자(長子)가 이어야 한다는 생각도 없었다. 반대로 중국에는 없으나 한국에는 파종(派宗)이라는 것이 있다. 파종이란 특정 성씨의 후손 가운데 학문이나 관직 또는 나라에 대한 공훈 등으로 뛰어난 인물을 중심으로 형성된 것이다. 파종을 형성한 시조 곧 파의 시조로부터 적장자로 내려온 집이 파종가가 된다. 파종 내부에서도 뛰어난 인물이 배출되면 또 다시 분파가 형성되어 종가와 종손이 등장하게 된다. 그래서 큰 종가, 작은 종가가 생기기도 한다. 큰 종가든, 작은 종가든 한국에 있어서의 종가란 다름 아닌 모두가 파종가인 셈이다.

종법은 중국 주나라 시대의 산물이다. 또한 주나라는 왕의 적장자에게 왕위를 계승하게 하고, 적장자 이외의 아들들을 별자(別子)라 하여 각지의 제후로 봉하여 다스리게 하였다. 이를 봉건제(封建制)라 한다. 따라서 왕과 제후는 모두 자신의 적장자에게 그 지위를 물려주어 그들의 직계 조상의 제사를 영원히 모시게 하였다. 왕의 적장자는 시조에까지 이를 수 있었지만, 제후는 처음 나라를 세운 별자에까지만 이를 수 있었다. 이런 왕이나 제후의 계통을 이은 경우를 대종이라고 하고, 그 집을 대종가라 하였다. 이들의 조상에 대해서는 제사를 영원히 모시니, 이를 불천위제사라 하였다.[16] 말하자면 대종가만이 불천위제사를 모실 수 있었다. 따라서 별자의 차남 이하의 아들들도 계속해서 가계를 이어갔지만, 이들은 소종이라 하여 4대까지만 제사를 모실 수 있었다. 불천위제사가 없으니 종가가 될 수 없었다. 우리의 4대 봉사라는 것도 이와 같은 것이다.

이러한 중국의 종법 제도가 우리나라에서 그대로 적용될 수는 없었다. 우리나라에는 이런 봉건 제도도 없었고, 적장자와 차자에 대한 차별적인 인식도 없었다. 도리어 아들과 딸이 동등하게 취급됨으로써 부계혈통의 계승도 그렇게 뚜렷하지만은 않았다. 따라서 성관(姓貫)을 처음으로 취득한 시조의 적장자가 누구인지도 현실에서는 찾아내기 어렵다.

우리나라는 같은 성관 내에서도 분파가 아주 많다. 파가 많으면 파종가도 많게 마련이다. 파가 형성되었다면 파종가가 존재하는 것은 당연하다. 그러나 이들 파종가를 종가로 인정할 것이냐 아니냐를 두고서는 각기 서로 다른 주장을 할 수 있다. 종가란 불천위 조상을 모시고 있어야 한다는 전제가 있기 때문이다. 그러나 이 같은 주장은 불천위를 모시는 종가의 입장일 뿐이다. 불천위를 모시지 못하는 종파에서도 종가로 호칭될 뿐만 아니라 종파 내부에서는 역시 불천위제사를 모시는 경우도 많기 때문이다. 원칙만을 따진다면 한국사회의 파종가라는 것도 주나라 종법에는 존재하지 않는 것이다.

그럼 불천위란 무엇이며, 이것은 어떻게 만들어 지는 것인가? 우리

---

16) 김미영, 「혈연적 종가와 사회적 종가의 공존과 대립」, 『가족과 친족의 민속학』, 민속원, 2008.

가 흔히 말하는 4대봉사란 고조까지만 제사를 받드는 것이다. 왜 고조까지인가? 그것이 예이고 법이기 때문이다. 물론 조선 초기에는 2대 혹은 3대 봉사가 일반적이었다. 아무튼 4대가 지나면 그 신위는 사당에서 옮겨져 무덤 곁에 묻히게 된다. 이렇게 신위를 옮기지 않고 영원히 제사를 받드는 것이 다름 아닌 불천위제사이다. 불천위는 별도의 사당에 모셔지는 것이 일반적이다.

누구를 불천위로 모실 수 있는가? 그것은 정해진 법이 없다. 조선 초에는 공신이 된 자를 불천위로 모셨다. 이들의 일부는 임금과 함께 종묘(宗廟)에 배향됨으로써 일종의 불천위가 된 셈이다. 그러나 조선 후기에 와서 나라가 안정됨으로써 공신이 배출될 일도 별로 없었고, 더구나 영남의 양반들은 관직에서 소외됨으로써 나라에 공을 세울 기회도 없었다. 이런 사정에서 이제 종법이 일반화되면서 국가에 대한 공로가 아닌 학문이나 충절이 뛰어났다고 생각되는 조상[顯祖]을 불천위로 모셨다. 뛰어났다는 기준은 당연히 문중 후손들의 생각일 뿐이었다. 다만, 이것을 어떻게 사회적으로 공인받느냐 하는 문제일 뿐이었다.

특정 인물의 불천위를 모실 것인지는 후손들이 결정할 문제지만, 그렇다고 후손들이 마음대로 할 수 있는 것은 아니었다. 누구의 제사를 어떻게 모실 것인가 하는 문제는 예(禮)에 관한 문제이다. 유교 혹은 양반 사회에서 예란 나라의 법보다 우선이고 무서운 것이었다. 그러니 함부로 할 수 있는 문제는 아니었다. 그러나 학문적 권위와 정치·사회적 힘, 경제적인 기반을 가진 영남의 명망 있는 가문들은 상대적으로 유리한 입장에 있었다. 반면에 명문가에 못지않은 조상을 두었지만, 후손들이 미약한 가문에서는 쉽게 이룰 수 있는 일이 아니었다. 아무튼 지역 사회에서 공인을 받았다고 할 수 있는 안동의 불천위는 대략 50위 정도가 된다. 이를 향불천위(鄕不遷位) 혹은 유림(儒林) 불천위라 말한다.

그러나 문중이나 가문의 단위에서 결정한, 이른바 문중불천위(門中不遷位)도 적지 않다. 그렇다고 문중불천위가 향불천위와 뚜렷이 구분되는 것은 아니다. 문중불천위라 하여 오직 그들 문중에서만 결정한 것도, 향불천위라 하여 온 고을이 승인한 것도 아니기 때문이다.

아무튼 안동의 양반 사회는 종가를 중심으로 아주 굳게 결속되어 있다. 종가 중심의 결속은 가문간의 경쟁과 대립을 불가피하게 조장하기도 했다. 역으로 가문간의 경쟁과 대립은 종가의 존재를 더욱 두드러지게 하였다. 종가와 종손 중심의 양반 사회는 때로는 맹목적인 혈연의식을 조장하거나 타 종족이나 문중, 나아가서는 하층민에 대해 강한 배타성과 차별적인 양반문화를 만들었다. 안동에는 이러한 양반문화가 오늘날에 이르기까지 상당하게 남아 있다.

종법은 기원전 주나라의 제도였지만, 우리나라에 전래된 것은 16세기였음은 이미 언급한 것과 같다. 종법이 전래되었다기보다는 적극 수용했다는 표현이 더 적절하다. 그렇다면 종법은 왜, 조선시대 그것도 16세기쯤에 와서야 적극 수용되었을까? 종법은 유교의 전래와 함께했을 것이니 그것을 이때에 이르러 알게 되었던 것은 아니기 때문이다. 결론적으로 말하자면 16세기에 적극 수용되었다는 것은 이때에 이르러 조선 사회에 종법적인 가족 질서가 필요했기 때문이다. 그 이유를 살피는 것이 종법에 대한 이해와 유교적 사회 질서를 이해하는 지름길이다.

조선시대 종법을 수용한 주체는 다름 아닌 향촌의 사족 집단이었다. 사족(士族)은 대체로 14세기 이후부터 그들의 모체인 향리 집단에서 서서히 형성되어 나왔다. 향리 가계에서부터 나왔지만 향리의 역할인 지방 군현의 행정 실무가 아닌 성리학을 학문적 체계와 정치적 이데올로기로 무장해나갔다.

사족들은 향리 가계에서 이탈하는 과정에서 그들의 오랜 거주지였고 생존의 터전이었던 읍치 지역에서 멀리 벗어나거나 타읍의 외곽 지역에 새로운 근거지를 마련해나갔다. 이들 향촌 지역은 당시까지 거의 개발되지 않은 상태로 놓여 있었다. 사족은 이들 향촌 지역의 개발과 함께 다양한 방법으로 많은 노비를 증식시켜 경제적 기반을 확보하는 한편, 성리학의 이해와 실천, 그리고 과거를 통해 중앙 정계로 진출하여 16세기 중후반에 이르러서는 마침내 국정을 주도하는 정치 세력으로까지 성장해갔다.[17]

토지와 노비에 기초한 조선의 향촌 사족들의 물적 토대는 16세기를 거치면서 더 이상 확대될 수 없었다. 개간은 더 이상 가능하지 않았고, 노비들의 저항도 점차 심화되어갔다. 경제적 기반 확보와 높은 상관관계를 가지고 있었던 중앙 정계로의 진출 또한 큰 제약이 뒤따랐다. 이제 향촌 사족들의 경제적 자원은 더 이상 확대될 수 없었다. 상업의 발전이나 참여는 제도적으로뿐만 아니라 사회적으로도 억제되었다. 따라서 상업의 발전이 여전히 더디었을 뿐만 아니라 그것에 대한 사족층의 인식은 적대적이기까지 했다.

향촌 사족들이 정착하여 개척한 촌락 사회의 인적 구성은 동족 집단의 확대가 아니라 다양한 성씨로 구성된 이성잡거촌(異姓雜居村)이

---

17) 정진영, 『조선시대 향촌사회사』, 1998, 24~26쪽.

하회마을 전경(강산방송)

었다. 그것은 중국적인 친영례(親迎禮)가 아니라 철저한 자녀균분상속제(子女均分相續制)에 기초한 한국의 전통적인 혼속이었던 남귀여가혼(男歸女家婚)이 관행되고 있었기 때문이었다.[18] 자연적인 인구 증가 속에서 자녀균분상속제는 새로운 자원의 확보가 전제되지 않는다면, 경제적인 하향평준화로 진행될 수밖에 없었다. 지배층으로서 사족들의 향촌 생활은 하층 농민들과 차별화되어야 했다. 그것은 유학에 대한 높은 식견만이 아니라 의식주를 포함한 일상의 모든 삶과 의례에 있어서 전적으로 유교적인 논리와 명분에 충실해야 했다. 이러

---

18) 정진영, 『혼례, 세상을 바꾸다―조선시대 혼인의 사회사』, 한국학중앙연구원, 2015.

안동문화로 보는 한국학

한 삶은 후대에 '봉제사 접빈객(奉祭祀 接賓客)'으로 정리되기도 하였다. 유학적 지식과 유교적인 삶을 위해서는 무엇보다도 충실한 경제적 기반이 확보되어야 했다. 그러나 자녀균분상속제는 이러한 사족의 욕구에 부응할 수 없었다. 이것은 결국 유교의 이상인 조상의 유업(遺業)과 유훈(遺訓)의 계승, 곧 가문의 영속성을 불확실하게 하였다. 사족들은 이러한 현실에 적극 대응해야 했다. 이들은 이제 분산과 균등이 아니라 집중과 차등을 선택하지 않을 수 없었다. 이러한 선택의 논리와 이념을 제공하였던 것은 다름 아닌 종법이었다. 종법은 이미 이전부터 친영례와 함께 유교적인 새로운 가족 질서로 수용되고 있었다. 이러한 사정에서 장자 중심의 상속제는 사족 사회 전반에 걸쳐 암묵적으로 동의되고 있었던 것으로 보인다. 종손이나 장자에 대한 경제적·사회적 우월적 지위에 대해 지손(支孫)이나 차자(次子)가 저항은 물론이고 불만을 제기한 경우도 거의 없었다는 점에서 그러하다. 도리어 종손이나 장자의 사회·경제적 지위를 통해 자신의 사회·신분적 지위를 보장받고자 했다.

우리나라의 종족 사회가 이렇게 집중과 차등을 전제로 하여 출발하였음에도 그것은 18세기를 거쳐 19세기, 20세기 초반에 이르기까지 크게 확대되고 발전해갔다. 그러나 한국의 종족 사회가 확대되고 발전해나가는 과정에서 많은 문제가 발생했다. 가장 큰 문제의 하나는 한정된 자원의 집중과 차등으로 말미암아 많은 차자와 지손들의 경제적 빈곤화가 심화될 수밖에 없었다는 사실이다. 이들 빈곤한 종족 구성원들에 대한 종중의 대책은 거의 없었다. 종손이 상당한 토지를 소유한 지주였고, 또 문중재산[族産]이 있다 하더라도 그것이 종족 구성원들의 빈곤을 해결해주지는 못했다. 빈궁한 종족 구성원들의 구제나 미래에 대한 투자보다는 종가의 유지나 위선(爲先) 사업이 우선이었고, 그것이 사실상 목적이었다. 이러함에도 불구하고 종족 사회가 지속적으로 발전할 수 있었던 것은 경제적인 빈궁보다도 더 큰 고통과 불안이 있었기 때문이었다. 그것은 조선의 사회가 엄격한 신분제 사회였고, 이 신분에 기초하여 부세제도가 운영되었기 때문이었다. 따라서 종족의 울타리를 벗어난다는 것은 곧 이런 기득권을 포기하는 것으로 이해되었다. 이 같은 상황으로 내몰린다는 것은 최악의 상황이었다. 농업 이외에 다른 산업의 발전이 없었던 사정에서 빈곤은 불가피한 문제였고, 따라서 운명처럼 받아들여질 수밖에 없었던 것으로 보인다.

조선의 종족 사회는 또 다른 차별을 전제로 하여 성립되었다. 그것은 서얼에 대한 차별이었다. 서얼은 이미 조선 초기부터 한정된 정치적 특권과 경제적 기반으로부터 일차적으로 소외되었던 것이다. 그러나 조선 후기에 이르러 서얼들은 여러 방법을 통해 이에 저항했다. 이에 따라 개별 가문이나 군현 단위에서는 적서 간의 크고 작은 문제들이 상시적으로 발생하였고, 적서 차별에 대한 법적 제도적 개선을 위한 운동이 서얼들에 의해 전국적인 범위에서 전개되기도 하였다. 그 결과 법적 제도적 차원에서는 일정한 성과를 거두었지만, 특히 개별 가문 단위에서의 차별은 조금도 해소되지 않았으며 도리어 강화되기조차 하였다. 이러한 사정에서 서얼들이 취할 수 있는 보편적인 방법은 적손(嫡孫) 중심의 종족으로부터 이탈하는 것이었다. 이들은 타처로 흘러들어가 출신을 숨기기도 하였지만, 일부에서는 조상의 별업지(別業地)를 기반으로 새로운 종족 사회를 형성하기도 하였다.[19] 아무

---

19) 정진영, 「조선후기 동성마을의 사회적 기능」, 『조선시대 향촌사회사』, 한길사, 1987 참조.

　　　　　　　　　　　　　　　　　　안동문화로 보는 한국학

튼 적서의 차별은 한국 종족 사회의 가장 큰 결점이었고, 오늘에 이르러서도 완전하게 해소되지 못한 상태이다. 이 점 역시 중국의 종족 사회와는 다른 특징이라 할 수 있다.

우리나라의 종가와 종손은 차등과 차별을 전제로 하여 성립되었다는 점에서 큰 한계를 가진다. 한계란 다름 아닌 미래에도 유지 · 존속될 수 있느냐 하는 문제이다. 종가를 중심으로 한 친족 질서가 필요한 것이라면, 그것은 차별이 아니라 평등으로, 조상과 과거로의 지향이 아니라 종족이 처한 현실적 문제에 대한 관심과 미래에 대한 투자로 적극 바뀌어야 할 것이다. 이것이 오늘날 안동의 종가가 안고 있는 가장 큰 과제의 하나라 생각한다.

5장

버리지 못한 유산, 양반의식

조선시대 신분제는 18세기 중후반 이후 크게 동요되다가 19세기를 거쳐 1894년 갑오개혁으로 완전히 폐지되었다. 신분제의 폐지는 곧 그간 양반이 누리던 다양한 특권도 함께 폐지됨을 의미한다. 그러나 이에 따른 반발도 적지 않아 완전한 법적 폐지로 귀결되지 못하였다. 더욱이 법적 조치와는 달리 현실의 세계에서는 해체되기는커녕 족보 나 문집의 간행, 재실과 사당 · 비각의 건립 등 허울만 남은 양반의 상 징물들이 도리어 더욱 범람했다.[20] 또한 노비에 대한 차별도 오래도록 지속되었다. 양반 고을이라 일컬어지던 안동에서 신분이나 양반 의식

---

20) 마이클 김, 「일제시대 출판계의 변화와 성장」, 『한국사시민강좌』 37, 일조각, 2005. 1920년대 이후 1930년대 후반까지 양반의식의 징표인 족보와 문집은 전체 허가 출판물 가운데 줄곧 수위였고, 그 비율은 30%를 상회하는 수준이었다고 한다.

이 쉽게 사라질 리는 없었다.

양반 의식이 강고하였던 안동에서 1894년 신분제 폐지가 어떤 의미였는지 궁금해진다. 1899년의 『남선면호적(南先面戶籍)』의 '직업란(職業欄)'에는 직업이 아니라 신분을 추정할 수 있는 직역이 기재되어 있다. 즉, 유학(幼學), 생원(生員), 양인(良人) 등과 함께 천민에 해당하는 사노(私奴)·사비(私婢)의 존재도 확인된다. 사노비란 다름 아닌 양반가의 노비로 대략 4%를 차지할 정도였다. 이것은 1894년 법적·제도적으로 신분제가 철폐된 이후에도 안동에서는 사가(私家)의 문서가 아니라 국가의 공적 문서상에서도 여전히 이전의 신분제적 질서가 온존하고 있었음을 보여준다. 뿐만 아니라 안동의 양반 가문에서 소장하고 있는 1906년에 이르기까지의 여러 호적 자료에서도 세전노비(世傳奴婢)의 존재가 확인된다. 이것은 적어도 1906년에 이르기까지 안동에서는 양반·상놈의 신분제가 공식적으로 존재하고 있었음을 의미한다.

이러한 문서상의 신분제는 안동 양반들의 신분 의식과 크게 다를 바가 없었을 것이다. 그러나 양반층이 가지는 신분, 곧 양반 의식은 신분 제도가 철폐된 세상을 사는 이전의 하층민들뿐만 아니라 가문의 자제들과도 충돌하고 갈등하지 않을 수 없었다.

안동에서 신분제와 양반 의식에 대한 철폐 운동은 하층민에 의해서가 아니라 선각자인 명문 양반가의 자제들로부터 시작되었다. 이들은 지식인층으로 조선 왕조의 멸망과 제국주의의 침략에 직면하여 국권을 지키기 위해, 그리고 그것의 회복을 위해서는 무엇보다도 신분제적인 구습에서 벗어나는 것이 필요하다고 생각하였다. 이는 협동학교(協東學校)의 설립, 야학 운동 등으로 나타났다. 그러나 강고한 신분제적 지배에 기반하고 있는 보수 유림층은 이를 적극 탄압했다.

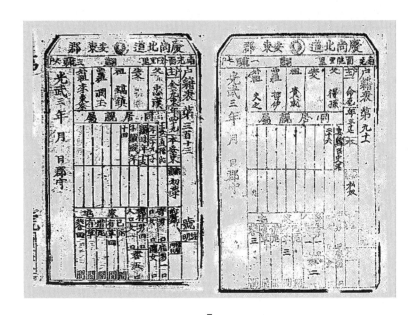

안동 남선면 호적

　협동학교는 1907년 류인식(東山 柳寅植, 1865~1928)에 의해 설립되었다. 류인식은 서울에서 계몽운동에 참여하면서 서구의 근대사상과 학문에 접한 다음 스스로 단발하고 돌아와 협동학교를 설립하여 보수 유생의 도포 자락 아래에서 구학(舊學)의 폐습을 고스란히 이어받게 될 청년들을 끌어내어 계몽시키고자 했다. 그러나 안동은 보수 유림의 전통이 강한 지역이었다. 따라서 신교육을 도입하고자 하는 노력은 어려울 수밖에 없었다. 우여곡절 끝에 학교를 열었지만 일제와 지방관의 탄압뿐만 아니라 무엇보다도 안동 유림들의 반발과 비난이 끊이지 않았다. 이로써 류인식은 스승과 가문으로부터 배척당하였고, 보수 유림에서는 서원을 통해 근대식 교육을 견제하고 나서기도

　　　　　　　　　　　안동문화로 보는 한국학

하였다. 1910년 7월에는 급기야 예천 지역 의병들의 습격으로 교사와 학생들이 살해되는 사건이 발생하기도 하였다.

협동학교에 대한 보수 유림의 견제와 의병의 습격은 계몽운동과 근대식 교육에 대한 부정적 시각과 학생들의 단발에 있었다.[21] 그러나 그 근저에는 유림의 보수적인 신분관이 있었던 것으로 보인다. 류인식은 일찍이 망국의 원인으로 정부와 유림의 부패를 거론하면서 문벌(門閥)을 타파할 것을 주장하기도 하였다.[22]

1922년 8월 안동의 일부 양반가문에서는 자기 문중의 자제들이 주도하는 노동야학을 물리적으로 강제 해산하여 폐지시키는 일이 벌어졌다. 야학의 폐지는 야학 자체에 문제가 있는 것이 아니라 "그놈의 야학을 두었다가는 양반이 망하겠다."라거나, "상놈의 자식이 글을 배워 알게 되면 양반에게 복종을 아니 하여 양반의 세력이 없어질 터이니 미리 예방하는 것이 제일 상책"[23]이라고 여겼기 때문이었다. 말하자면 여전히 이전의 신분제에 강한 집착을 보이고 있음을 알 수 있다.

안동의 양반 의식은 식민지 시기를 거치면서도 완전히 소멸되지 않았다. 따라서 신분제에 기초한 양반 의식은 해방 후에도 어느 정도 유지되고 있었다. 해방 직후에 중학 시절을 보냈던 윤학준은 『나의 양반문화탐방기―온돌야화』에서 다음과 같이 회고하고 있다.

"그 당시만 하더라도 중학교 1, 2학년 정도가 되면 벌써 '양반'이라는 것이 화제의 중요 부분을 차지하게 된다. 의식적으로 그런 것이 아닌데

---

21) 김희곤, 『안동 사람들의 항일투쟁』, 지식산업사, 2007, 178~200쪽 참조.
22) 『東山文藁』 권2, 「잡저: 太息論」(1920년 작으로 추정).
23) 『동아일보』 1922년 8월 8일자, 「夜學을 妨害하는 兩班」.

동산 유인식(둘째줄 좌측)과 협동학교 교사들

도 아주 자연스럽게 화제가 되니 가공할 일이다. 가령 친구들끼리 '우리
야 말로 양반 중의 양반, 진짜 양반이다. 니(너희)들이 무슨 양반이라고!'
하는 농담이 오간다. 이 무슨 전근대적이고 퇴영적인 세계인가 하고 지금
생각하면 한심스럽기도 하지만, 이것도 어쩌면 안동이라는 특수한 사회
만의 독특한 현상이었는지도 모르겠다."[24]

"종숙은 자신의 양반이 그리 대단치 않은 것을 시인하면서도 반열에
끼기 위해서는 어떻게 행신(行身)해야 되는가에 대해 그 테크닉까지 나
에게 전수를 하였으니, 이 무슨 아이러니인가. '앞으로 사회에 나가 남과

_____

24) 윤학준, 『나의 양반문화탐방기—온돌야화』, 길안사, 1994, 155~156쪽.

사귈 때 무엇보다도 중요한 것은, 양반으로서의 교양을 몸으로 익히는 일이다.'라고 그는 일러주었다. 그 교양이란 무엇보다도 자신의 뿌리를 알고, 자기 양반의 밀도가 어느 정도인가를 확실히 인식해야 한다고 거듭 강조하곤 했다. 이것을 모르면 '돈키호테'가 되어버려 상대방으로부터 멸시당하기가 십상이라는 것이었다. 또 한 가지 중요한 것은 남의 양반에 대해서도 잘 알아야 한다는 것이다. 상대방의 존재를 정확히 인식하고 평가하는 것이 바로 자기 양반을 높이는 결과가 된다는 말을 들었을 때는 '정말 그렇겠구나' 하고 수긍을 하기도 했다. 보학(譜學)에 밝다는 것은 양반으로 행세하는 데 필요불가결한 필수요건이기 때문이다."[25]

윤학준은 중학교 1 · 2학년 시절에 벌써 양반을 화두로 삼았고, 종숙으로부터 양반의 반열에 들기 위해서는 자기가 어떠한 양반인지도 알아야 하지만 남의 양반에 대해서도 정확하게 인식하고 평가할 줄 알아야 한다는 충고를 들으면서 성장하였음을 이야기하고 있다. 이 같은 분위기는 비단 윤학준뿐만 아니라 이 시기를 살았던 안동의 명문가 후예들에게 있어서는 너무나 친숙한 일상이었던 것으로 보인다. 이들은 또한 마을에서 여전히 하인의 처지를 미처 벗어나지 못한 사람들의 존재를 보아왔고, 이들에 대해 나이에 관계없이 하대해본 경험을 가지고 있었다. 말하자면 안동에서는 해방 직후에 이르기까지 구래의 신분제가 강고하게 남아 있었다는 것이다. 이것이 "안동이라는 특수한 사회만의 독특한 현상이었는지"는 모르겠지만, 적어도 안동에서는 그러했음이 분명하다.

---

25) 윤학준, 위의 책, 183~184쪽.

이미 언급하였듯이 이 같은 신분 혹은 양반의식을 타파하는 데 앞장선 것은 하층민이 아니라 명문 양반가의 자제들이었다. 따라서 신분 질서를 지킨 것도 양반이고, 이를 타파하기 위해 앞장선 것도 양반이었다. 해방정국에서도 사회 변화의 주도권은 여전히 양반들이 장악하고 있었고, 하층민들은 주어진 변화에 그저 기죽어 지낼 수밖에 없었다. 하층민에게 있어서 이것은 또 다른 신분제일 뿐이었다. 따라서 해방과 함께 온 좌우익의 대립은 또 다른 형태의 신분제적 갈등으로 표출되고 있었다.

"우익이 된 마을이란 …(중략)… 일률적으로 말할 수 없지만, 몇 가지 특징을 들 수 있다. 그 하나는 개화사상에 일찍 눈을 떴고, 식민지 시대에도 비교적 일본에 협력을 해서 출세한 사람이 많았다는 것이며, 또 하나는 기독교가 왕성했던 지역이었다. …(중략)… 그 마을들은 전형적인 우익 마을이었다. 그곳의 깃발은 이상하리만큼 선명했다.

어린 나에게도 이러한 현상이 기이하게 여겨졌다. 아무리 생각을 해봐도 이치에 맞지 않는다. 왜냐하면 당시 좌익진영의 최대의 슬로건은 일제의 잔재를 청산하는 동시에 계급을 타파하는 것이었다. 모든 인간은 평등하다. 양반 상민의 계급을 타파하고 빈부의 차를 없애자는 것이었다. 이 슬로건은 지극히 단순명쾌해서 형언할 수 없을 만큼 기폭력이 있었다. 그런데 이렇게 계급 타파를 부르짖는 것은 줄곧 학대를 받아 온 상민·천민 계급이어야 할텐데, 엉뚱하게도 양반 동네의 빨갱이들이 목에 핏대를 올려 가면서 외치고 다니지 않는가. 도무지 모를 일이었다."[26]

---

26) 윤학준, 앞의 책, 226쪽.

안동문화로 보는 한국학

앞에서 언급하였던 윤학준의 이야기이다. 그의 말대로 안동에서 계급 타파를 외쳤던 것은 천대받던 상민 · 천민의 계급이 아니라 엉뚱하게도 좌익 진영 곧 양반 동네의 양반 자제들이었다는 것이다. 계속해서 그의 이야기를 들어보자.

"1945년 8월 15일, 우리나라가 일본의 멍에에서 벗어난 후의 이데올로기의 판도는 실로 희한한 대조를 보여 주었다. 양반들이 살고 있는 반촌은 거의가 '빨갱이 마을'이었고, 민촌이나 각성받이 마을들은 거의가 우익화했던 것이다. 왜 그렇게 되었을까? 해방 직후 좌우 분열의 진행 과정을 보면 그 때까지 잠재해 있던 반촌과 민촌 사이의 반목이, 해방을 맞이함과 동시에 표출되었다는 인상이 짙다. 오랫동안 억눌리고 괄시를 받아 온 상민과 천민 계급이 새로운 민주주의 세상을 맞은 김에 양반놈들에게 대항하기 위해, 이념이야 어찌 되었든 무조건 반대 진영에 가담했다는 생각이 든다. 양반놈들이 '혁신 진영'이면 우리들은 '보수 진영'이라는 식이다. 이것은 이론이나 계산이 아니라, 오랫동안 쌓였던 피해 의식에서 비롯된 본능 같은 것이라고 느껴진다."[27]

"해방 직후의 양반들의 기세는 대단했다. 그들로서는 일본 제국주의에 대항해서 싸웠다는 자부심이 있었을 것이다. 특히 혁명 열사의 유족들, 친척, 인척들은 마치 개선장군과 같은 감회에 젖어 있었다. 축제 분위기로 휩싸인 마을 사람들은 농악대를 선두로 잔치를 벌이곤 했다. 밤마다 온갖 집회가 열렸던 것이다. 동족 부락이니 단결력이 있었고, 지도자가 나서서

27) 윤학준, 앞의 책, 220~221쪽.

호령만 하면 무엇이건 척척 해나갔다. 이런 광경을 민촌 사람들이나 각성받이 마을 사람들은 그저 멍하게 바라볼 뿐이었다."[28]

민촌의 상민과 천민들은 식민지 시기를 거쳐 해방된 당시까지도 감히 반촌의 양반들에게 대항하지 못하였다는 것이다. 특히 해방정국을 맞이하여서는 독립운동을 주도하였던 반촌 양반들의 기세에 또다시 눌릴 수밖에 없었다. 아마 민촌이나 각성받이 마을 사람들은 옛날의 신분제적 질곡을 다시 연상했을지도 모른다.

그러나 상황은 급변되기 시작했다. 좌우익의 분열, 분단과 우익정권의 수립, 전쟁 등을 거치면서 민촌 상민들은 반촌 양반들에 대항할 수 있는 새로운 이념을 얻었다. 그것은 바로 우익이었다. 우익이라는 정치적 이념은 양반과 상민의 위치를 급격하게 또 완전히 뒤바뀌어 버렸다. 안동에서의 봉건적 신분제의 진정한 해체는 해방정국과 전쟁을 거치면서 얻어진 것이라 할 수 있을 것이다. 그러나 그 해체는 억압받던 상·천민들의 주체적인 활동에 의해 쟁취한 것이 아니라 이념에 편승하고, 외세와 결탁된 우익의 정치권력을 추종함으로써 얻은 부산물에 불과하였다. 따라서 양반 후손들의 신분제와 양반의식에 대한 향수는 상황의 변화에 따라 얼마든지 되살아날 수 있게 마련이다. 물론 그것은 왜곡된 형태일 수밖에 없다. 봉건적인 신분을 받아들이기에는 세상이 너무 많이 변해버렸기 때문이다. 대신 다양하게 변형된 형태의 양반 의식은 은근하면서도 아주 폭넓게 우리 주위를 배회하고 있다. 어쩌면 오늘날 안동 사람들 상당수는 이런 '봉건 유령'들

---

28) 윤학준, 앞의 책, 220쪽.

과 알게 모르게 아주 친숙하게 지내는지도 모른다. 진정으로 청산하
지 못한 역사는 늘 주위를 서성이며 우리의 발걸음을 더디게 한다.

6장

안동, 한국 정신문화의 수도?

안동이 '한국 정신문화의 수도'임을 공식적으로 선포한 것은 2006년
이다. 즉, 이 해 7월 4일에 '한국정신문화의 수도 안동'(이후 '수도', 혹
은 '수도 안동'으로도 표기)을 특허청에 특허 등록한 것이다. 이로써 '수
도 안동'은 안동을 상징하는 공식적인 도시 브랜드로 출발하게 되었
다. 그리고 이후 이를 홍보하기 위한 다양한 활동이 있었고, 시청 앞
이나 관계 기관에는 '한국정신문화의 수도 안동'이 게시되었다. 그리
고 인의예지신(仁義禮智信), 인간이 지켜야할 덕목인 오상(五常)을 상
징하여 안동이 정신문화의 수도임을 대내외적으로 '과시'하기 위한 5
대 관문 건립도 어느 정도 마무리되었다. 그래서 우리는 아주 흔하게
'수도 안동'과 대면할 수 있게 되었다.[29]

---

29) 이 절은 다음의 글 일부를 재정리한 것이다. 정진영, 「'동학농민혁명＝전주정신' 정립을

그러나 아직도 내외의 많은 사람들은 왜 '정신문화의 수도'인지, 그 것은 무엇에 근거한 것인지 의아해한다. 나아가서는 조소하고 비아냥 거리기도 한다.

안동시청 홈페이지에는 안동을 소개하는 메뉴에 '한국정신문화의 수도 안동'과 관련된 내용을 요약하여 공시하고 있는데, 일종의 「취 지문」에 해당하는 머리글에서 안동이 '한국정신문화의 수도'인 이유 를 다음과 같이 정리하고 있다.[30]

"서울이 정치 · 경제 · 행정 등 모든 분야에서 한국을 지배하는 거대한 공룡도시일 뿐 아니라 동북아 경제중심지로서 부상하고자 하여 세계적 주목을 받고 있습니다. 이것은 21세기 디지털 혁명으로 급속하게 지식기 반사회로 진입하고 있는 데 따른 새로운 도약의 몸부림이기도 합니다. 그 러나 지식기반사회를 실질적으로 이끄는 것은 기술이 아니라 기술을 활 용할 줄 아는 지식과 그 최종 목표인 인간성 실현이라는 정신적 가치입니 다. 과거 한국의 역사를 보더라도 새 시대를 준비하는 새로운 가치는 반 드시 정치 · 행정중심지에서 이루어진 것이 아닙니다. 통일신라사회와 고 려시대의 지도이념이었던 '화엄사상'이나, 조선 사회의 지도이념이었던 '성리학', 일제강점기의 '독립운동'과 같은 당대의 새 사상을 생활 속에서 실험하고 튼튼한 근거지 역할을 했던 곳은 수도인 경주나 송도(개성), 한 양이 아니라 변두리 지역이었던 안동이었습니다. 뿐만 아니라 일제에 의 해 전통사회가 무너지자 이를 온몸으로 지키려는 과정에서 오히려 새 시

위한 제언-'한국정신문화의 수도 안동'의 사례를 중심으로-」, 『전주정신과 동학혁명』, 동학농민혁명기념사업회, 2014.
30) 2014년 11월 15일 현재에는 "안동을 왜 '정신문화의 수도'라 하는가?"라는 제목 아래에 그 이유와 당위성을 제시하고 있으나 애초의 내용과는 다소 바뀌어 있다.

대의 '혁신사상'을 앞장서서 실험하였던 곳도 안동이었습니다. 안동은 이제 이러한 전통을 이어받아 21세기를 준비하는 새로운 정신을 찾고 우리의 삶에 다져 넣음으로써 새 시대의 정신적 수도 역할을 할 때가 되었습니다."

「취지문」의 구체적 내용은 안동의 역사·문화적인 배경을 일정하게 반영하고 있다. 그리고 이를 통해 오늘날 우리 사회에서 정신문화가 가지는 의미와 가치에 대해서도 충분히 납득할 수 있다. 이러한 점에서 안동이 정신적 가치에 주목하여 그것을 우리 삶에 다져 넣음으로써 새 시대의 정신적 수도 역할을 할 때가 되었음을 자각하고 이를 안동의 도시 브랜드로 삼고자 했다는 것은 의미 있는 일이라 할 수 있다.

안동의 정신문화는 앞의 취지문에서 언급하였듯이 화엄사상, 성리학, 독립운동, 혁신사상 등으로 요약될 수 있다. 그리고 이들 정신문화는 새로운 시대를 이끌어 가는 새로운 가치로서 우리 역사의 중요한 시기에 의미 있는 역할을 했다는 것은 자랑할 만한 일이다. 그런데 문제는 이러한 정신문화가 안동만의 유일한 가치였느냐 하는 데에는 의문이 든다. 의상이 창도한 화엄사상은 차라리 영주의 부석사가 그 본향이라고 할 수 있고, 성리학 또한 안동에서만 특별하거나 유일한 것은 아니었다. 독립운동이나 혁신운동도 마찬가지다. 다만 다른 지역에 비해 안동이 질적으로나 양적으로 더 두드러졌다고는 할 수 있을지 모른다. 안동이 상대적으로 더 두드러졌다는 점에서는 충분한 의미를 부여할 수 있고 그것으로 긍지를 삼을 수도 있을 것이다. 아무튼 안동이 '정신문화'를 자신의 문화적 정체성으로 자각했다는 것은 높이 평가할 수 있다.

그러나 문제는 '정신문화'가 아니라 바로 '수도'라는 점이다. '수도'
란 오늘날에도 그러하지만, 특히 전근대 사회에서는 그 예하에 무수
히 많은 '지방'을 거느리고 정점에 위치한 패권적 권위적인 존재의
상징이다. 더구나 그것도 과거가 아니라 현재형이라는 사실이다. 앞
에서 열거하였던 정신문화가 안동을 정점으로 분포되었거나, 또는 안
동을 중심으로 수렴되었다고 하더라도 그것은 과거의 일이고, 현재와
는 전혀 무관한 일이다. 과거의 현상을 오늘날의 무궁한 영광으로 치
환한다는 것은 지나치거나 과거 지향적이라는 지적을 면하기 어렵다.
'수도'를 추진하였던 주역들 역시 이 점을 간과했을 리 없다. 그래서
그 근거로서 일곱 가지를 제시하고 있다.[31]

첫째: 안동은 유교문화의 원형을 고스란히 간직한 추로지향(鄒魯之鄕)
의 도시이다.

둘째: 이러한 전통과 가치를 발견하고 새 시대를 향해 뻗어나갈 우리나
라 유일의 지역학인 안동학(安東學)이 존재하는 곳이다.

셋째: 대구 · 경북 최초의 평생학습도시(平生學習都市)로 선비정신을
이어가고 있는 도시이다.

넷째: 안동은 독립 운동가를 가장 많이 배출한 독립운동의 성지이다.

다섯째: 전통과 예절이 살아 숨 쉬는 인보협동의 고을이다.

여섯째: 안동의 탈춤놀이와 민속축제는 한국의 대표적 축제이다.

일곱째: 과거의 엄청난 지식정보를 집대성하고 미래의 비전을 설계하

---

31) 그러나 현재의 홈페이지에는 이러한 '정신문화'의 구체적 나열 대신에 일반적인 내용으로
바뀌어져 있다.

는 한국국학진흥원이 있다.

현재의 수도가 될 수 있는 근거로 제시된 일곱 가지를 다시 요약하면 추로지향, 안동학, 선비정신, 독립운동 성지, 전통 예절, 민속축제, 한국국학진흥원이 될 것이다. 이것은 분명 과거가 아닌 오늘날 안동의 관심사거나 추진 중인 사업이다. 이 가운데 민속축제를 제외하면 대체로 유교 또는 유교문화와 관련되어 있다. 추로지향과 선비정신, 전통 예절이 그러하고, 안동의 독립운동 역시 이를 기반으로 하여 전개되었다. 안동학이나 한국국학진흥원의 사업이나 활동 대부분도 조선시대나 유교, 유교문화의 테두리를 크게 벗어나지 못한다. 반면에 취지문에서 언급되었던 화엄사상은 그 존재 가치를 찾아볼 수 없다.

이렇게 본다면 안동의 정신문화는 곧 유교 또는 유교문화에 바탕을 둔 것임을 쉽게 짐작할 수 있다. 그것은 다름 아닌 선비정신이다. 선비란 조선시대 유교와 유교문화를 담당하였던 양반들, 특히 권력에서 소외되었던 조선 후기 향촌사회의 양반들이 불우한 현실 속에서 스스로를 지키기 위한 이상적 존재형이다. 그래서 선비란 양반다운 인격을 도야해야 할 뿐만 아니라 한 걸음 더 나아가 비판정신을 갖춘 곧은 지조와, 부정과 불의에 항거할 수 있는 기개, 학문을 통한 학자로서의 높은 식견을 갖춘, 그래서 뜻을 얻으면 널리 세상을 이롭게 할 수 있는 그런 사람을 지칭한다. 이런 의미에서 선비와 선비정신은 아무리 강조해도 지나치지 않는다. 따라서 안동의 정신이나 정신문화를 여기에서 찾아야 함은 당연하다.

그러나 '근거'에서 제시된 선비정신은 이 같은 내용과는 거리가 멀다. 즉, 과거의 선비정신을 오늘날의 평생학습으로 이어가는 도시일

안동문화로 보는 한국학

안동시청, 한국 정신문화의 수도

뿐이다. 선비정신이란 학습을 통해 길러지는 것이 아닐뿐더러, 평생 학습의 내용 또한 선비정신과 반드시 관련된 것이라고도 하기 어려울 것이다.

이런 안동의 선비정신과 관련하여 답사 전문가며 자유기고가, 그리고 안동이 고향은 아니지만 안동을 고향처럼 아끼고 사랑하며 살아가고 있다는 이한용 씨의 지적은 아주 직설적이다. 그는 안동이 세계에서 유교문화의 원형을 가장 잘 간직한 고장이자 퇴계, 학봉, 서애 등을 배출한 조선의 '추로지향', '안동학'의 존재, 가장 많은 독립운동가 배출, 만주에서도 항일무장투쟁을 전개한 독립운동의 성지, 양반과 선비정신을 이어온 전통과 예절이 살아 숨 쉬는 고장, 하회마을과 도산서원 등 단일 지역에서 가장 많은 문화재를 보유한 지역(신라천년의 수도 경주보다 더 많다), 문화유산이 가장 잘 보전된 지역 등을 열거하면서 안동을 한국정신문화의 수도라 부르기에 충분히 매력적인 도시임에 틀림이 없다고 전제하고 있다. 그러나 안동이 한 나라 정신문화의 수도가 되기 위해서는 무엇보다도 먼저 지도자층의 의식부터 변화되어야 할 것임을 강하게 요구하고 있다. 장황하지만, 그의 목소리를 옮겨보면 다음과 같다.

"정신문화의 수도가 되기에는 턱없이 부족한 것이 안동인의 의식이다. 타지방 사람들로부터 보수적이다 못해 이제는 '꼴통'으로까지 불리고 있는 TK 지역의 고루한 의식은 안동도 더하면 더했지 예외는 아니다. …(중략)…

'공자 맹자는 시렁 위에 두었다 나라를 되찾은 뒤에 읽어도 늦지 않다'던 석주 이상룡의 구국의 길이나, 고루한 유림에서 혁신의 선봉에 서기까지 부친으로부터는 의절을, 스승으로부터는 파문을 당하는 아픔 속에서도 보수적인 안동 땅에 혁신이라는 씨앗을 뿌린 동산 유인식이야말로 이 시대 안동인이 받들어야 할 표상이다. …(중략)…

타 도시보다 더 심한 편 가르기가 만연하고 학연, 지연, 씨족 따지기와 그 많은 문중의 소소한 자존심 싸움과 이방인에 대한 심한 텃세야말로 안동의 오랜 고질병이지 않은가? 말만 양반과 선비의 후예요, 누구의 몇 대손이라고 자랑하고 다녔지, 그 행동과 정신은 과연 깨어 있기나 한 것인가? …(중략)…

보수의 본향으로 내몰린 안동에 있어 제2의 퇴계나 학봉 같은 정신적 지도자가 있는가? 아니면 향산 이만도나 석주 이상룡, 백하 김대락 같은

안동문화로 보는 한국학

실천하는 지식인이 있는가? '노블리스 오블리제'를 갖춘 그런 식자층이라도 있는가? 안동이란 동네만 팔아먹을 줄 알고 과거의 조상만 팔 줄 알았지, 근래에 들어 뭔가 내세울 만한 게 없지 않는가? 안동답답이가 되어 조상의 꼬투리를 부여잡고 전통을 지킬 줄만 알았지 새로운 역사를 창조해 나가기에는 어딘지 좀 남부끄러운 도시는 아닌지?"[32]

안동이 '정신문화의 수도'라고 하지만 정작 안동 사람들에게는 정신문화가 없다는 것이다. '꼴통'으로까지 이해되는 보수성이나 배타적인 가문의식, 조상을 팔거나 그 꼬투리를 부여잡고 전통을 지킬 줄만 아는 '꼴통' 보수성은 있으나 석주 이상룡이나 동산 유인식 같은 혁신적인 생각을 가진 정신적 지도자나 실천하는 지식인이 있느냐고 묻는다. 말하자면 올바른 선비정신을 가진 지도자나 지식인, 그런 안동 사람들이 없다는 것이다.

'정신문화의 수도'에 정신이 없다면 지금이라도 채워 넣거나, 보완해가야 한다. 그러기 위해서는 안동 시민이 '수도'의 주체가 되어야 한다. 정신이 강요에 의해 혹은 정치나 행정적 행위를 통해 만들어지는 것이 아니기 때문이다.

그러나 '한국정신문화의 수도 안동'과 그 부수적인 사업인 5대문 건립은 사실상 안동 시민을 위한 것이라기보다는 대외 홍보용이었고, 또한 행정용이었다고 할 수 있다. 물론 '수도'라는 구호와 위용을 갖춤으로써 시민들의 자긍심을 고취하고 그에 알 맞는 '수도 시민'으로서의 역할을 기대하고 목적했다는 것은 있을 수 있는 일이다. 그러나

---

32) 이한용, 「안동, 진정한 '한국정신문화의 수도'인가?」, 『향토문화의 사랑방, 안동』 128, 2010년 7.8월.

'한국정신문화의 수도'가 안동 시민의 자긍심과 긍지를 높일 수 있기 위해서는 그 같은 구호에 대한 시민 스스로가 그 당위성이나 타당성에 깊이 공감하고 적극 참여할 때에만 가능하다. 그러나 '수도 안동' 시민들에게서 공감과 참여가 일상 속에서는 그리 쉽게 확인되지 않는다. 그것은 도리어 무관심이나 또는 애써 외면하기나 아니면 자조적인 용도로 사용된다.

시민들의 낮은 공감과 참여는 무엇보다도 그 출발 자체가 관주도의 일방 통행식 추진이었기 때문일 것이다. 시민들 스스로가 자신의 위치를 자각하고 공감할 겨를도 없이 불쑥 떠 안겨진 '수도' 시민의 지위는 영광과 자긍심보다는 부담과 부끄러움으로 다가왔음이 분명하다. '정신문화', 그것이 무엇인지도 애매했지만, 전통의 예의범절을 지키는 것이라면 그것이 오늘날에도 통용될 수 있는 것인지도 의문일 수밖에 없다. 오늘날에도 지켜야 할 가치 있는 것이라면, '수도' 시민으로서의 나의 삶은 어떠해야 하나? '정신문화'에 걸맞게 살 수 있는가? 스스로에게 질문해보지 않을 수 없다.

아니면 '정신문화의 수도' 역할이 우리 시대의 문제점을 정확하게 진단하여 새로운 문법, 새로운 메시지로 시대를 이끌어가는 것이라면, 그러면 안동은 그런 이성적 판단력과 감성적 실천력을 갖추고 있는가? 아니면 안동이 우리 시대의 문제와 과제에 대해 어떤 의미 있는 발언을 한 적이 있는가? 시대의 당면 문제에 대해 '수도' 안동은 언제나 말도 행동도 없었을 뿐만 아니라, 생각도 고민도 없었던 것처럼 보인다. 늘 외면으로 일관했다고 하는 편이 더 합당할 것이다. 자기 시대를 늘 외면하면서 어떻게 '정신문화의 수도'로서의 역할을 할 수 있는가? 그렇다면, 과거의 추억——화엄사상, 퇴계의 성리학, 독립운동이나 혁신사상 등——으로 현재의 '수도'를 건설한 것은 아닌 가? 이것이 가능한 일인가?

더욱이 안동의 전통은 자신이나 가문을 스스로 드러내어 자랑하는 것을 부끄러워한다. 은근히 에둘러 변죽만을 울리거나 아니면 남의 칭찬에 계면쩍은 듯 사양하는 것만으로도 충분하다. '수도'로 그것도 '정신문화의 수도'로 자화자찬하는 것은 안동의 정서와는 거리가 멀다. 안동 사람들에게 '정신문화의 수도'란 영광이기보다는 부담이고 부끄러움으로 먼저 다가오는 이유는 바로 여기에 있다. 이런 마당에 '수도'가 어찌 안동 사람들을 위한 것일 수 있겠는가? 이것은 그저 대외적인 홍보용임이 분명하다.

'수도'가 대외용이거나 홍보용의 구호라는 것은 도시 브랜드, 그 자체가 도시의 특성을 상징화하여 대외적으로 선전하고 홍보하기 위한 것임을 부정할 수 없기 때문이다. 적어도 이런 의미에서 '한국정신문화의 수도'라는 안동의 브랜드는 성공적이었다고 할 수 있다.

그러나 이 같은 성공은 또 다른 문제를 불러온다. 안동은 그 홀로 존재하는 것이 아니라 대한민국의 한 시군으로, 그리고 인근 시군과의 상호 협력과 관계 속에서 존재해야 한다. 이런 점에서 '수도 안동'에 대한 인근, 나아가서는 여타 시군의 반응이나 입장도 고려하지 않을 수 없다. 짐작컨대 인근 시군의 반응이 그렇게 우호적이었던 것으로는 생각되지 않는다. '수도 안동'이 이웃 시군과의 관계 설정을 어떻게 할 것인가에 대한 진지한 고민은 없었던 것으로 보인다.

문제는 다름 아닌 '수도'라는 데에 있다. 그것은 행정수도와 대비된다. 행정수도는 행정 체계상 여러 행정 조직의 중심이자 그 정점에 존재한다. 특히 우리의 행정수도는 더욱 그러하다. 정신이나 문화를 우열이나 등급으로 재단할 수는 없다. 그런데 '한국정신문화 수도 안동'은 의도하든 의도하지 않던 우열과 등급으로 읽혀진다.

이것은 바람직하지 않다. 오늘날의 지방자치는 지역 간의 무한경쟁과 대립 갈등으로 치달리기 쉽다. 중앙이 비정상적인 규모로 비대해지고 집중화된 마당에 지방자치단체 간의 대립과 갈등으로는 지방의 문제를 결코 해결해낼 수 없다. 지방자치단체 간 선의의 경쟁과 상호 협력 관계를 구축하는 것이 더 없이 요구되는 시대이다. 안동이 정말 '수도 안동'이 되려면 이 같은 역할을 해야 한다. 더구나 이제 안동은 하나의 시군이 아니라 경상북도의 도청 소재지가 되었다.

그렇다면 '수도 안동'의 역할과 기능은 자명해진다. '정신문화의 수도'가 지역 간의 대립과 갈등을 야기하는 것이어서는 안 된다. 지역 간 대립과 갈등이 아니라 상호 보완적 협력적 관계로 연대하여 국가 균형발전이나 진정한 지방화시대를 이끌어가는 역할을 해야 한다. 안동이 정말 이 같은 역할을 할 수 있을 때에야 진정 '정신문화의 수도'가 될 것이다. 우리는 과연 그럴 수 있는 것인지 질문해봐야 하고, 또 그렇게 되도록 요구해야 한다. 이것은 지역과 지방사가 가지는 현재적 의미이고, 그에 대한 관심을 두는 이유의 하나이다.

제2부

안동 지역의 민속

배영동(안동대 민속학과)

1장

안동 지역의 명절과 일생의례

1 한반도 북부형 명절인 단오와 중구일

한국의 명절은 전국 어디에나 대동소이한 것으로 생각되기 쉽다. 설, 동지, 한식 등에서는 지역차가 없지만, 단오와 추석의 경우에는 지역차가 크다. 안동에서는 1960년대까지 단오와 중구일을 중요한 명절로 인식하였다. 안동에서는 남부 지역에 비해 추석보다는 단오를 훨씬 중시하였고, 추석에 차례를 지내지 못하는 해에는 중구일(重九日: 음력 9월 9일)에 차례를 올렸다. 거기에는 그럴 만한 이유가 있다.

김택규 교수는 우리나라 단오와 추석에 대한 인식이 남부와 북부 지역에서 현저한 차이를 드러낸다는 지적을 한 바 있다. 이른바 남부 지역을 중심으로 하는 추석권, 북부 지역을 중심으로 하는 단오권, 그

리고 영남 중북부를 중심으로 하는 추석 · 단오복합권이라는 구분이
그것이다.[1] 이 견해에 따르면 안동은 추석 · 단오복합권에 해당한다.
단오권에서는 추석을 중요한 명절로 치지 않았다. 추석에 조상에게 햇
곡식으로 음식을 만들어서 올려야 하는데, 이 시점에 햇곡식 수확이 쉽
지 않기 때문이다. 추석 · 단오복합권에서도 그런 경향이 뚜렷하다.

　안동과 같은 경북 북부 산간 지역에서는 남부 지역에 비해서 재배
기간이 짧고 일조량이 부족하므로, 추석에 곡식 수확이 일반적으로
어렵다. 다행히 추석이 양력 9월 하순 이후에 들어오는 경우에는 올
벼에 한해서 햇곡식 수확이 가능하다. 농작물의 성장은 태양력에 달
린 것인데, 달의 운행을 기준으로 만든 태음력과 태양의 운행을 기준
으로 만든 태양력 사이에는 해마다 시차의 폭이 유동적이다. 추석이
양력으로 늦게 들어오는 해에는 추석을 정상적인 명절로 받아들여서
조상께 차례를 올린다. 그러나 추석에 햇곡식이 나지 않는 해에는 추
석은 말뿐이었고 의미 있는 명절이 아니었다. 그 대신 음력 9월 9일을
중구일이라 하여 이날에 차례를 올렸다.

　단오는 그 시점이 보리와 밀과 같은 여름곡식[夏穀]을 수확하는 계
절이므로, 여름 곡식 수확 의례일 가능성도 생각할 수 있다. 하지만
단오는 남녀 구분 없이 그네를 뛰고 남자들은 씨름을 하여 힘을 겨루
는 활달한 놀이를 하는 날이다. 단오는 본디 북방민족에게서 중요하
게 여겨진 명절로 알려진다. 음력 5월 5일은 양력으로는 6월 초순에
드는 것이 일반적인데, 이 무렵에는 여름이 시작된다. 그러므로 여름
철에 허약해지기 쉬운 건강을 미리 돌보고 단련하는 의미로 그네뛰

---

1) 김택규, 『한국 농경세시의 연구』, 영남대학교 출판부, 1985, 447~469쪽.

안동문화로 보는 한국학

기와 씨름이 성행했다고 이해된다.

이렇게 본다면 단오와 중구일을 중시해온 안동 지역은 한반도 안에서 남부문화권이라기보다는 북부문화권에 해당한다. 실제로 안동은 고구려의 굴화현에 속해 있었고, 안동에서 가까운 영주 순흥 읍내리 벽화고분도 고구려 문화를 말해준다.

이러한 안동에서도 1980년대부터 단오와 중구일이 시들어지고, 추석이 중요한 명절로 바뀌었다. 변화의 요인은 조생종 농작물의 보급, 비닐온상재배법의 보급에 따라서 농작물 수확 시기가 앞당겨진 점, 자기 집에서 햇곡식을 수확하지 못하더라도 시장에서 구입할 수 있다는 점, 우리나라의 명절 공휴일화 정책이 설과 추석 중심의 2대 명절로 압축된 점, 그리고 도시 근로자들의 귀성 등이다.

2 신부의 '묵신행', 첫아기 출산 후 '산걸이'

전통적으로 안동에서 신랑신부가 신부집에서 혼례를 치르고 나서 하는 신행은 몇 유형으로 나누어진다. 신행의 유형은 '도신행'(당일 신행)과 '묵신행'으로 나뉘는데, 안동에서는 묵신행을 주로 하였다. 묵신행은 다시 '달묵이'와 '해묵이'로 나누어지는데, 달묵이는 혼례를 치른 달을 묵혀서 가는 신행이며, 해묵이는 혼례를 치른 해를 묵혀서 가는 신행이다. 예컨대, 2015년 5월에 혼례를 치른 신부가 6월에 신행을 가면 달묵이라 했고, 2016년에 신행을 가면 해묵이라고 했던 것이다.

일반적으로 도신행은 신부댁이 신랑댁과 가까운 경우, 다시 말해서 혼례를 치르고 나서 당일 해지기 전에 시댁에 갈 수 있는 거리일 때

하는 신행이다. 한편, 도신행을 하는 경우에는 일반적으로 거리가 가깝다는 점 이외에도 신부가 시댁에 가서 일을 도와주어야 하는 처지일 때 하는 신행이라는 특징도 보인다. 그러므로 도신행은 신부집과 시댁의 거리가 가까울 뿐만 아니라, 경제적으로 가난한 서민가에서 흔히 하는 신행의 형태였다. 그에 반해서 해묵이는 양반가나 경제 사정이 나은 집, 신부의 나이가 어리고, 시댁에서 시급히 일손을 필요로 하지 않을 경우에 하는 신행의 형태였다. 달묵이는 그 중간 정도 속성을 띤다.

한편, 안동 지역에서는 첫아기가 태어나면 '산걷이'를 하는 풍속이 뚜렷하게 전승되었다. 산걷이란 말은 "출산의 상황을 거두어들인다", "출산 상황을 종료한다"는 뜻이다. 대개 산걷이는 임산부가 친정에서 첫아기를 출산하고 삼칠일이 되면, 시댁의 시어머니가 중심이 되어 아기 옷과 산바라지를 해준 사람의 옷 한 벌을 준비하고, 또 떡을 해서 출산과 산바라지에 대해 격려와 감사를 표하고 아기의 출생을 축하하는 것이었다. 만일 시댁에서 첫아기를 출산하면 친정어머니가 중심이 되어 시댁으로 가서 축하해주었다. 특별한 이유가 없으면 첫아기 출산 시에만 산걷이를 해주었는데, 여성의 첫 출산은 특별히 두려움과 고통의 충격이 크기 때문이다. 산걷이는 시집간 딸이 시댁에 잘 적응할 수 있도록 돕고, 신랑과 신부 두 집안의 관계를 돈독하게 하였다.[2]

---

2) 강종원, 「출산 후 '산걷이' 의례 물품의 의미와 기능」, 안동대학교 대학원 민속학과 석사논문, 2014.

　　　　　　　　　　안동문화로 보는 한국학

3 머리카락을 섞어 만든 미투리, 이중장제 '토롱'

1998년에 안동시 정하동 택지 개발 과정에서 미라가 나와서 세간에 화제가 되었다. 안동대 박물관에서 발굴·조사한 결과, 1500년대 중반기에 조성된 이응태(31세 요절)의 무덤에서 부인(원이 엄마)이 쓴 한 통의 편지, 미투리, 여타 몇 종의 유물이 함께 출토되었다. 병든 남편이 회복하기를 간절히 소망하면서 부인은 자신의 머리카락을 잘라서 노끈과 섞어서 미투리를 짠 것이다.

"신체발부 수지부모(身體髮膚 受之父母)"라고 하던 유교적 가치관이 지배하던 시기에 남편의 병환이 낫기를 간절히 빌면서 자신의 머리카락을 잘라서 미투리를 삼아준 직발조리(織髮造履)의 풍속을 의미 있게 생각하지 않을 수 없다. 부인의 정성스런 간호에도 불구하고 남편 이응태는 끝내 회생하지 못하고 저 세상으로 떠났다.

그런데 이런 풍속이 원이 엄마에게서만 나타난 것은 아니다. 임진왜란 때 구국활동을 하여 널리 알려진, 안동과 영주에서 살았던 유연당(悠然堂) 김대현(金大賢, 1553~1602)의 부인도 자신의 머리카락을 잘라서 미투리를 삼았다. 그 내용을 보면 이렇다.[3]

산음현감이었던 유연당 김대현이 향년 50세에 세상을 떠났을 때 옷상자에 옷이 없었다. 그래서 그와 교분이 있던 주변 사람들이 옷을 벗어 수의를 마련하여 염습을 하였다. 함안군수 고상안(高尙顔)은 여러 고을에 부음을 내고, 선비들이 지성으로 도와 상례를 치르는데, 발인일에 읍민이 모두 모여 선정 목민관을 애도하며 눈물을 흘렸다. 1594

---

3) 배영동, 『청백정신과 팔련오계로 빛나는, 안동 허백당 김양진 종가』, 예문서원, 2014, 61~63쪽.

원이엄마 머리카락으로 짠 미투리(안동대 박물관 소장)

년 안동부사를 지낸 대사헌 황섬(黃暹, 1544~1616)이 쓴 전송시가 남아 있다.

그런가 하면 벽오(碧梧) 김태(金兌)는 산음에서 안동까지 5백리 길의 운구를 마치고 돌아갔다. 더 놀라운 일은 유연당의 부인 전주 이씨가 상례 때 도와준 산음 고을 사람들을 위하여 정성어린 물건을 만든 것이다.

장례를 마친 몇 달 뒤 겨울철 어느 날, 자제 한 사람이 어머니에게 여느 때처럼 문안인사를 드리러 갔는데, 가만히 보니 방안에서 머리에 흰 무명 수건을 둘러쓰고 있었다. …(중략)…

안동문화로 보는 한국학

"나는 지난 봄 너의 아버지 초상 때 도와준 산음고을 사람들에게 결초보은코자 곰곰이 생각해보았다. 나의 모든 정성을 다 드리기 위해, 삭발하여 짚과 함께 신을 삼게 하였다. 이것이 내 성의이니 그분들에게 갖다 드려라."라고 하므로 자제는 그 신을 깨끗한 보자기에 싸서 가슴에 안고 5백리 길을 떠났다.

수일 후 산음의 필선 권집에게 자초지종을 이야기하고 신을 싼 보자기를 건네주었다. 그는 깜짝 놀라면서 그 정성어린 신을 거절도 반송도 할 수 없어 오장, 박문영 등과 상의한 끝에 작은 사당을 지어 보관하였다.

그 후 270여년이 지난 1870년대 어느 날 산음고을의 권씨댁에서 동도회(同道會)를 결성한 여러 선비의 후손들이 모임을 가졌는데, 그 때 후손 운재(雲齋) 김병황(金秉璜)이 참석하였다가 그 분들이 사연과 함께 돌려주는 신을 받아 곱게 싸안고 돌아와서 부인의 묘소 곁에 묻었다고 한다.

참으로 아름답고 놀라운 이야기다. 남편의 임지에서 장례를 도와준 사람들에 대한 결초보은의 심정이 이렇게 꽃피워졌다. 자신의 머리카락을 잘라서 볏짚과 함께 섞어 정성껏 짚신을 삼아 5백리 길을 머다 않고 전했던 것이다. 더구나 산음 고을 사람들은 이 신을 어찌할 수 없어서 사당을 지어서 보관했다고 하니 또한 놀라운 일이다. 고을 사람들은 전임 사또 부인의 머리카락을 주재료로 만들어진 짚신을 사당에 모셔놓고 사또 재임 당시의 여러 행적을 떠올리고 기렸을 것이다. 이 이야기를 통하여 머리카락을 넣어서 삼은 짚신은 마음과 정성을 다하여 애틋하게 전하는 상징물이라는 인식을 읽을 수 있다. 이와 관련하여 서정주의 시 「귀촉도」를 다시 볼 필요가 있다.

한편 안동의 장례에서는 일제강점기까지만 해도 '토롱'(土壟)이 제법 존속되었다. 토롱은 이중장제의 하나로서 사람이 죽고 나서 적절한 매장지를 구하지 못했거나 매장 상황이 여의치 않을 경우 임시 매장을 하는 것이다. 집 주변의 밭이나 빈터, 혹은 집의 마루 밑에 시신이 든 관을 묻어 두는 것이다. 그랬다가 다시 정식 무덤을 쓰게 된다. 유가적 법도를 따지는 집일수록 이런 토롱을 많이 한 것으로 알려진다. 옛 상례 과정에서 보면, 정식 무덤을 쓰지 않고 가매장을 해두는 단계를 '빈(殯)' 또는 초빈(草殯)이라고 하였다. 안동 임하면 천전리, 신덕2리 등에서 토롱 풍속에 대해 증언하는 사람이 많다. 안동 풍산읍 오미리에서는 발인을 할 때까지 시신을 넣은 관을 보관하는 '토롱'을 만들었는데, 대개 사랑채 마당 구석에 관을 안치하고 짚과 흙을 섞어 덮어두는 방식이었으니, 이를 '외빈(外殯)한다'라고 했다.[4] 조선시대의 묘지(墓誌)를 분석해보면, 조선전기의 묘지에서는 수개월에서 1년, 2년 등의 기간에 걸쳐서 빈을 한 사례가 상당히 많다.[5]

4 종가에서 중시한 불천위제사, 길제, 차사

안동에는 다른 지역에 비해서 유난히 불천위 제사가 많이 행해진다. 불천위(不遷位)란 4대봉사와 같이 후손들이 일정 기간 동안만 기제사를 모시는 조상이 아니라, 자손만대로 기제사를 받드는 조상이다. 그러므로 불천위 신주는 무덤에 매안하지 않고 사당에 계속 모셔둔다. 결국 불천위란 국가적으로나 사회적으로 길이길이 추앙을 받을

---

4) 김미영, 「소멸과 변화를 겪고 있는 관혼상제」, 『안동 향토문화전자대전』, 한국학중앙연구원.
5) 배영동 「조선시대 지석의 성격과 변천」, 『조선시대 지석의 조사연구』, 온양민속박물관, 1992.

만한 인물에 대해서 사회가 공인한 결과이다. 안동 지역에는 남성을 기준으로 하여 조선시대에 50위의 불천위가 있었다.

왕실의 종묘(宗廟)에 모셔진 왕이나, 성균관의 문묘(文廟)에 배향된 인물에 대해서도 백세불천의 논리가 적용되고 있으므로 이들도 불천위이다. 하지만 이들은 국가 차원에서 받들어 모시는 인물이므로, 일반인들이 말하는 불천위와 구별된다. 그런데 종묘나 문묘에 배향하는 제도가 향촌 사회의 불천위 제도 형성에 기여하였다. 안동에서 모셔지는 불천위 50위는 전국에서 가장 많은 숫자이다. 사망 년도를 기준으로 할 때 15세기 인물은 4위이고, 16세기 전반 4위, 16세기 후반 13위, 17세기 전반 9위, 17세기 후반 5위, 18세기 전반 6위, 18세기 후반 5위, 19세기 초반 3위, 19세기 후반 1위이다.

이처럼 거의 16세기 이후의 인물이 불천위로 인정된 것은 불천위 제도가 정착된 시기를 암시한다. 상례에서 15세기에는 불교적 요소를 제거하는 데 강조점을 두고, 16세기에 와서 3년상 등 유교적 요소를 증가하는 데 역점을 두었다는[6] 사실도 유교식 불천위 제도의 수용 시기를 헤아리게 한다.

다음으로 안동에는 종가가 많기 때문에 종손의 승계 의식이라 할 수 있는 길제(吉祭)가 아직도 행해지고 있다. 길제를 지낼 때 비로소 5대조 신주를 사당에서 꺼내어 무덤에 매안(埋安)하고 새로운 종손이 공식적으로 임무를 승계한다. 2011년 봄에 행해진 퇴계 종가에서 길제가 치러졌다. 15대 종손이 돌아가신 후에 상중에 있다가 이 날 16대 종손이 비로소 종손의 지위를 승계하였다. 당시 후손을 비롯

---

6) 안호용, 「조선전기 喪制의 변천과 그 사회적 의미」, 고려대학교 박사학위 논문, 1989, 138~139쪽.

하여 다른 문중의 인사, 취재 또는 연구차 온 사람을 포함하여 무려 1,400여 명이 참석하는 진풍경을 이루었다.

안동의 퇴계 이황(李滉, 1501~1570) 종가와 동암(東巖) 이영도(李詠道, 1559~1637) 종가에서는 음력 6월 유두(流頭)에 차사(茶祀)를 지내고 있다. 차사는 명절에 조상께 제철에 나는 새로운 음식을 올리고 지내는 차례이다. 살아 있는 사람들이 맞는 명절이지만, 돌아가신 조상께 먼저 음식을 바치는 형식이다. 일종의 효도의 연장선상에서 나온 의례이기도 하다.

그런데 유두일에 올리는 제물이 대단히 주목된다. 2014년 유두에 올린 차사의 내용을 보자. 유두 전날부터 차례상에 올릴 밀가루 칼국수를 만들 준비를 하고, 감자와 옥수수를 삶았다. 그리고 수박, 자두, 포도, 토마토를 준비하였다. 유두일에 사당문을 열고 조상 대수 별로 따로 제상에 음식을 차리고 차례를 올렸다. 중요한 것은 이날 제상에 올린 음식의 종류이다. 포와 술은 제사의 기본 제물이기에 논외로 하더라도, 밀국수, 감자를 넣어 끓인 탕, 옥수수, 수박, 참외, 포도, 자두, 토마토의 의미는 무엇일까?

조선 전기까지는 밀농사가 제대로 되지 않아서 주로 메밀국수를 널리 먹었다. 그러므로 밀국수는 초여름에 수확하는 밀을 이용하여 만든 것으로 메밀국수에 비해서 훨씬 찰지고 좋은 음식이었다. 조선 후기에 이앙법(移秧法)이 일반화되면서 그에 뒤따라온 '도맥(稻麥) 이작'의 결실로 밀은 중요한 하곡(夏穀)의 지위를 차지하였다. 특히 밭농사가 중심이었던 안동 지역의 경우에는 하곡으로서 보리와 밀이 중요하였다. 그래서 이때부터 메밀국수보다 밀국수가 의미 있는 음식의 자리를 확보했다.

동암 이영도 종가 유두 차사상

중남미가 원산지이고 19세기 전반기에 우리나라로 전래된 감자도 식량을 대신할 수 있는 대표적인 식물이었다. 감자는 초여름에 수확하는데 맛이 순하고 부드러워서 부식도 되고, 간식도 되며, 수확량도 많은 편이어서 농가에서 환영받았다. 남미가 원산지이고 중국을 통해 조선 중기에 전래된 옥수수는 쌀, 밀과 함께 세계 3대 식량작물이다. 그래서 동암종가에서는 육탕(肉湯), 어탕(魚湯), 계탕(鷄湯)의 상징으로 소고기, 오징어, 감자를 넣어서 탕을 끓인 뒤에 삶은 계란을 그 위에 올린다. 감자가 탕의 부재료로 들어간 셈이다. 옥수수 역시 여름에 수확하는 대표적인 농산물로 식량과 간식의 자리를 넘나든 것이다. 포도와 자두, 토마토는 여름에 수확하는 대표적인 과일이다.

결과적으로 유두일의 제물은 여름철에 수확하는 여러 가지 농작물과 과일, 먹거리로 구성되어 있다. 유두차사는 여름철에 수확한 농작물을 조상에게 맛보시라고 받들어 올리고 지내는 차례이다. 그런 점에서 유두차사는 여름철에 수확한 햇곡식으로 만든 음식과 햇과일을 감사의 뜻으로 바치는 천신(薦新)이다. 유두차사는 밭농사를 많이 짓던 시대, 밭농사를 많이 지은 지역에서 중요한 의례였다.

안동 하회마을 겸암(謙菴) 류운룡(柳雲龍, 1539~1601) 종가에는 동지차사(冬至茶祀)가 전승되고 있다. 동지에 음식을 갖추어서 사당에서 차례를 올리는 것이다. 동지는 본래 태양력에 기초하여 새로운 해가 시작되는 날이므로, 근원적으로 보면 또 하나의 설날이었다. 그러므로 동지차사는 동지에 조상에게 차례를 지내던 풍속이 음력 설날의 정착 이후에도 여전히 지속된 것이다.

5 오늘날 재현된 관례, 언론에 보도되는 상례

2005년에는 임하면 천전리 청계(淸溪) 김진(金璡, 1500~1580) 종가에서 대단히 주목되는 관례가 치러졌다. 청계 김진의 17대 종손이 될 사람의 관례가 안동 지방의 대표적인 종가 종손들이 참여한 가운데 근사하게 치러졌다. 빈(賓)으로는 하회마을의 서애 류성룡 종가 류영하 종손이 역할을 해주었다. 이 광경을 보고 있으니 정말 안동 지역 전체를 아우르는 범위에서 유교문화의 사라진 전통인 관례의 진면목을 느낄 수 있었다. 그날 모인 의성 김씨 청계 종손, 영천 이씨 농암 종손, 한산 이씨 대산 종손, 풍산 류씨 서애 차종손이 도포를 입고 나란히 서 있는 모습에서 종가문화, 유교문화의 힘은 적어도 안동에서는 아직도 건재하다는 생각이 들었다.

최근 안동에서 치러진 몇몇 상례는 언론의 주목을 받았다. 2008년 2월 9일에는 학봉 선생 14대 종손 김시인 옹의 장례가 치러졌고, 2009년 12월 28일에는 퇴계 선생의 15대 종손 이동은 옹의 장례가 치러졌다. 91세로 사망한 김시인 옹의 장례는 문중장으로 치러졌다. 고인이 종가문화를 전승하며 평생을 지켜온 학봉 종택에서 칠일장으로 치러진 장례식에는 문중과 유림인사 등 1,000여명이 찾았다. 그리고 101세로 타계한 퇴계 선생 종손은 가풍에 따라 격식보다 정성 어린 가족장으로 치러졌다. 대통령과 국회의장·국무총리 등이 보낸 조화도 보였다. 빈소에서는 굴건제복을 한 78세의 맏상주 이근필 씨가 문상객들에게 깍듯이 맞절을 했다.

한편, 안동에서는 전통혼례, 제례 등을 문화행사로 가꾸려는 노력이 지속되고 있다. 2000년대부터 안동청년유도회, 안동향교에서 전통관례, 전통혼례, 전통불천위제사 등을 몇 차례 재현하여 시연해온 것도 그 배경이라 하겠다.

2장

안동 지역의 놀이와 축제

1 왕건과 견훤의 고창전투와 관련된 차전놀이[1]

안동에는 중요무형문화재 제24호로 지정된 차전놀이가 있다. 이 놀이는 고려와 후백제가 후삼국 통일전쟁을 치르던 안동의 고창전투(일명 병산전투)에서 유래하는 것으로 전한다.

차전놀이는 동부와 서부 두 편으로 나누어진 남성 집단이 동채 위에 각각 장수를 태우고 장수의 지휘 아래 상대편을 밀어내거나 동채를 찢거나 땅에 떨어뜨리면 이기는 놀이다. 수백 명이 협동 단결하여 힘으로 대결하여 승리를 차지하는 상무적 놀이이다. 안동시내를 가로

---

1) 차전놀이에 대한 자료는 사단법인 안동차전놀이보존회, 『안동 차전놀이-동채싸움-』, 도서출판 영남사, 2003, 84~103쪽 참조.

지르는 천리천을 경계로 하여, 동·서부편을 가른다. 동부는 안동의 동쪽에 해당하는 운흥, 법흥, 서부, 옥율, 신흥, 신세, 용상동에서 낙동 강을 경계로 면단위로는 남선, 임하, 임동, 길안, 일직, 남후면까지였 다. 서부는 안동의 서쪽 지역에 해당하는 옥야, 당북, 천리, 태화, 명 륜, 안막동에서부터 와룡, 서후, 예안, 도산, 풍산, 풍천면까지였다. 이 두 편이 안동시 동부동-운흥동-태화동 벌판에서 한판의 승부를 겨 룬다. 이 싸움에서 이기는 편은 그쪽 마을에 풍년이 든다고 즐거워 하며 축제를 벌이고, 진 편은 아쉬워하며 내년에 승리를 기약하며 돌아간다.

차전놀이는 매년 정월 대보름에 한다. 청장년 남성들이 참여하는데 한 편이 수천 명씩 달한다고 한다. 이를 위해서 추수가 끝나면 한편의 원로들이 모여서 동채싸움의 거행 여부를 상의한다. 하기로 결정하면 곧 상대편에 통보를 한다. 통보를 받으면 거절을 하지 못하며, 즉시 화답하는 동시에 쌍방이 공포하고 준비에 들어간다.

대장과 도감은 명문가에서 덕망이 있는 청장년을 선정하고 본격적 으로 활동한다. 가장 중요한 일은 동채의 재목을 구하여 동채를 만드 는 것이다. 동채 나무는 아래 위 굵기에 차이가 없는 참나무로 준비한 다. 안동과 안동 인근 지역으로까지 넓혀서 찾는다. 적당한 나무가 물 색되면, 소유자에게 대금을 지불하고 곧 나무에 금줄을 치고 부정과 잡귀를 막고 고을 현감에게 보고하여 보호를 요청한다. 이어 산신과 나무에 고사를 지내고 벌채하여 정성스레 운반하여 목수들이 동채 를 만든다. 제작된 동채가 안동관내로 진입하면 마을마다 사람들이 동채를 맞이한다. 읍내에 이르면 원로와 주민들이 도포 차림으로 영 접한다.

동채싸움을 하는 대보름날에는 관중들이 동·서부로 나누어 모여들어 인산인해를 이룬다. 두 편 동채가 보이기 시작하면 수많은 장정들이 일시에 환호성을 지르며 자기 편 동채로 달려가 진용을 정비하고 싸울 태세를 갖춘다. 대장의 호령과 대원들의 함성 시위는 전쟁터에서 군사들의 충천하는 사기를 보여준다. 양편이 가까이 서면 밀고, 당기는 형식의 불꽃 튀기는 시위와 싸움이 시작된다. 관중들은 두 동채가 맞부딪혀서 거의 수직으로까지 곤두세워지는 아찔한 광경을 목도하고, 때로는 동채가 바닥에 내동댕이쳐지거나 동채가 떠밀려 뒤집혀지면서 눈앞에서 장수가 떨어지는 불상사를 목격할 수도 있다. 어느 편이 이길지 알 수 없는 일정 시간 동안 간담을 조이면서 아슬아슬한 전투 상황에 빠지게 된다.

이러한 차전놀이는 과연 언제부터 시작된 것일까? 안동시 북문동에는 삼태사(안동 김씨 시조 김선평, 안동 권씨 시조 권행, 안동 장씨 시조 장정필)를 모신 태사묘가 있다. 태사묘에 모셔진 삼태사에 대한 제향이 이루어진 역사를[2] 살피면서 차전놀이의 역사를 풀이해보자.

「태사묘사실기년(太師廟事實紀年)」과 「태사묘 연혁」을 검토한 연구에 따르면, 삼태사에 대한 향사는 고려 성종 2년(983)에 안동부에서 거행한 것이 그 시초였다.[3] 이것으로 보아 이때 안동부 청사 안에 삼태사를 위한 제향공간이 마련되었음을 짐작할 수 있다. 그 후 조선 성종 12년(1481)에 경상감사 김자행(金自行)이 목면을 상납하여 모은 자산으로 사당을 세웠

---

2) 배영동, 「공민왕 몽진 관련 유물 유적의 성격과 의미」, 『고려 공민왕과 임시수도 안동』, 안동시 안동대 민속학연구소, 2004, 112~116쪽 참조.

3) 한양명, 「안동 동채싸움 관련 담론의 전승양상과 향촌사적 의미」, 『한국민속학』, 26, 한국민속학회, 1994, 397쪽.

안동문화로 보는 한국학

다. 안동 권씨 대종회에서 제공하는 태사묘 소개 자료에서, 고려 성종 때 창건했다는 '삼공신묘'(三功臣廟)라는 것은 실제로는 김자행이 세운 사당이라고 판단된다. 그러다가 사당에 문제가 생겼던지 삼공신 위판(位版)을 객사로 옮겨서 모시다가, 조선 중종 37년(1542)에 안동부사 김광철(金光轍)이 현재의 자리에 처음으로 사당을 세웠다.[4] 같은 해 경상감사 권철(權轍)이 제전(祭田)을 두고 노복(奴僕)을 주었으며, 명종 11년(1556)에는 권소(權紹)가 안동부사로 부임하여 제전과 노복을 더 늘렸다.[5]

이러한 내용은 퇴계 선생이 안동부사 권소의 요청에 따라서 1561년에 쓴 「삼공신묘증수기(三功臣廟增修記)」에 잘 서술되어 있다. 이 기록을 보면, 삼태사에 대한 향사는 권태사의 손자인 권책이 부리(府吏)가 되었을 때부터 안동부사(安東府司)에서 시작되었을 것이라는 사실을 알 수 있다. 삼태사에 대한 제향의 주재자는 수리(首吏) 또는 수호장(首戶長)이라고 표현되는 사람이었다. 그리고 삼태사에 대한 향사가 애초에 안동부사 안에서 이루어졌기 때문에, 조선 중기 김광철 부사 때까지는 안동의 행정 책임자가 삼태사에 대한 향사에 행정 · 재정적 지원을 했다는 점을 파악할 수 있다. 이것은 삼태사에 대한 향사가 지역행정적 차원에서 즉, 읍치의 일환으로 진행되었다는 사실을 말해준다. 따라서 삼태사의 유물과 공민왕의 하사품은 향사에서 일정한 상징성을 발현하고 재생산하면서 활용될 가능성을 배태하고 있었다.

그러다가 삼공신묘가 안동부사에서 벗어나 독립된 사당으로 바뀐 이후, 삼태사에 대한 향사는 신안동 김씨 · 안동 권씨 · 안동 장씨의 문중 차원의 향사로 변화되었다고 봐야 옳을 것이다. 1613년에 경상감사 권반(權

---

4) 안동권씨 대종회, 「안동태사묘」.
5) 한양명, 앞의 글, 398쪽.

盼)과 경주부윤 권태일(權泰一)이 사당을 증축하고, 삼공신묘를 태사묘(太師廟)로 개칭하였는데,[6] 이것은 관주도에 의한 것이라기보다는 삼태사 후손들의 노력에 의하여 태사묘의 위상이 변화되는 과정을 말해준다. 이러한 사실로 볼 때 삼태사에 대한 향사는 조선 중기부터 지역 행정의 개입 없이 문중 차원의 향사로 바뀌어 정착되었음을 알 수 있다. 이러한 일련의 삼공신묘(태사묘) 창건과 유지의 과정은 고려말-조선초에 대거 유입된 타성 반족(班族)과 민중들에 대해서, 오랜 역사의 김·권·장 토착 성씨가 향촌사회에서 그들의 위상을 유지·제고하려고 시도한 노력의 일단으로 이해된다.[7]

결국 차전놀이는 조선 초기에 삼태사를 안동사의 영웅으로 다시 부상시키면서 만들어진 향촌 사회의 정치적 놀이로 해석된다. 다만 차전놀이의 속성에 대해서는 그 이름이 차전인 이상, 전쟁에 사용하는 전차를 이용한 놀이일 가능성이 크다. 바퀴가 달린 전차는 전쟁 때 성벽 가까이 몰고 가서 성벽에 비스듬히 걸쳐두고 병사들이 뛰어오르기 위한 무기였을 것이다.

2 국보 하회탈과 하회별신굿탈놀이

국보 하회탈은 고려시대 허도령이 만든 것으로 전한다. 그 당시에는 하회마을에 김해 허씨가 많이 살았던 것으로 전한다. 그런데 하회

---

6) 안동권씨 대종회, 앞의 자료.
7) 한양명, 앞의 글, 398~399쪽 참조.

각시탈(국립중앙박물관)과 부네탈(국립중앙박물관)

탈이 만들어진 시기는 고려가 몽골의 지배를 받은 이후로 판단된다.[8] 하회탈 가운데 시대적 특징을 간직하고 있는 것은 각시탈과 부네탈 뿐이다. 각시탈에는 연지가 찍혀 있고, 부네탈에는 연지와 곤지가 함께 찍혀 있다. 또한 각시탈의 두발 양식은 머리채를 좌우 두 가닥으로 꽈서 내렸다가 다시 감아올려서 마감하였다. 그리고 정수리에는 뭔가 감아 묶은 형상을 얹었다. 부네의 두발 양식도 역시 머리채를 두 가닥으로 늘어뜨렸다가 다시 감아올린 모습을 약식으로 처리한 것 같다. 각시와 부네의 입술에는 붉은색 화장이 되어 있다.

그런데 송나라 사신 서긍이 12세기에 쓴 『고려도경(高麗圖經)』에는

8) 배영동, 「고려시대 하회탈이 제작된 시기와 배경」, 『고려시대의 안동』, 예문서원, 2006.

박익 묘 벽화의 여인들(밀양 고법리 벽화고분)

"고려 여인들은 귀천을 막론하고 머리카락을 한 가닥으로 정리하고, 붉은색 화장을 하지 않는다"고 하였다. 각시탈, 부네탈과 정면으로 충돌한다. 각시탈과 부네탈의 두발 양식과 화장법은 몽골의 고려 지배 이후 습속, 다시 말해서 몽골풍에 해당한다. 따라서 우리는 하회탈의 제작시기를 몽골의 고려 지배 이후, 특히 몽골풍이 성행하기 시작한 충렬왕 이후로 보는 것이 적절하다. 경남 밀양 고법리에는 공민왕 때 문신이었던 박익(朴翊, 1332~1398)의 무덤이 있는데, 그 속에 그려진 벽화에 묘사된 여인들의 두발양식은 각시탈이나 부네탈의 그것과 같다. 따라서 몽골풍이 고려 사람들의 생활에 영향을 미친 이후에 하회 탈이 만들어진 것으로 보는 것이 옳다.

안동문화로 보는 한국학

하회탈은 사람 얼굴 모양으로 된 것이 아홉 개 남아 있다. 양반, 선비, 각시, 부네, 중, 백정, 초랭이, 할미, 이매가 그것이다. 그밖에 동물 형상에다가 꿩털이 달린 주지탈이 두 개 더 있다. 그런데 예전에 있던 별채탈은 분실되었다. 하회탈은 현재 국보121호로 지정되어 국립중앙박물관에 소장되어 있다.

하회탈은 무엇보다 얼굴 표정이 다양하며, 광대의 배역에 맞는 언행을 전달하는 데 매우 적합하다. 탈을 쓰면 풍자, 해학, 조롱하는 표정 연기에는 더 없이 사실적이다. 역할을 의식한 조형성의 측면에서도 하회탈은 주목된다. "하회탈에서 양반과 선비는 지체가 높고, 이매와 초랭이는 지체가 낮으며, 그 가운데 백정이 있다. 또한 선비와 초랭이는 지혜롭고, 양반과 이매는 어리석으며 백정은 그 가운데 위치한다. 연령대별로 보면 여성탈은 각시→부네→할미의 순으로, 남성탈은 초랭이→백정→양반·선비의 순으로 나이가 많아진다."[9]

[그림 ①] 하회탈 조형성의 특징과 구조

양반 선비 이매	얼굴빛 밝음	-			얼굴-턱 분리	높음 ↑ 지체 ↓ 낮음
백정 초랭이 중	얼굴빛 어두움	각시(연지○, 곤지 ?) 부네(연지○, 곤지○)	젊음	분칠 함	얼굴-턱 미분리	
		할미(연지×, 곤지×)	늙음	분칠 안 함 암갈색		
남		여				

9) 임재해, 「하회탈의 조형성과 아름다움」, 『세계문화유산 하회마을의 세계』, 민속원, 2012, 271~272쪽.

하회탈의 조형적 특징을 구조적으로 분석해보면 다음과 같은 흥미로운 사실이 드러난다.

지체 높음: 얼굴과 턱의 분리 → 표현의 권리 유지
지체 낮음: 얼굴과 턱의 미분리 → 표현의 권리 억제

지체 높음: (남) 얼굴빛 밝음 → 지배하는 세상, 환한 세상
지체 낮음: (남) 얼굴빛 어두움 → 지배받는 세상, 어두운 세상
지체 낮음: (여) 젊은 여성 : 분칠, 연지, 곤지 → 간힌 세상에서 주목받는 여성
　　　　 (여) 늙은 여성: 분칠 없음→간힌 세상에서도 주목받지 못하는 여성

하회별신굿탈놀이(이하 '하회탈놀이'로 약칭)는 하회마을의 하층민들이 탈을 쓰고 하던 놀이로서 춤과 연극이 결합된 종합예술이다. 탈놀이는 주지마당, 백정마당, 할미마당, 중마당, 양반선비마당, 혼례마당-신방마당 등으로 이루어진다. 탈놀이의 마당별 의미에 대해 임재해 교수의 해석을 간추리면 이렇다.[10] "주지마당에서는 암수 주지의 성행위굿에 초랭이가 개입하여 주지를 쫓아낸다. 백정마당에서도 성행위굿의 흐름 위에 백정이 소불알로 양반과 선비를 조롱한다. 할미마당에서는 할미가 베 짜는 시늉을 하면서 시집살이 신세타령을 하고 양반과 청어다툼을 통해 남녀평등을 외치며 성차별을 풍자한다. 중마당에서는 뚜렷한 성행위굿을 바탕으로 하여 중의 파계를 비웃는다. 양반선비마당에서는 양반과 선비가 서로 지체와 학식을 겨루고

---

10) 임재해, 「하회탈놀이의 주술성과 연극성」, 위의 책, 275~296쪽 참고.

하회탈놀이를 위한 행렬

우쭐대지만 모두 허풍이고 거짓 지식에 불과하다. 그러다가 초랭이가 양반선비를 풍자하고, 부네를 두고 양반과 선비가 다툼을 벌이다가 초랭이와 백정에 의해 양반과 선비의 허위가 폭로된다. 혼례마당-신 방마당은 하회탈춤 제의성의 절정이다. 선비와 각시 사이에 이루어지 는 신방마당은 탈을 깎다가 죽은 허도령과 무진생 처녀서낭님의 신 성혼인(神聖婚姻)의 성행위굿이다."

하회탈놀이에 대해서 하회마을의 사회경제적 측면에서 주목할 필 요가 있다. 이른바 타성으로 구성된 하층민들은 서낭신을 중심으로 마을의 신앙체계를 형성하고, 이 서낭신을 즐겁게 하기 위해서 하회

[그림 ②] 별신굿 체제와 마을 지배 체제의 대응 관계

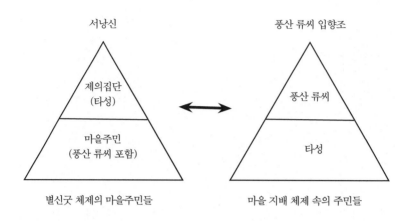

탈놀이를 하면서 그 틀 속에 평소의 지배층까지 수용하여 제의적 축제를 벌였다. 그 반면 상층민인 풍산 류씨들은 조선 초기부터 마을의 상층부에 공존했던 흥해 배씨, 안동 권씨, 광주 안씨, 고려 때부터 살았던 김해 허씨 등이 조선 초기부터 점차 후손 단절, 이주 등으로 마을에서 거의 사라진 17세기부터 확실하게 마을에 대한 지배체제를 구축하게 되었다.[11]

이와 같이 하회별신굿탈놀이는, 하회마을의 마을 단위 동제를 신의 뜻에 따라서 별신굿으로 확대하여 지낼 때 하회마을 사람들이 했던 것이다. 탈을 쓰고 춤을 추며 놀아서 서낭신을 즐겁게 하고 이어서 처녀신인 서낭신과 탈을 깎다가 죽은 총각 허도령의 영혼혼례를 치러서 서낭신을 위무한 다음에 치르는 동제였다.

중요한 사실은 [그림 ②]에서 보는 바와 같이 별신굿 체제의 마을

11) 배영동, 「전통적 마을민속의 공공문화 자원화 과정」, 앞의 책, 2015, 105쪽.

안동문화로 보는 한국학

주민과 마을 지배체제 속의 주민들은 서로 대응관계를 이룬다는 것이다. 별신굿 체제의 정점에 무진생 처녀 서낭신이 있다면, 마을 지배체제에는 풍산 류씨 입향조 류종혜(柳從惠)가 있다. 별신굿을 하는 주체로 타성(他姓)으로 구성된 집단이 있다면, 마을 지배체제에는 양반으로 군림하던 풍산 류씨가 있다. 또한 별신굿 체제에 풍산 류씨가 포함된 마을 주민이 있다면, 일상적 마을 지배체제에는 풍산 류씨들로부터 지배받던 타성들이 있다. 별신굿을 보면 타성들이 언제나 풍산 류씨들의 지배만 받은 것은 아니었음을 알 수 있다.

3 하회마을 양반들의 선유줄불놀이[12]

조선시대 선유(船遊)의 주인공은 양반이다. 안동 지역 양반들의 선유 기록을 보면 선유의 형태가 제법 다르다. 농암 이현보(李賢輔, 1467~1555)와 퇴계 이황(李滉, 1501~1570)이 주도한 16세기 중반의 선유는 체류형이다. 안동부사 백암 김륵(金玏, 1540~1616)과 용만 권기(權紀, 1546~1624) 등이 참여한 17세기 초반의 선유와 허주 이종악(李宗岳, 1726~1773)이 주도한 18세기 중엽의 선유는 유람형이다. 하회마을의 선유는 겸암 류운룡(1539~1601), 서애 류성룡(1542~1607), 수암 류진(1582~1635) 등을 비롯하여 여러 사람의 문집 속에 그 모습을 남기고 있다.

하회마을의 선유줄불놀이는 선유와 낙화놀이가 결합된 것이다. 줄

---

12) 한양명, 『물과 불의 축제: 선유·낙화놀이 전통과 하회 선유줄불놀이』, 민속원, 2009, 41~197쪽 참조.

불놀이는 민간 관화(觀火)의 일종으로서 선유와 함께 연행되었으며, 부용대 위에서 '솟갑단'(솔개비)을 던지는 낙화(落火) 혹은 투화(投火), 형제암에서 떠내려 보내는 달걀불과 함께 전승되었다. 연행의 시기는 중국 소동파의 전례를 따라서 음력 7월 16일을 바람직하게 생각했고 실제로는 유동성이 있었다.

줄불놀이 공간은 화천을 사이에 두고 마주하는 부용대와 만송정(萬松亭) 쑤를 잇는 공중과 부용대 북단에 있는 옥연정사(玉淵精舍)와 서남단에 있는 겸암정사(謙菴精舍)를 가로지르는 벼랑길이다. 줄불놀이는 많은 사람이 참여하는 음주가무와 시창 등을 즐기는 박진감 있는 선유에 딸린 것이었다.

선유줄불놀이에 사용되는 배는 평소와 달리 옆에 용 그림을 그리고 청사초롱을 달고 차일을 치는 형태였다. 배에 타고 즐기는 사람은 마을의 양반들과 귀빈이었는데, 조선시대에는 안동부사, 일제강점기에는 안동군수, 해방 후에는 도지사도 포함되었다. 고을 수령이 참석할 경우에는 관에 속한 기생과 악공이 동원되었을 가능성이 크고, 그렇지 않을 경우에는 놀이 주체들이 적절히 조달한 것으로 추측된다. 배 위에서 놀이 주체들은 음주가무를 하고 시회를 열었다.

줄불놀이의 진행을 보면 '줄불놀이', '달걀불놀이', '낙화놀이'로 이어진다. 하회마을 사람들이 줄불놀이를 할 때는 미리 줄에 숯봉지를 일정한 간격으로 달아 놓았다가 점화 신호에 맞춰 만송정 쪽에서 심지에 불을 붙였다. 부용대 위에서 대기하던 사람들이 줄을 당기면 불이 붙은 숯봉지가 서서히 올라가면서 불꽃을 떨어뜨린다. 이어서 선유가 시작되면 형제암 쪽에서 옥연정 쪽으로 시차를 두고 20~30개씩 달걀불을 떠내려 보낸다. 배 위의 선비들은 형제암을 떠난 한 무리의

선유줄불놀이

달걀불이 옥연정에 도달할 때까지 한 편의 시를 지어야 하고, 이를 어기면 벌주를 받았다고 한다. 낙화놀이는 배 위에서 음주가무를 하며 시회를 열던 선비들이 시 한 수를 지을 때마다 부용대를 향해 "낙화야"라고 선창하면, 부용대 위에 대기하고 있던 사람들이 "낙화야"하고 따라하면서 솟갑단에 불을 붙여 부용대 아래로 떨어뜨렸다.

하회선유줄불놀이에 동원된 사람들은 하회마을의 기층민들이고, 이런 놀이를 즐기는 주체는 양반 사족들이었다. 강과 절벽, 백사장을 이용하여 진행된 하회선유줄불놀이는 중세 신분제 질서 속에서 양반들이 자연을 즐기는 풍류문화였다.

4 안동읍내 여성들의 놋다리밟기

안동에 있는 놋다리밟기는 공민왕 몽진길 노국공주 환대의 기념적 재현 행사로 규정된다.[13]

『고려사』를 보면 공민왕 몽진시의 상황을 이렇게 묘사하고 있다.

> "정묘일에 왕 일행이 출발하였다. 노국공주는 연(輦: 임금의 가마)을 버리고 말을 탔으며, 차비(次妃) 이씨(이제현의 딸)가 탄 말이 너무 약하였으므로 보는 사람이 모두 눈물을 흘렸다."

이것은 곧 몽진이 얼마나 다급하게 진행되었으며, 얼마나 초라했는지를 단적으로 보여준다. 왕비조차 가마를 탈 상황이 아니어서 말을 타고, 더구나 건장한 말이 없어 약한 말을 탔다고 하니 말이다. 이런 공민왕 일행이 안동부의 서쪽 입구에 도착하였을 때, 차디찬 겨울철 송야천을 건너야 할 상황이었다. 지칠 대로 지친 공민왕 일행을 위하여 안동부의 아녀자들이 허리를 굽혀 인교(人橋)를 놓아 노국공주가 송야천을 쉽게 건널 수 있게 해주었다.[14] 전설로 전해오는 것이라 할지라도, 그럴 개연성은 충분하다.

국난시 이러한 역사적 사건과 경험이 안동 사람들에게는 자랑스러운 일이었다. 공민왕 몽진은 안동대도호부 승격이라는 선물을 가져다주었기 때문이다. 따라서 안동 사람들이 노국공주 일행을 송야천에서

---

13) 배영동, 「공민왕이 안동의 역사와 문화에 미친 영향」, 『고려 공민왕과 임시수도 안동』, 안동시 안동대 민속학연구소, 2004, 41~42쪽.

14) 임재해, 「놋다리밟기와 강강수월래, 무엇이 같고 다른가」, 안동문화연구소 편, 『안동문화의 수수께끼』, 지식산업사, 1997, 249~284쪽.

인교로써 무사히 건너게 했던 사건은, 기존에 있던 여성들의 어떤 형태의 놀이에 새로운 변화를 가져왔다. 그 놀이가 노국공주를 맞이하는 형태의 놀이로 의미가 격상되고 재편되었을 것이라 본다. 그렇게 재편성되고 의미 격상된 놀이가 안동에 오늘날까지 전해지는 놋다리밟기이다.

놀이하는 사람들의 형평성을 고려하면, 애초 놋다리밟기는 참여한 모든 아녀자가 번갈아 가면서 등을 밟고 밟히는 형태였을 것이다. 그러다가 놋다리밟기가 공민왕 몽진 이후부터 공주만 등을 밟고 나머지 사람들은 등을 밟히기만 하는 놀이로 변화되었다. 그렇다면 안동 사람들에게 너무나도 중요하게 인식된 공민왕 몽진이라는 역사적 사건이 기존 놀이의 형태를 바꾼 것이다. 그리고 놋다리밟기를 한 주체들은 안동의 안기역 부녀자로 판단된다. 공민왕이 안기 역리(驛吏)들에게 놋술잔과 잔대 14벌을 하사했다는 점이 이를 뒷받침하는 근거이다.

안동 시내에 현전하는 놋다리밟기는 음력 정월 대보름 저녁을 먹은 후 부녀자들이 미리 정한 곳에 모여서 놀이를 시작한다. 이 점에서 '성안 놋다리밟기', '성밖 놋다리밟기' 모두 같다. 놋다리밟기는 여원무(女圓舞)라는 특징을 갖는다. 생산 능력이 있는 여성들이 둥글게 모여서 하는 것으로서, 전라도의 강강술래와 마찬가지의 생생력(生生力) 상징의 놀이로 이해된다. 즉, 대보름 달빛 아래 여인들이 둥글게 대형을 지어서 하는 놀이에는 풍요와 다산을 기원하는 의미가 내포되어 있다. 이것이 공민왕 몽진의 역사적 사건을 통하여 공주가 등을 굽힌 여인들의 등 위로 지나가는 것이 중요한 놀이로 변모되었던 것이다.

3장

안동 지역의 동제와 신앙

1 마을의 평안을 기원하는 동제의 두 유형

동제(洞祭)는 마을 주민들이 섬기는 초월적 존재인 마을신에 대한 제의이다. 반촌이 많은 안동에서 마을별로 동제를 주관하는 주체의 성격은 두 유형으로 구분된다. 하회마을과 같이 마을에서 지배권을 갖지 못한 타성들이 주관하는 유형, 예안면 부포마을과 같이 마을의 지배권을 가진 사람들이 주관하는 유형이다.

하회마을 동제부터 보도록 하자. 하회마을에는 상당, 하당, 삼신당이라 하여 지금까지 제의를 행하는 동제당이 셋이다. 상당에는 무진생(戊辰生) 의성 김씨 여서낭님이 좌정해 있다고 하며, 하당은 국신당이라는 이름이 있으므로 국가적 신 혹은 공민왕신으로 전해지기도

하회마을 상당(위)과 하회마을 하당(아래)

하며, 삼신당은 아기의 점지와 출산을 관장하는 것으로 전해진다. 그리고 마을 입구의 큰고개와 작은고개에도 각기 성황당(골매기당)이 있다.

상당은 화산 7부 능선 솔숲에 있으며, 하당은 마을과 상당 중간쯤에 있으며, 삼신당은 마을 가운데 있다. 상당과 하당은 당우가 있지만, 삼신당은 거목으로만 되어 있다. 하회마을에 전해오는 이야기에 따르면 화산 아래의 양지 바른 거묵실에는 김해 허씨가 살았고, 화산 서북쪽 향교골에는 광주 안씨가 살았다고 한다. 삼신당이 있는 지금의 하회마을에는 풍산 류씨들이 주도권을 형성하며 살았다. 우리는 여기서 상당·하당·삼신당이라는 삼당 체계가 각기 김해 허씨·광주 안씨·풍산 류씨들과 밀접한 관련성을 가지는 것이 아닐까 가정할 수 있을 뿐이다. 그들이 직접적으로 신앙했거나 그들이 주도하던 시기의 타성들에 의해서 신앙된 제당일 수 있다는 뜻이다.

이 삼당에서 진행되는 하회마을 동제는 이렇게 치러진다.[15] 동제는 정월 대보름 아침과 4월 초파일 아침에 올린다. 동제의 주재자는 종신제 산주이다. 산주는 타성들 가운데서 신내림에 의해서 뽑히고, 그는 동제 유사 두 명을 뽑는다. 산주는 동제 사흘 전부터 자기 집에 금줄을 치고 재계를 하며, 유사 두 명도 같은 방식으로 재계를 하면서 동제 준비를 하고 제수를 장만한다. 유사는 열나흗날 상당과 하당, 삼신당, 큰고개 성황당, 작은고개 성황당 등 다섯 개 당 주변에 금줄을 친다. 제물은 열나흗날 아침에 유사가 안동장에 가서 값을 깎지 않고 산다. 제수 장만하는 일은 전적으로 유사의 몫이다. 산주는 동제의 의

---

15) 임재해, 『민속마을 하회여행』, 밀알, 1994, 171~187쪽.

식에만 참여하니, 예사 마을 동제의 제관과 달리 마을굿을 해주는 전문적인 사제자인 무당과 비슷하다.

상당에 올리는 제물은 밥, 떡, 술, 돼지머리, 쇠고기, 조기, 명태, 청어, 나물, 과일 세 가지 등이다. 진설은 유교식 제사와 같이 한다. 산주와 유사 이외에 마을 할아버지 7, 8명이 함께 참여하였고, 1970년대 어느 때부터 이장도 참여한다. 산주, 이장, 유사 등의 순서로 술잔을 올리고 축문을 읽은 다음에 마을 사람들이 소지를 올린다.

상당에서 제사가 끝나면 나물로 밥만 비벼 먹고, 제물은 그대로 물려서 국신당에서 상당과 같은 차례로 제사를 지내고 여기서 본격적인 음복을 한다. 음복을 마친 뒤에 삼신당에 내려와서는 과일과 포만 올려 제상을 차린 후 술 한 잔 올리고 재배하는 것으로 끝낸다. 동구에 있는 두 곳 성황당에는 오래전에는 제사를 지냈지만, 지금은 지내지 않는다.

1983년도 동제의 축문을 보면, "우리 하회일동 남녀노소를 물론하고 한 사람이라도 치폐 없이 무사태평하게 하여 주시옵기 천만 복축 복망하옵니다. 금년 일년 내에 어느 가정이라도 전부 한 가정같이 무사태평하여 전 가정이 일년 내에 만병이 없이 평안하게 하시옵고 재수대통하고 흉한 액운은 멀리 가고 좋은 복록과 즐거운 경사 돌아오게 하시옵"기를 빌고 있다.[16] 비록 타성들이 주관하는 동제라 할지라도 하회마을에 사는 모든 사람들의 안과태평을 기원하고 있다. 이점에서 동제는 마을공동체 신앙의 역할을 톡톡히 하고 있다.

마을의 지배 세력인 풍산 류씨들은 유교적 이념으로 무장된 까닭

---

16) 위의 책, 180쪽.

에 유교 이전의 비유교적인 동제에 직접 참여하지도 않고 경비만 함께 부담하였다. 그러나 타성들이 주관하는 동제를 결코 배척하거나 혁파하지 않았다. 풍산 류씨들은 선주민들로부터 전승된 마을 신앙을 인정하면서 마을의 기층민들과 더불어 하나의 공동체로 살아 왔다.

이에 비해서 안동 예안면 부포마을의 동제는 본래 마을에서 기층민들이 하던 것을 마을의 지배 성씨인 진성 이씨와 봉화 금씨가 주관하여 동제를 지내는 형태로 바뀐 것으로 보인다.[17]

부포마을 동제에서 모시는 신은 여신인데, 이 신을 모시게 된 사연에 대한 전설이 있다. 첫 번째 이야기는, 안동민속박물관에서 조사한 『안동의 동제』에 소개된 내용으로, 옛날 마을 노인의 꿈에 한 여인이 나타나 자신은 봉성(봉화) 금씨의 딸이라고 신원을 밝히고 당을 지어 자신을 모셔줄 것을 부탁하여 마을 주민들이 당을 지어 모셨다는 것이다. 두 번째 이야기는, 봉화 금씨 매촌공이라는 분이 벼슬하다가 임기가 끝나 고향 부포로 돌아오는 길에 옷자락 속으로 방울이 숨어들었다고 한다. 그 방울은 자신을 어디 내려달라고 하였고, 그곳에 당집을 지어 지금까지 모셨다고 한다.

이런 이야기를 들으면 봉화 금씨와 동제당이 밀접하게 연관되어 있음을 알 수 있다. 특히 매촌공을 거론하는 것은 구체적인 사실일 수도 있고, 매촌공과 동제당의 상징적 연관성을 말하는 것일 수 있다.

매촌공(梅村公)은 봉화 금씨 금시술(琴詩述, 1783~1851)을 가리킨다. 『매촌문집』에 따르면, 그는 『퇴계선생문집』과 『도산급문제현록(陶山及門諸賢錄)』을 편찬한 광뢰 이야순(李野淳, 1755~1831)에게서 수학

---

17) 배영동, 「부포마을의 공동체민속」, 『안동 부포마을』, 예문서원, 2012, 49~53쪽 참조.

했으며 지조가 곧고 단정하고 문장에 능하였다. 또 효우(孝友)가 지극하여 아버지 다섯 형제가 한울타리 안에서 의식을 같이 하며 살았다. 1844년 문과(文科)에 급제하여 감찰(監察)과 전적(典籍)을 거쳐 1851년 정언(正言)이 되었으나 부임하지 않고 같은 해 10월에 세상을 떴다.

매촌공의 생몰연대를 볼 때, 부포마을처럼 큰 마을에 동제가 이렇게 늦게 생긴 것으로 보기는 어렵다. 그렇다면 매촌공이 동제의 중흥이나 재편을 하는 데 큰 역할을 하였다는 것으로 해석하는 것이 옳다. 다른 지역의 사례에서도 이미 있던 동제가 특정 인물의 역할이나 개입에 의해서 성격이 바뀐 일이 많이 나타난다. 더욱이 동제는 평범한 민중들이 기원을 정확히 알기 어려운 시점부터 전승해온 민간전승의 신앙이기 때문이다.

매촌 금시술을 따라서 당방울이 이 마을로 들어왔다거나 동제당이 봉화 금씨의 제당이었다는 전설은, 부포마을의 민중들이 주도해오던 동제를 지식인의 실제적 개입이나 명망가를 내세우면서, 봉화 금씨가 주도하는 마을신앙으로 재정립되었다는 사실을 상징한다. 그리고 봉화 금씨보다 인구가 많으면서 역시 마을 운영을 주도하던 진성 이씨가 합세하여 동제를 주도하였다는 것은 마을 운영의 주도권을 가진 사람들이 동제를 주관하였다는 뜻이다.

특히 중요한 사실은 봉화 금씨나 진성 이씨 가운데서 큰 부자나 큰 선비는 동제의 제관을 맡지 않았다는 점이다. 금씨나 이씨 가운데서도 마을에서 사회경제적 지위가 평범한 사람이 제관을 맡았다는 것은, 역시 동제가 민중적 신앙이라는 성격을 일정하게 유지하고 있는 대목이다. 본래 동제는 비유교적인 마을공동체 제의이지만, 부포마을의 동제는 피라미드 체제로 사회 질서를 잡아가는 유교의 종법 논리가 재래의 민간신앙까지 유교적 지배 구도에 포섭하여 재편하였음을 잘 보여준다.

동제는 2008년까지 음력 1월 14일 밤 자시에 지냈지만, 그 후부터 경비와 인력 문제를 해결하지 못해 중단되고 말았다. 부포마을이 수몰되기 전 동제 모습은 다음과 같다.

동제에 참여하는 제관과 당주는 정월 초닷새 전에 30대 이상 남자 주민들을 모아놓고 선출하였다. 당시 마을회관이 없었기에 큰 집을 소유한 주민 가운데 아무런 유고가 없는 집에서 모임을 가졌다. 마을의 모든 주민들이 동제 비용도 내고, 풍물도 함께 치면서 동제에 참여했지만 제관만큼은 봉화 금씨 집안과 진성 이씨 집안에서 선출되었다는 것이다.

제수를 준비하는 역할을 하는 당주는 2인을 선출하였다. 각각 '숫당주'와 '안당주'라 불리었다. 한 집은 떡을 준비하고 한 집은 술을 준비하는 임무를 맡았다. 정월 열사흘 날이 되면 주민들은 당집 주변을 청소하고 황토를 당집, 제관집, 당주집 주변에 뿌리고 금줄을 쳤다. 금줄은 제관이 직접 만드는데, 짚으로 왼새끼를 꼬고 일정 간격으로 한지를 꽂았다. 짚은 제관이 내거나 깨끗한 농가에서 가져왔다. 금줄을 친 곳에는 부정한 사람들의 출입이 금지되었다.

동제를 지내기 전에는 서낭대를 앞세워 길놀이를 하기도 하였다. 이때 풍물을 동원하여 흥겹게 놀았다. 서낭대는 대나무로 만들었는데 높이는 6~7미터에 이르렀다. 서낭대 꼭대기에는 오색 종이꽃과 방울을 달았다.

동제 비용은 주로 '동네 공동 소유의 논[洞畓]'에서 나오던 소작료로 충당하였고 걸립을 통해 모으기도 하였다. 걸립을 하면 마을 주민들도 재산 정도에 따라 내는 차이가 있었지만 각자 정성껏 비용을 냈다. 큰 부자들은 많은 물질적 지원을 하게 마련이었다. 제수는 동제를 하루나 이틀 앞두고 정산장이나 도산면 서부리 장에서 마련하였다. 차량이 없었기에 마을에서 장까지 지게를 짊어지고 걸어 다녔다. 제수를 사러 갈 때는 부정한 것을 접하지 않기 위해 인적이 드문 이른 새벽에 출발하였다. 장에 도착하면 상인과 물건 값을 흥정하지 않으며 같은 가격이면 꼼꼼하게 보고 좋은 물건을 골랐다. 구입한 제수는 한지로 싸서 당주 집에 잘 보관해두었다.

동제를 위해 준비하는 제수는 메, 대구포, 삼색실과, 막걸리, 백편(백설기), 세 가지 채소 등이다. 다른 마을과 달리 피가 흐르는 돼지고기, 소고기, 닭고기는 쓰지 않았다. 백편은 시루째 진설하였으며 양은 쌀 한 말 정도 하였다. 모든 제수 준비가 끝나면 제관과 당주는 제수와 제기를 챙겨 밤 11시쯤 당집으로 향하였다.

제수를 당집까지 옮길 때는 다른 사람에게 넘겨줘서는 안 되며 자신이 끝까지 들고 올라가야 하였다. 게다가 오른손으로 제물을 들었을 경우에는 당집 앞에 도착할 때까지 오른손으로 옮겨야 하였다. 당집으로 갈 때는 징을 앞세워 울리면서 이동하였다. 징소리는 주변 잡귀를 물리치며, 동제가 시작됐다는 것을 동네 주민에게 알리는 뜻이라고 한다. 동제에는 제관과 당주 외에도 참여하고자 하는 마을 주민들도 함께 갔다. 당제사의 절차는 유교식이다. 당에 도착하면 제관이 촛불을 밝히고 제수를 진설하였다. 누가 제관이 되느냐에 따라 진설하는 방법이 조금씩 다르기도 하였다. 진설이 끝나면 제관이 잔을 올리고 재배하였다. 이어 다음과 같은 축문을 읽었다.

維歲次丙寅正月庚戌朔十五日戊戌 幼學」 眞城李壽昌等 齋沐告祀于」洞
祠之神 有祠有神 佑我坊里」 災燒病滅 民物咸亨 時和」 登豊 歲時報祀 永
世無斁」 謹以淸酌 庶羞祗薦于神」 尙 饗」 [한문축문]

　　동사의 신에게 아뢰고 제사를 올립니다. 사당이 있고 신이 있으니 우리
마을을 도와주시고 재앙은 사라지고 질병은 소멸되어 사람들과 만물이
모두 형통하고 시세는 평화롭고 풍년이 들어 해마다 때가 되면 제사를 받
들기를 영세토록 어김이 없겠습니다. 삼가 맑은 술과 여러 음식으로 신에
게 공손히 올리오니 흠향하옵소서. [한글축문]

　　이어서 소지를 올렸다. 마을 소지, 제관 소지, 당주 소지, 제사 참석
자 소지 순으로 올렸다. 마을 소지 내용은 주로 국태민안(國泰民安),
재소병멸(災燒病滅), 동리안일(洞里安逸), 가화만사성(家和萬事成) 등
이었다. 주민들은 동신을 공손하게 모시고 부정을 타지 않도록 해야
할 존재로 여겼다. 동신을 잘 섬기면 본인은 물론 후손들도 별 탈 없
이 잘 지낼 수 있다고 믿었다. 동신을 잘 모셔서 자신의 아들이 학교
에 합격하였다는 이야기는 2000년대에도 들을 수 있다.
　　동제가 끝나면 징을 쳐서 끝났음을 알리고, 제관을 포함하여 모든
참석자들은 당주집으로 내려왔다. 동제를 지내는 날은 날씨가 매우
춥기 때문에 당주집에 와서 음복을 했다. 동제에 참여한 주민, 당주,
제관은 복주를 한잔씩 마시고 밥을 먹기도 하였다. 떡은 조금씩 종이
에 싸서 당주들이 동제에 참여하지 못한 주민들에게 전해주었다. 동
제가 끝난 다음날 아침에는 마을 주민들이 모두 모여 마을 대소사를
의논하고 제수음식과 술을 나눠먹고 하루를 즐겁게 보냈다. 사실상
동제는 동제 준비, 동제(제사), 뒷풀이까지의 모든 과정임을 말해준다.

동제가 주민들의 참여 속에서 진행되어 주민들의 화합과 결속을 도모하는 큰 행사라는 의미는 부포마을에서도 확인된다.

2 동제의 확대형인 별신굿

하회마을별신굿은 상당의 서낭신을 중심으로 하여 진행된다. 조정현에 따르면[18] 별신굿은 섣달그믐에 시작하여 보름동안 계속하다가 정월 대보름에 마무리하고, 이어서 서낭당(상당)에 올라가 동제를 지낸다. 별신굿을 할 때는 서낭당에 올라가 제사를 지내고 국신당과 삼신당에도 간단한 제의를 한다. 별신굿을 마치는 대보름에도 서낭당에 올라가서 소지를 올린다.

별신굿은 대략 10년 정도 주기로 행해진 대규모 마을 제의였다. 1928년에 한 이후로 중단되었다. 그 내용을 간추려보자.

매월 초하루와 보름에 종신직 제관인 산주가 화산(花山)에 모셔져 있는 서낭신과 산신에게 치성을 드리는데, 섣달 보름날 치성을 드릴 때 산주가 별신굿 개최에 대해서 신의 뜻을 묻는다. 신의 뜻이 산주에게 전달되면 산주는 정식으로 동네 양반 어른들에게 알리고 별신굿을 하겠다는 동의를 얻어서 별신굿을 진행하였다.

섣달 29일 동민 대표들이 동사(洞舍)에 모여서 부정이 없는 사람들 중에서 배역을 선정한다. 광대 12명과 산주 외에 유사 2명, 대 메는 광대와

---

18) 조정현, 「신인동락의 별신굿」, 『세계문화유산 하회마을의 세계』, 민속원, 2012, 246~254쪽 참고.

청광대, 무동꾼 등을 선정하여 해당자에게 통지한다. 광대들이 의상과 기타 준비물을 갖추어서 동사에 모이면, 섣달그믐부터 동사에 금줄을 치고 황토를 뿌리고 목욕재계하여 합숙에 들어간다. 이때부터 모든 동민들에게는 소위 말하는 부정(不淨)을 탈 수 있는 행동은 모두 금지된다.

그믐날에 내림대를 든 산주, 서낭대를 멘 광대 두 사람, 큰 광대, 무동을 탄 각시광대, 양반광대, 선비광대, 그리고 나이순으로 나머지 광대들이 줄을 지어 풍물을 울리며 서낭당에 올라간다. 이때 부정이 없는 노인 서너 명도 뒤따른다. 서낭당에 도착하면 서낭대는 당 앞쪽 처마에 기대어 세우고, 산주는 당방울을 매단 내림대를 양손에 받쳐 들고 당 안으로 들어가 기대어 세운다. 각시광대는 무동춤을 추며 서낭대를 돌고, 악기 든 사람들은 풍물을 치며 돈다. 산주가 내림대를 잡고 빌기 시작하면, 각시광대만 계속 서낭당을 돌고 나머지 광대들은 당 앞에 일렬 횡대로 선다. 이윽고 대가 흔들리고 당방울이 흔들리면 산주는 재배하고 당에서 물러나와 다시 재배하는데 이때 광대들도 함께 재배한다.

산주가 당방울을 내림대에서 서낭대 꼭대기에 옮겨 달면 광대 둘이 서낭대를 메고 앞서고 산주가 그 뒤를 따르고, 나머지는 올라갈 때와 같은 순서로 행렬을 지어 풍물을 치며 하산한다. 각시광대는 역시 무동을 타고 춤을 추며 내려온다. 동사에 도착하면 각시광대는 무동춤을 계속 추면서 마당을 빙빙 돌다가 청광대가 주는 각시탈을 받아서 쓰고 춤을 추고 이어서 무동을 탄 채로 꽹과리와 채를 들고 구경꾼 앞을 돌면서 걸립을 한다. 걸립을 하는 동안에 광대들은 탈놀이를 준비한다. 주지마당, 백정마당, 할미마당, 중마당, 양반·선비마당의 순서로 탈놀이를 한다.

무당이 없을 때는 서낭대·산주·큰 광대·양반광대·선비광대 순으로 행렬을 짓고 나머지는 나이순으로 행렬을 지어 길놀이를 한다. 무당이 오면 무당은 서낭대 뒤에 서고 산주와 광대들은 서낭대 앞에 서서 길놀이를 한다. 산주집, 삼신당, 양진당(풍산 류씨 대종가), 충효당(서애 류성룡 종가)에 가서 놀고, 남촌댁, 북촌댁 등에 가서도 논다. 다만 삼신당에는 한 바퀴 돌아서 갈 뿐이다.

양반집이 아닌 작은 집에는 지신밟기만 하고 탈놀이는 하지 않았다. 집 주인은 곡물이나 폐백주식(幣帛酒食)을 대접한다. 이렇게 탈놀이와 지신 밟기는 음력 정월 14일까지 계속하는데, 서낭당신이 각시의 친정으로 전해지는 월애에도 간다. 대보름에 아침밥을 먹고 나서 청광대가 탈을 담은 섬을 지고 서낭당으로 올라가서 당제를 지낸다. 그 동안 광대들은 탈을 쓰고 탈놀이를 하는데, 음복하고 쉬다가 다시 놀기를 일몰 무렵까지 한다. 무당들도 한쪽에서 논다.

서낭대의 당방울은 풀어 탈과 함께 섬에 담아 청광대가 짊어지고, 서낭대는 옷이나 예단은 풀고서 서낭당의 뒤 처마에 얹어두고 모두가 하산한다. 양반광대, 각시광대, 청광대만 남고 산주와 다른 광대들은 귀가한다.

마을 입구 진밭에 모닥불을 피워 놓고 멍석을 깐 뒤 초례상 턱으로 무당에게 빌린 장고를 하나 세운 다음, 그 위에 꽃갓을 하나 올려놓는다. 각시광대가 각시탈을 쓰고 신부가 되고, 청광대가 선비탈을 쓰고 신랑이 되어 탈은 쓰지 않은 양반의 주재 아래 혼례를 치른다. 예가 끝나면 양반광대와 각시광대는 짝짓는 의식을 하는데, 이는 하회탈을 깎은 허도령과 서낭각시의 혼인을 의미한다.

모든 과정이 끝나고 각시광대가 청광대에게 탈을 주고 귀가하면 청광대는 탈이 든 섬을 동사에 옮겨 보관한다. 이어서 동네 어귀에서 암무당 1명, 숫무당 2명이 잡귀잡신을 퇴송시키는 허천거리굿을 하는데 유사와 사령(뱃사공)이 뒤치다꺼리를 한다.

그 이튿날 서낭님께 바친 옷을 다시 사다 입으면 복을 받고 아들을 낳는다고 하여 그렇게 한다. 옷을 판 돈과 별신굿 하는 동안 모아진 곡식이나 돈은 정리하여 별신굿 경비로 충당한다.

별신굿을 할 때는 남녀노소가 인산인해를 이루었으며, 인근 촌락은 물론 멀리 타도에서까지 구경꾼이 몰려들었다고 한다.[19]

별신굿의 내용은 이와 같다. 앞에서 본 바와 같이 하회마을의 민속신앙적인 측면의 별신굿 체제에서는 서낭신을 정점으로 하여 타성들이 주도층이 되고, 사회경제적인 측면의 마을 지배체제에서는 풍산 류씨 입향조를 정점으로 하여 풍산 류씨들이 주도층이 되어 있다. 결국 하회마을은 민속신앙적으로 하나의 세계가 형성되어 있고, 사회경제적으로 또 다른 하나의 세계가 형성되어 운영되어 왔다. 전통사회에서 민속신앙적 세계와 사회경제적 세계는 결코 분리될 수 없었다. 그러므로 민속신앙적 세계와 사회경제적 세계는 상호 협력과 공존을 모색하면서 마을이 운영되었다.[20]

바로 이와 같은 지점에서 하회마을에서 풍산 류씨와 타성들은 더불어 살아가는 공존의 노력을 하였던 것이다. 풍산 류씨가 높은 학문과 지체를 가졌다면 타성들은 건장한 노동력을 가졌다. 풍산 류씨가 많은 토지를 가졌다면 타성들은 실제로 일을 하였다. 풍산 류씨가 입향조를 중심으로 한 문중을 운영한다면 타성들은 서낭신을 중심으로

---

19) 한양명, 「하회별신굿의 축제적 성격」, 안동대 안동문화연구소, 『하회탈과 하회탈춤의 미학』, 사계절, 1999, 216~220쪽 발췌 혹은 축약.

20) 배영동, 「전통적 마을민속의 공공문화 자원화 과정」, 『비교민속학』, 제58호, 비교민속학회, 2015.

한 별신굿과 동제를 주도적으로 수행하였다. 따라서 별신굿을 할 때 풍산 류씨들은 사실상 민속신앙적 차원에서 별신굿의 영험이나 신성성을 인정하고 별신굿을 주도하는 타성들에게 협력과 지원을 하였다. 다시 일상의 현실로 돌아오면 모든 타성들이 풍산 류씨들의 통제와 지배를 받게 되고, 그들에게 순응할 수밖에 없었다. 권력과 부를 가진 풍산 류씨들의 지배가 별신굿을 중심으로 하는 타성들의 제의적 축제보다 현실적 강제력이 컸기 때문이다. 지배가 있는 곳에 저항이 있듯이, 풍산 류씨의 사회경제적 지배에 대해서 타성들은 별신굿을 중요하게 여김으로써 문화적 저항을 했던 것이다.

풍산읍 수리마을 별신굿에 대해서는 한양명과 이중구의 조사보고서를 통하여 그 대강을 판단할 수 있다.[21] 이 마을의 별신굿도 일제강점기에 중단되었다. 그 뒤 별신굿의 일부 내용을 수용한 형태의 굿놀이가 5개 마을(수1리, 수2리, 수곡2리, 회곡리, 단호리)이 주도하는 가운데 이루어졌다. 매년 한 것은 아니며, 여건이 갖추어질 때 했던 것으로 알려진다.

굿놀이는 정초부터 준비하기 시작해서 정월 대보름에 했다. 설을 쇠고 나서 정월 초삼일부터 며칠간 남자들은 굿놀이 기금을 마련하기 위해 인근 마을을 다니면서 걸립을 했다. 걸립패가 오면 집집마다 형편에 맞게 쌀이나 돈을 냈다. 이렇게 마련된 쌀은 장에 내다 팔아서 굿놀이를 할 때 쓸 물품을 사는 데 썼다. 풍물 악기는 빌려서 쓰기도 하다가 마을기금으로 장만하였다고 한다. 굿놀이에 참가하는 남자들은 시간만 나면 곳집 앞

---

21) 한양명 · 이중구, 「공동체 제의의 양상과 성격」, 안동대 대학원 민속학과 BK21사업팀, 『공민왕을 섬기는 수동마을』, 민속원, 2009, 289~297쪽 참조.

에서 춤과 가락을 연습하였다.

이 마을 별신굿이 얼마나 대단했던지, 사람이 죽어서 저승에 가면 염라 대왕이 "생전에 수동(수리)별신굿 구경했냐?"라고 물어본다는 말이 전해 온다. 정월 12일쯤 되면 굿놀이를 구경하기 위해서 예천, 의성 등 30리 이상 떨어진 곳에서도 사람들이 미리 찾아와서 대보름까지 친척이나 지인들 집에 머물렀다.

정월 대보름 아침 10시경이면, 굿놀이를 하기 위해 다섯 마을의 굿패가 국신당(國神堂)으로 출발한다. 집결지는 주로 마을의 중심에 있던 동회당이었고, 간혹 풍산 류씨 재사(齋舍)를 이용하기도 했다. 옛날에는 마을에서 국신당으로 가는 길이 좁아서 가는 도중에 다른 마을 굿패와 마주치면 경쟁적으로 풍물을 쳐서 상대에게 지지 않으려고 했다. 그러다가 서로 인사를 하고 한쪽에서 양보를 하였다.

굿패의 행렬은 왕이 행차를 하는 것을 본 딴 이른바 '위용굿' 형태라고 한다. 별신굿을 할 때는 다섯 마을에서 색깔이 다른 사령기를 든 선봉장을 앞세우고 동민들이 병졸차림의 옷을 입고 군대식으로 대열을 지어 움직였다. 선봉장 뒤에는 병마를 탄 대장이 녹색으로 된 일산을 들고 따르며 병졸 뒤에는 호장, 농부, 도깨비 등으로 가장한 행렬이 따랐다. 그 뒤에 풍물패와 활옷을 입은 굿패가 따르고 10여 명의 사내아이들이 여자옷을 입고 춤과 노래를 부르며 따랐다.

굿놀이 행렬 구성을 보면, '농자천하지대본' 농기가 앞장서고, 그 뒤로 새납을 부는 사람과 '숫매구'와 '암매구'를 치는 상쇠와 부쇠가 각각 따랐다. 상쇠 뒤로 북 한 명, 징 한 명, 대여섯 명의 소고잽이가 섰다.

풍물패의 양옆으로 잡색이 따랐다. 잡색은 영감, 할미, 사대부, 색시, 포수 등으로 이루어졌다. 영감은 머리에 갓을 쓰고 도포를 입었고 수염을

안동문화로 보는 한국학

만들어 달았다. 할미는 허름한 치마저고리를 입고 우스꽝스러운 형색이었다. 색시는 젊은 남자 가운데 곱상하고 날씬한 사람이 맡는데, 비단으로 만든 여복을 입고 연지곤지를 찍었다. 포수는 나무를 깎아서 만든 총을 메고 다녔다. 사대부는 두루마기를 입고 갓과 안경을 꼈으되, 갓 뒤에 사대부라는 한자를 써서 붙였다. 영감과 할미는 탈을 쓰고 서로 쫓고 쫓기며 연기를 펼쳤다. 탈은 바가지나 마분지에 형형색색의 그림을 그려 만들었다.

한편 마을에서 호장은 대열의 앞쪽에 서는데, "사람이건 짐승이건 모든 장애물을 내쫓을 임무"가 있었다. 호장은 마을에서 짓궂은 사람이 맡는데, 장애물이 나타나면 재빨리 달려 나가 겁을 주며 내쫓았다. 호장은 무서운 탈을 쓰고 더러 순사복을 입고 큰 막대기를 휘두르면서 행렬이 안전하게 가도록 길을 텄다. 호장탈은 바가지에 종이를 바르고 호랑이 얼굴 비슷하게 그려 만들었다.

행렬 맨 뒤에는 가마가 따랐다. 가마 위에는 햇볕을 가리는 일산을 씌웠다. 가마는 평소 몇 몇 마을에 준비되어 있던 것인데, 4인교였다. 가마에 탄 사람은 도복을 입고 탕건을 썼으며, 위용 있게 호령을 했다. 가마 뒤로는 구경꾼들이 함께 줄을 이어 따랐다.

이렇게 행렬을 지어서 아침 7시 경에 국신당에 모여 굿놀이를 시작하였다.[22] 인근에서 국밥이나 엿을 파는 장사꾼들, 구경꾼들이 인산인해를 이루었다. 별신굿을 할 때는 각 마을 병사들이 육조(六曹)로 구성된 진법에 맞추어 중동군(中洞軍: 수리 안의 자연마을인 중동의 풍물꾼)을 중심으로 국신당 앞에 포진한다. 다섯 마을 사람 중에서 뽑힌 도대

<hr>

22) 한양명·이중구, 위의 글.

장(都大將)이 좌우에 부하 병정을 거느리고 위용 있게 좌정했다. 급히 한 사령이 달려와 도대장 앞에 예를 갖추고 "도적이 들어왔다고 아뢰오"라고 보고하면 곧 도대장은 행동을 명령하였다. 이어 굿놀이가 시작되는데, 각 진들이 팔진법(八陣法)을 베풀고, '멍석말이'라 하여 진세(陣勢)를 말았다가 풀고, 풀었다가 다시 말기를 반복하는 진법의식을 연출했다. 굿놀이 중에 채색을 한 탈을 쓴 자, 가면을 쓴 자, 얄궂은 옷차림을 한 호장은 굿판 안팎을 돌아다니며 장내를 정리했다.

굿놀이를 할 때는 마을 별로 기량을 뽐내는 연기를 하였다. 연행 내용은 지신밟기, 상쇠의 지시에 따라 원을 그리며 춤을 추는 춤굿, 원진 안에서 소고를 들고 노는 소고놀음, 진법놀이 등이었다. 구경꾼들은 어느 동네가 굿을 잘 노는지를 판가름했다. 나중에는 다섯 마을이 연합해서 기량을 펼쳤다. 굿놀이 중간에는 무동을 탄 아이들이 부채춤을 추기도 했다.

이러한 굿놀이는 옛 별신굿의 전통 위에서 부분적 변형이 이루어진 것으로 판단된다. 국신당의 조성 역사를[23] 재구성해보면 별신굿이 고려말 1361년 공민왕의 안동몽진과 어떤 연관성이 있는지를 알 수 있다.

국신당에는 공민왕과 노국공주의 목각신상을 모시고 있다. 수리는 고려 말기에는 구안동 김씨 김방경 장군의 후손들이 사는 마을이었다고 한다. 하지만 『영가지』에는 수리에 이웃한 회곡촌(檜谷村)에 대하여, "충렬공(金方慶을 뜻함)이 대대로 살면서 여러 대에 걸쳐서 벼슬을 하였다. 문극공(文克公) 설헌 정오(雪軒 鄭䫨)와 대사간 설곡 정포

---

23) 배영동, 「공민왕이 안동의 역사와 문화에 미친 영향」, 『고려 공민왕과 임시수도 안동』, 안동시 · 안동대민속학연구소, 2004, 39~40쪽에서 전재함.

안동문화로 보는 한국학

풍산읍 수리 국신당

(雪谷 鄭誧)는 외가이므로 와서 살았다.”고 하는 기록이 있다. 이는 수리와 회곡리가 구안동 김씨와 연관성이 깊은 마을이라는 사실을 뒷받침하고 있다. 오늘날 안동의 청주 정씨 문중에서는 설헌 정오의 아들인 정침(鄭賝, 호는 退隱)을 안동 입향조로 모시고 있다는 점에서, 정오와 정포는 외가가 있던 회곡리에서 잠시 살았을지는 몰라도 안동에 정착했다고 보기는 어렵다.

청주 정씨 문중의 기록을 보면, 공민왕의 이종사촌인 정침이 고려 멸망 시에 진외가(구안동 김씨 文英公 金恂)의 별장에 들어와서 살았다.[24]

_____

24) 『서원(청주)정씨 문헌록』(상), 1988, 80~81쪽.

바로 정침의 진외가가 있던 곳이 곧 풍산 회곡리와 수리 일대였다. 이러한 정황으로 볼 때 수리에 있는 국신당은 고려 후기에 많은 출사자를 배출한 김방경 가문의 후손들, 그리고 공민왕의 이종사촌이던 정침이 살던 마을이었다는 역사적 사실과 뗄 수 없는 관련이 있다. 게다가 청주 정씨 문중에 전해오는 이야기로는 이곳 수리가 공민왕이 안동으로 몽진할 당시의 길목이었기 때문에 이곳에 국신당이 있다고 한다.

『영가지』에는 오늘날의 수리인 수동촌(水東村)에 대하여, "회곡 서쪽에 있는데, 증소(曾所)·이흘(伊屹)·중동(中洞)·하동(下洞)을 통틀어 수동이라 한다. …(중략)… 옛 노인들이 전하기를, 중동에는 읍(邑)이 거(居)하였던 옛터가 있다."고 쓰고 있다. 따라서 수리는 고려시대나 조선 초기에는 행정적으로 중요한 역할을 한 마을이었다.

이처럼 수리는 이웃 회곡촌과 밀접한 연관성을 가지면서 고려시대에 번성한 마을이었고, 공민왕의 안동 몽진 행로였다. 신작로가 나기전 안동과 예천을 잇는 중심이 되는 길이 수리 앞을 지났기 때문이다. 따라서 국신당은 이곳이 공민왕의 안동 몽진 행로였다는 점, 그 일대에 살던 김방경 후손과 공민왕의 이종사촌이던 정침이 고려 멸망을 개탄스럽게 생각하면서 살던 마을이었다는 점에 근거하여 공민왕이 신격화된 결과물이라고 하겠다. 수리 별신굿도 이와 같은 수리, 회곡리 일대 주민들의 역사적 경험과 더불어 국신당을 매개로 하여 고려를 지키고자 하는 '나라굿'이라는 특징을 읽을 수 있을 것 같다.

안동문화로 보는 한국학

3 청량산 일대의 공민왕 신앙

안동시 외곽 청량산 일대 스물에 이르는 마을에는 공민왕을 동신 (洞神)으로 모시는 마을이 많다. 공민왕이 마을을 지켜주는 동신으 로 좌정한 것은 안동 지역 주민들에 의하여 공민왕이 신격화되었음 을 뜻한다. 공민왕의 신격화와 더불어 그 연장선상에서 공민왕에 대 한 전설이 전승되고 있다. 공민왕의 신격화는 공민왕이 홍건적의 난 을 피해서 1361년 12월부터 1362년 2월까지 70일에 걸쳐 안동에 머물 렀다는 사실로부터 이루어진 것이다. 즉, 당시 고려의 임시 수도였다 는 옛 영예가 공민왕 신앙으로 응결된 것이다. 거기에는 공민왕이 비 극적인 죽음을 맞이하였을 뿐만 아니라, 고려 국왕의 정통성이 인정 되는 마지막 왕이었다는 점이 작용하였다.

청량산 일대에 모셔지는 신은 공민왕뿐만 아니라 그 가족 관계를 중심으로 하는 신들이다. 사실 공민왕은 아들도 딸도 없었지만 그들 까지 민중들에 의해서 모셔진다. 다만, 공민왕의 아버지인 충숙왕의 다섯 번째 왕비 수비(壽妃)는 안동 권씨였고, 공민왕의 외사촌으로 문 하시중이던 홍언박(洪彦博)이 안동 권씨 권준(權準)의 사위였다. 권준 의 동생 권재(權載)는 충선왕에게 입적(入籍)하여 왕후(王煦)로 성과 이름까지 바꾸면서 생활하다가 공민왕 묘정에 공신으로 배향되었 다. 이렇듯이 공민왕을 전후한 시기에는 안동 사람이 왕실과 깊은 혼인관계를 형성하였다. 이것이 안동 지역에서 공민왕이 신격화되 는 과정에서, 공민왕 가족 형태의 혈연신으로 설정된 배경이라고 하 겠다.

[그림 ③] 공민왕의 신격화 과정과 양상[25]

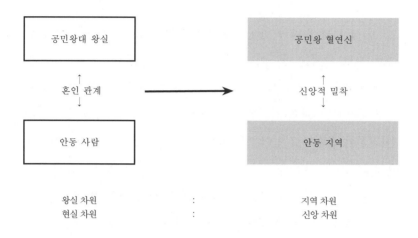

왕실 차원	:	지역 차원
현실 차원	:	신앙 차원

　　공민왕의 신격화 과정에서 "고려 왕실 : 안동 사람＝공민왕 혈연신 :
안동 지역"의 관계로 나타나는 양상을 보인다. 이러한 신앙에 따르면,
안동 특히 청량산 일대는 아직도 공민왕과 공민왕 가족이 통치하는
지역이라는 의식을 찾을 수 있다. 공민왕실과 안동 사람들의 혼인관
계, 공민왕의 안동 몽진, 그리고 비극적인 죽음 등이 안동 땅에 공민
왕 가족을 숭배하는 신앙이 왕성하게 전승되는 근거이다.
　　한양명 교수에 따르면, 청량산 일대에서 광범하게 나타나는 공민
왕신앙은 공민왕당이 있는 청량산을 정점으로 공민왕 부부 · 모자 ·
부녀 · 부자 · 자매 · 모녀 · 막연한 후손 · 장인과 사위 · 시조부와 손
부 · 처남과 매제 등의 친족관계로 묶여 있다. 이런 양상은 공민왕계
신을 모시는 전승 집단이 적어도 종교적 국면에서는 일정한 연대의

25) 배영동, 「공민왕이 안동의 역사와 문화에 미친 영향」, 앞의 책, 39쪽.

　　　　　　　　　　　　　　　　　　안동문화로 보는 한국학

왕모산성 성황당

식을 갖고 있었음을 뜻한다는 것이다. 또한 남성 신인 공민왕에 대한 믿음이 절대적이지만 여성 신격도 강조되고 있다.[26]

4 안동이 본향인 성주신앙, 용을 모시는 용신 신앙

안동시 서후면 이천리에는 고려 중기에 만들어진 것으로 추정되는 제비원 석불(石佛)이 있다. 제비원에는 높은 자연석 바위를 몸체로 하

---

26) 한양명, 「청량산일대 공민왕신앙의 분포와 성격」, 『고려 공민왕과 임시수도 안동』, 안동시 · 안동대민속학연구소, 2004, 198쪽.

고 그 위에 두상을 별도 석재로 깎아 얹은 미륵불이 있다. 그 규모로 볼 때 대규모의 인력 동원이 일시에 가능했던 상황에서 세워진 것으로 이해된다. 안동 제비원은 성주의 본향으로서 성주신앙의 성지라고 할 수 있다.

"성주본향이 어데메냐/ 경상도 안동땅 / 제비원이 본일러라 / 제비원에 솔씨받아"

임재해 교수가 조사한 이 성주풀이는 성주신앙에 관계되는 풀이 형식의 노래이자, 집안에 성주신을 모시거나 성주에게 치성을 드릴 때 부르는 민요이다. 성주풀이는 근본을 노래하는 본풀이 형식을 띤 노래로서 성주 신격의 근본을 밝히는 신화적 성격을 지닌다. 뿐만 아니라 성주치성인 성주굿에서 이 노래는 무당과 치성 드리는 사람에 의해 무속신화 구송과 같이 신성시 되는 믿음 속에서 노래된다.[27]

제비원이 성주의 본이고, 안동 땅은 제비원의 본향이자 나아가 성주의 본향이다. 성주풀이에서 성주의 본향을 안동으로 삼고 있는 사실에 대해서는 중요하게 되새겨볼 필요가 있다. "제비원에 솔씨 받아"라는 대목은, 제비원이 가택신 성주와 연결되는 지점이자 성소라는 사실을 말해준다. 우리나라 가택신의 최상위 신격(神格)은 성주이다. 이 성주가 작게는 해당 가택을 관장하는 신이지만, 성주의 뿌리는 제비원에 있던 솔씨와 소나무로부터 비롯된다는 인식은 무척 중요하

---

27) 임재해, 『안동문화와 성주신앙』, 안동시, 2002, 33~36쪽.

안동문화로 보는 한국학

다. "성주신=가택신=제비원 솔씨(소나무)"라는 논리는 한국에서 목조 가택을 관장하는 성주신앙의 성지가 제비원임을 말해준다. 안동과 제비원은 한국 성주신앙의 성지라는 해석이 가능하다.

안동에서는 가신(家神)으로 '용단지'를 모시는 집이 매우 많다. 용단지는 전국적으로 경북 북부와 강원 일부 지역에 분포하는 것 같다. 용단지에는 용(龍)이 모셔진 셈이고 실제로는 곡식을 넣어두었다.

안동시 임하면 신덕2리의 송도희 씨 댁에서 모시던 용단지는 쌀용단지와 꺼칠용단지 둘이다. 원래 뒤꼍 처마 밑에 모셨는데, 그곳에 보일러실을 달아낸 후에는 보일러실 안에 모신다. 쌀용단지는 다섯 되들이 정도로 크고 꺼칠용단지는 한 되들이 정도로 작다. 쌀용단지에는 찧은 쌀을 넣고, 꺼칠용단지에는 도정하지 않은 나락을 넣는다. 가을에 나락을 수확하면 수지 나락은 꺼칠용단지에 넣고, 수지 쌀은 쌀용단지에 넣는다. 초여름에 첫모심기를 할 때 쌀용단지에 들어 있는 쌀을 한 그릇 정도만 남기고 꺼내서 식구들끼리 밥을 해서 먹는다. 그러나 꺼칠용단지에 있는 나락은 꺼내지 않는다. 용단지에 곡식을 넣을 때나 꺼낼 때는 좋은 날을 택해서 한다. 설, 대보름, 추석에도 용단지 앞에 음식을 차려놓고 "이 터전에 좌정하신 용님요, 물같이 재물 불어나게 해주이소"라고 하면서 빈다. 용단지에 대해서는 전적으로 주부가 담당한다.

용단지는 도정한 곡식을 넣는 단지, 도정하지 않는 곡식을 넣는 단지로 나누어지는 경향이 있다. 이를 각기 '쌀용'과 '꺼칠용'으로 부르고 있다. 중요한 것은 모두 용단지에 모셔진 신은 '재물의 신'으로 인식된다는 점이다. 농경사회에서 재물은 곧 농사를 통하여 확보되는 것인 만큼 재물의 신은 사실상 '농사의 신'이 된다. 그런데 비손을 할 때 "이 터전에 좌정하신 용님요, 물같이 재물 불어나게 해주이소"라고 했다는 점에서 보면, 농사의 신 가운데서도 '물의 신' '비의 신'임을 알 수 있다. 용은 물에서 산다고 여겨졌고 물의 순조로운 공급 여부에 따라서 농사의 풍흉이 결정된다. 특히 논농사의 경우에는 안정적인 물의 공급이 절대적인 것이었으므로, 물의 신이자 비의 신인 용신을 중요하게 인식할 수밖에 없었다.

결국 용신을 섬기는 것은 좁게는 논농사의 풍년, 넓게는 농사 전반의 풍년을 기원하는 의미를 가진다. 그 용신 또한 곡식을 통하여 인식되어 왔고, 곡식이 곧 용신의 일부였다. 따라서 용신이 곡식이 되고, 곡식이 다시 용신이 되는 구조이다.[28]

---

28) 배영동, 「곡식에 대한 신성관념과 의례의 의미-농가의 家神 神體로 인식된 곡식을 중심으로-」, 『농업사 연구』 제8권 1호, 한국농업사학회, 2009, 66쪽.

4장

안동 지역의 의식주 생활

1 격식을 중시한 안동 사람들의 의생활

안동 사람들의 특색 있는 의생활은 형식을 강조하는 유교와 관련성 속에서 살펴야 하겠다. 안동 사람들의 직물과 복식 가운데 유교적 색채를 강하게 띠는 것은 안동포, 도포, '살창고쟁이', 유지삿갓을 들 수 있다.

안동포는 안동 지역의 유명한 토산물이었는데, 19세기 후반에 전국적인 명성을 얻게 되었다. 안동포라는 단어는 19세기 후반의 가사문학 『한양가』에 처음 나타나는데, 서울 육의전에 안동포가 진열되어 있음을 노래하고 있다. 한말 안동의 최대 부호였던 국담(菊潭) 권태연(權台淵, 1880~1947)은 1913년에 '안동마포개량동업조합(安東麻布改良

同業組合)'을 설립하였고 이것이 1920년에 '안동마포조합'으로 개칭되었다. 애초의 이름 속에 '개량'이라는 단어가 들어 있다는 사실로 볼 때 개량할 목적이 있었다는 뜻이다.

안동에서 생산된 삼베는 1960년대까지 크게 '생냉이[生布]'와 '익냉이[熟布]'로 나누어진다. 안동포란 이 가운데 전자에 한정되는 삼베로서, 후자에 비해서 섬세하고 정교한 공정을 거쳐서 생산된 것이다. 생냉이 직조법은 전국적으로 안동과 그 인근 지역에만 존재하였다. 생냉이와 익냉이는 용도와 의미가 달랐다. 익냉이가 하절기의 일상복의 재료였다면, 생냉이는 하절기 외출복과 상·제례용 의례복의 재료였다. 또한 익냉이가 서민적이고 평범한 직물이었다면 생냉이는 양반 귀족적인 고급직물이었다. 곧, 안동포는 다른 어떤 직물에 비해서 유교문화적 색채를 짙게 띤 의미 깊은 직물이었다.[29] 그리하여 1975년 임하면 금소리의 배분령 여사의 안동포 짜기가 경상북도 무형문화재 제1호로 지정되었다.

전근대 안동 지역 사람들에게 대표적인 옷은 도포(道袍)였다고 할 수 있다. 도포는 남자들의 상제례, 특히 서원 향사, 불천위 제사, 향회(鄕會) 등과 같은 공식적인 모임이나 행사시의 기본 복장이었다. 아울러 도포는 죽은 사람에게 맨 마지막에 입히는 수의였다. 이 때문에 안동 일원에서는 신부가 시집을 올 때 시아버지의 도포를 마련해 오는 것을 굉장히 가치 있는 일로 여겼다. 도포를 짓는 직물로는 명주와 안동포가 함께 사용되었다. 명주 도포가 소수의 사람들에게 선호된 것이었다면, 안동포 도포는 훨씬 광범하게 사용된 것이었다. 따라서 안

---

29) 배영동, 「안동포 생산과 소비의 전통과 현대적 의미」, 『한국민속학』 제37집, 한국민속학회, 2003.

안동문화로 보는 한국학

동포 도포는 양반과 선비들의 대단히 중요한 복장이라는 특징을 보인다.

한편 경북 일대에서 안동포는 여름철의 남녀 외출복을 짓는 최고의 옷감이었다. 오늘날에도 안동포는 안동의 양반 문화, 선비 문화, 유교적 상장례, 혼례시 혼수 풍속 등을 통하여 가치가 부상되고 살아있는 전통 유산의 의미를 표출하고 있다. 요즘에 서원 향사, 가을철 시향제, 불천위 제사 등에 참석하는 어른들이 들고 다니는 가방은 바로 삼베 도포를 보관하기 위한 것이다.

또한 안동권역 부녀자들의 복식에서 주목할 만한 것은 여름철에 입던 '살창고쟁이'다. 살창이란 전통 한옥의 부엌 벽면 상단에 연기가 빠지도록 만든 창을 말한다. 살창고쟁이는 허리춤에 커다란 사각형의 통풍구가 여러 개 나 있는 고쟁이인데, 다른 지역에서는 거의 찾아보기 어렵다. 조선 후기의 부녀자들은 엄격한 내외윤리와 부덕(婦德)이라는 규범을 준수하느라 하의만큼은 여름에도 몇 벌을 입었다. 자연히 더 덥기 마련이었고, 그래서 더위를 이기고자 안동권 부녀자들은 살창고쟁이를 만들어 입었다. 여름철에 옷으로 인한 불편이 많았던 데 대한 반작용이다.[30] 안동권 여인들이 살창고쟁이를 즐겨 입은 것은, 안동에서는 부녀자들의 옷에 대한 사회적 제약이 다른 지역보다 컸기 때문일 것이다.

다음으로 안동을 중심으로 하는 경북 북부권에만 있던 것으로, 비올 때 쓰는 '유지(油紙)삿갓'이 있다. 이것은 직경 1미터를 넘는 완만한 경사의 원형 삿갓인데, 기본 뼈대는 대나무로 만들고 유지를 덮어

---

30) 배영동,「안동양반의 의식주생활」,『안동양반의 생활문화』, 안동대민속학연구소 · 안동시, 2000.

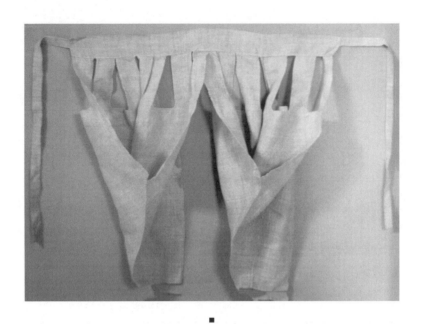

살창고쟁이(안동대 박물관)

바른 것이다. 유지삿갓이 이른바 안동문화권에만 분포하고 있는 까닭은 조선시대 유생들이 밀집하고 있던 안동 지역의 문화적 특성에서 해명되어야 한다. 이런 유지삿갓은 신분의 상하를 가리지 않고 쓴 것이지만, 그것이 고안된 역사문화적 배경은 유교문화에 있다고 보인다.

"의관의 정제(整齊)는 예의의 기본"이라는 말처럼, 모자와 옷을 단정하게 갖추는 것이 곧 선비로서, 양반으로서 품위를 지키는 것이었다. 그런데 비가 오면 갓이 젖어버리고, 갓은 물에 젖으면 쉽게 훼손되기 때문에 옛 어른들은 갓을 보호하기 위해서 세심한 주의를 기울였다. 그 결과가 바로 갈모였으며, 외출시에는 언제나 휴대하는 물품의 하나였다. 비가 오면 갓 위에 갈모를 덧씀으로써 갓을 보호하였다.

갈모는 유지를 접어서 만들되 안쪽에 가는 대오리를 붙인 것이다. 의관을 소중하게 여기는 사람들이 밀집하고 있는 지역에는 자연히 갈모가 중요시될 수밖에 없었다. 갈모가 더 커지고 튼튼하게 변형·발전된 것이 바로 안동 지역의 유지삿갓이라고 하겠다.

2 손님 접대와 제사를 중시한 식생활

안동 양반의 음식이라 해서 유별난 것은 많지 않다. 일상적으로는 특징적인 음식보다는 오히려 소박한 음식을 먹었다. 또한 음식의 내용보다는 음식을 먹는 형식을 더 소중하게 생각했다. 이를테면, 음식을 먹을 때 서열을 중시하고, 남녀를 구별하며, 예의를 지향하고, 일상 음식과 의례 음식을 구별 짓는다는 점을 들 수 있다. 그나마 안동 지역의 특징적인 음식으로 분류할 수 있는 것은, 안동식혜, 건진국수, 상어, 문어, 간고등어, 안동소주, 명태 보프름, 수란, 육회 등이다. 이런 음식은 대체로 의례 수행이나 손님 접대와 깊은 관련이 있는 것이다.[31]

안동식혜는 밥을 지어서 엿기름물을 붓고 삭히고 달여서 만든 예사 식혜와 확실히 다른 것이다. 안동식혜의 조리법은, 찹쌀과 멥쌀 또는 좁쌀로 지은 밥에 엿기름물을 부은 다음 잘게 썬 무, 다진 생강, 고춧가루 물을 넣고 물을 넉넉하게 부어서 삭히는 것이다. 여기까지는 안동식혜가 되기 위한 필요조건일 뿐이며, 더 맛있게 하려면 잣·

---

31) 배영동, 「안동지역 전통음식의 탈맥락화와 상품화」, 『사회와 역사』 제66집, 한국사회사학회, 2004.

밤 · 배 · 볶은 땅콩 가운데 두어 가지를 넣어야 한다. 안동식혜는 타지의 식혜 맛과 붉게 만든 물김치 맛이 동시에 나는 것이며, 약간의 과일맛도 볼 수 있는 그런 간식이었다. 안동식혜는 동절기 음식으로서, 특히 즐겨 먹던 시기는 설과 대보름을 전후한 시점이었고, 설날 친지와 이웃집에 가면 으레 이런 식혜를 한 그릇씩 대접받았다. 밤이 긴 겨울철, 저녁밥을 먹은 후에도 이런 식혜를 간식으로 먹으며 이야기를 나누는 것이 일반적이었다. 안동식혜의 분포권은 이른바 안동문화권이라고 하는, 안동과 그 인근 시군 지역이다. 안동식혜는 내륙의 감주형 식혜(食醯)와 바닷가의 어식해(魚食醢=생선식해)의 중간형 음청류이다. 고춧가루와 무 · 생강이 들어간다는 점에서 그러하며, 안동과 동해안 간의 문화 교류로 18세기 후반 이후에 탄생한 음식이다.[32]

건진국수는 잔치 음식의 하나이다. 전국적으로 국수는 혼례와 생일 때 먹는 중요한 의례 음식이었다. 안동 지역의 건진국수는 '길한 음식', '장수하는 음식'이라는 의미를 가진 국수로서 무척 고운 것이며, 잔치 때 다수의 손님을 효과적으로 맞이하기 위해 독특하게 말아내는 것이다. 즉, 손님이 올 때마다 국수를 삶아내는 것이 아니라, 면을 미리 삶아서 1인분 정도로 뭉쳐두었다가 손님이 오면 고명을 올리고 국물을 부어 양념간장과 함께 차려내던 국수였다. 건진국수란 어원적으로 말하면, 면을 삶아서 건져두었다가 말아내는 국수 바로 그것이었다. 이런 국수로 북적대던 잔치에서 매우 신속하게 손님 대접을 할 수 있었다.

문어는 안동 지역의 의례음식에서 정말 뺄 수 없는 것이었다. 그만

---

32) 배영동, 「안동식혜의 정체성과 문화사적 의의」, 『실천민속학연구』 제14호, 실천민속학회, 2009.

안동식혜(임하면 송씨부인 작)

큼 안동 사람들은 문어를 가치 있는 어류로 생각하였다. 그래서 안동 사람들은 혼상제례에서 문어가 빠지면, 잔치를 잘못했다는 평가를 받기가 일쑤였다. 문어는 뼈가 없어서 모조리 먹을 수 있는 푸짐한 생선일 뿐만 아니라, 문어라는 이름에 '문(文)'자가 들어간 것과 안동의 유교문화와 밀접한 관련이 있는 것 같다. 안동 지역에서는 개고기를 선비들이 즐겨먹었다 해서 유육(儒肉)이라고도 한다는 사실이 이를 방증한다.

상어도 의례음식의 중요한 항목이다. 혼상제례에서 상어는 빠지지 않았다. 고기의 특성상 어물전에서 큰 토막으로 잘라서 팔기 때문에, 안동 방언으로 '돔배기'(토막이라는 뜻)라고 불리기도 한다. 상어는 저장 기술이 발달하지 못한 시기에는 오래되면 삭아서 코를 톡 쏘는 맛과 냄새가 나는데, 안동 사람들은 이것을 싫어하지 않았고, 호남 지방 사람들이 홍어의 쏘는 냄새와 맛을 즐기듯이 안동 사람들도 상어의 이런 맛을 즐기기도 했다. 안동 사람들은 지금까지 의례에서 상어를 즐겨 사용하고 있으며, 간혹 상어를 먹는다는 사실에 깜짝 놀라는 외지인들에게는, 왜 이렇게 좋은 고기를 먹지 않느냐고 반문한다. 상어는 먹이사슬의 정점에 있는 대형 어류로서 귀한 바닷물고기였기 때문에 정성을 바치는 중요한 음식으로 간주되었다.[33]

간고등어는 안동 지역 사람들에게 비교적 흔하고 값싸고 맛있는 대표적인 생선이었다. 시간을 소급하면 간고등어는 가난한 안동 선비의 고급 반찬이었다. 내륙에 위치하니 싱싱한 어물을 구경하기가 어려웠고, 상인들도 내륙 깊숙한 지역에는 소금으로 간을 한 고등어를 공급하였다. 자연히 안동 사람들은 소금에 절인 간고등어를 더 자주 먹을 수밖에 없었다. 안동 사람들에게 고등어가 더 친숙하게 된 데에는, 혼상제례를 위시하여 생일이나 회갑 잔치에도 고등어가 제법 자주 올랐다는 문화적 취향이 작용하였다. 안동 사람들에게 고등어는 평소에는 고급 반찬이었지만, 의례에서는 쉽게 마련할 수 있는 생선이라는 점에서, 일상과 의례의 경계에 위치한 어류였다.[34]

안동소주는 도수가 높은 증류식 소주로서, 1281년 몽골군과 고려군이 일본을 정벌할 때 안동에 머물던 충렬왕과 몽골군에 의하여 전래

---

33) 배영동, 「한국인의 상어고기 먹는 문화」, 『상어, 그리고 돔배기』, 국립대구박물관, 2015.
34) 배영동, 「안동지역 간고등어의 소비전통과 문화상품화 과정」, 『비교민속학』 제31집, 비교민속학회, 2006.

된 것으로 보인다.[35] 안동 지역의 여러 집에서 소주를 고는 방법이 전승되어왔으나, 일제강점기 때부터 가양주 제조금지령에 의해서 거의 전승이 단절되다시피 했다. 안동소주는 배앓이, 소화불량에 효과가 있는 약용술로 그 명맥이 유지되어왔다. 그러다가 1915년 안동시 남문동에 설립된 '안동주조회사'에서 '제비원표 소주'라는 이름으로 안동소주가 생산되어 서울·만주·일본 등지로 판매되면서 그 명성이 확산되었다. 그 후 1987년에 조옥화 여사의 안동소주 양조법이 경상북도 무형문화재로 지정되었다.

그밖에도 '명태보프름', 묵, 육회 등도 안동 양반들이 가치를 부여하던 음식이었다. 명태보프름은 마른 명태를 두드려 매우 가늘고 부드럽게 부순 다음 고운 소금을 친 것으로, 치아가 약한 노인들이 먹기에 좋은 음식이다. 묵 또한 치아가 좋지 않은 노인들을 위한 대표적인 음식이었다. 육회는 응당 쇠고기 육회를 말하는데, 큰 잔치에서는 육회를 즐겨 사용하였다. 이것은 신선한 고기를 사용했다는 뜻이고, 신선한 고기를 확보할 만큼 부유함과 정성을 상징하는 음식이었다.

안동 일원에서는 조리서『수운잡방(需雲雜方)』,『음식디미방(閨壼是議方)』,『온주법(蘊酒法)』이 저술되고 전승되어 왔다. 안동 예안에 살았던 탁청정(濯淸亭) 김유(金綏, 1491~1555)가 쓴『수운잡방』은 우리나라에서 두 번째로 오래된 조리서로서, 주로 접빈 음식과 술 만드는 법을 소개하였다. 안동의 유학자 경당(敬堂) 장흥효(張興孝, 1564~1633)의 딸 장계향(張桂香, 1598~1680)이 노년기에 쓴『음식디미방』은 최초의 한글 조리서인데, 접빈 음식과 술을 중심으로 다루고 있다. 의성

---

35) 배영동,「안동소주 생산과 소비의 역사와 의미」,『지방사와 지방문화』제9권 2호, 역사문화학회, 2006.

김씨 청계 종가에 전해오던 『온주법』은 주로 술에 관한 내용이 많아서 접빈객 봉제사를 염두에 둔 조리서이다.

다음으로 20세기 후반 이후에 상품화된 것으로는 헛제사밥과 안동찜닭을 들 수 있다. 헛제사밥은 1970년대 말에 안동댐 수몰 지역에서 이건한 고가옥으로 조성된 '안동민속촌'에 있던 고가옥을 활용하기 위해 식당으로 임대를 주면서 관광상품으로 탄생한 음식이다. 안동 지역에서 중시한 유교식 제사 음식이 외지인들에게 안동문화를 알리는 상품으로 만들어진 것이다. 옛날에 '헛신위밥', '허신지밥'이라는 이름으로 부잣집에서 야간에 제사밥처럼 차려서 먹었다는 것이 헛제사밥의 문화적 뿌리이다. 다만 그 음식은 야간에 제법 잘 차려서 먹었다는 점에서 헛제사밥과 같지만, 관광상품으로 개발된 헛제사밥은 정말로 제사 음식처럼 고루 잘 차린 음식이었다. 그러므로 헛제사밥은 종래의 헛신위밥, 허신지밥보다는 훨씬 잘 차린 음식이다.

안동찜닭은 안동의 전통음식이 아니다. 1980년대 말에 안동의 시장통 '통닭골목'에서 탄생한 음식이다. 종래의 통닭, 마늘통닭과 다른 맛이 나는 음식을 만들어보자는 생각에서 개발된 음식이다. 닭볶음이나 닭고기찌개 같은 데서 변형 발전된 것이다.[36] 그런데 안동찜닭은 고기에다가 채소, 당면 등을 듬뿍 넣어서 푸짐하게 만들어서, 단품 음식도 되고 반찬도 되고, 술안주도 된다는 점이 다른 음식과 구별되는 매력이었다. 더구나 그리 비싸지도 않아서 젊은이들에게 인기가 있었는데 서울로 진출하면서 수도권에서 호평을 받아 다시 안동 지역 찜닭에 충격을 주었다. 안동의 통닭골목 주력 상품은 통닭에서 찜닭으

---

36) 배영동, 「퓨전형 향토음식의 발명과 상품화」, 『한국민속학』 제48집, 한국민속학회, 2008.

로 바뀌고, 통닭골목은 찜닭골목으로 이름이 바뀌었다.

3 반가와 민가가 구별되던 주생활

사람들의 삶은 시간의 축과 공간의 축이 만나는 지점에서 이루어지는데, 가택은 사람들의 삶을 담는 기본적 공간이다. 가택은 일정한 구조물이고, 사회적 지체나 경제력에 따라서 그 규모와 형식이 달라지게 마련이다. 안동에는 유서 깊은 반촌(班村)도 매우 많고, 오래된 종택도 많지만, 한편으로 토속적이고 특징적인 민가(民家)도 많았다.

안동 지역에는 조선조에 유교문화가 강성해서 종가가 많이 남아 있다. 종가는 종법에 따라서 성립된 것으로서, 유명인물의 맏아들로 이어지는 집이다. 종가 주택인 종택은 유교윤리를 잘 실천할 수 있도록 지어졌다. 대개 안동 지역 종택은 건물 배치가 ㅁ자형을 이루는 '뜰집'이 주류이다. 사방이 건물로 둘러싸이고 한 가운데 안마당 있으며, 안마당 안쪽 건물이 안채이고, 바깥쪽으로 향한 건물이 사랑채이다. 더러 사랑채 앞쪽으로 전진 배치된 건물이 행랑채이다. 그리고 안채 뒤쪽이나 사랑채 후측면 어디엔가 조상의 신주를 모신 사당이 있다. 이런 뜰집에서는 부부유별, 장유유서, 부자유친, 조상숭배, 접빈객 등을 효과적으로 하도록 공간을 나누어서 사용하였다. 말하자면, 주택까지도 유교윤리를 실천하는 도장으로 인식하였음을 말해준다.[37]

새마을사업을 하기 전까지 안동에는 '까치구멍집'이 많았고, 산골

37) 배영동, 「유교이념의 실천공간으로서 주거」, 『유교민속의 연구시각』, 한국국학진흥원, 2006.

로 들어갈수록 더 많았다. 까치구멍집은 평면상 6칸 겹집이고, 지붕의 좌우 박공 부분에는 채광, 배연, 통풍을 목적으로 하는 큼직한 구멍이 뚫린 형태의 집을 말한다. 겹집이라 어두우니 채광이 필요했고, 또 부엌에서 생기는 연기를 잘 배출하도록 하기 위해서 지붕에 구멍을 낸 것이다. 그 구멍이 마치 까치집의 구멍 혹은 까치가 드나드는 구멍 같다 해서 생긴 이름이다. 그러나 까치구멍집이라는 이름 외에 '여칸집'이라는 말도 자주 썼다. 평면상 여섯 칸으로 된 집이라는 뜻이다. 까치구멍집에는 대개 한 지붕 아래 방, 부엌, 마루, 봉당, 외양간까지 함께 설치되어 있다. 까치구멍집을 지은 이유는 외부로 난 문을 닫으면 실내의 난방 효과도 좋고 맹수의 침입도 쉽게 막을 수 있었기 때문이다.[38] 이 점에서 까치구멍집은 한반도 북부형 가옥의 전통을 잇는 집이다.

안동 지역의 또 다른 토속 가옥으로 '도투마리집'이 있다. 도투마리란 베틀의 한 부품을 가리키는데, 베매기를 끝내고서 날실을 감아서 직조를 위해 베틀 위에 올리는 것이다. 대개 가운데가 넓게 벌어진 H자 형상을 하고 있다. 양쪽 끝에 방이나 부엌이 배치되고 가운데 마루가 있는 집이다. 가난한 서민들의 초가삼간 집에 해당한다.

전통적으로 집짓는 과정을 보면 집은 성주신의 탄생과정이기도 하다. 그리고 집을 완성하면 집들이[入宅]를 하였다. 전통적 방식의 집들이는 집이라는 건축물을 사회문화적으로 완성하는 의례였다. 동시에 그 공간에 사람이 들어가 살기 시작하는 주생활 의례였다. 건축 의례라고 할 수 있는 것은 집이라는 건축물을 완성해도, 사람이 살지 않으면 온전한 집이라고 할 수 없기 때문이다. 이러한 집들이에는 전통

---

38) 배영동, 「목현마을에 까치구멍집이 많은 까닭」, 『까치구멍집 많고 도둑 없는 목현마을』, 한국학술정보, 2002.

적으로 주술종교적 행위가 수반되었다. 즉 택일을 하여 입주자가 들어가고 이삿짐을 옮길 뿐만 아니라, 집안에 가신을 모시거나 가신에게 고사를 올려 집안의 평안을 기원했다. 또한 입주할 때 집안을 정화하는 의례를 했다.

농촌에서는 입주할 때 친인척뿐만 아니라 이웃 사람들도 도와주었다. 입주자는 음식을 만들어서 찾아온 친인척과 마을사람들에게 음식을 대접함으로써 입주한 사실을 알렸다. 중요한 것은 입주한 날에 음식을 대접했다는 사실이다. 이러한 형태의 입주 뒤풀이는 풍성한 잔치라기보다는 소박한 행사였다. 전통적 방식이 비교적 잘 남아 있다고 판단되는 20세기 후반 안동 임하면의 이사 풍속에 대한 이야기를 들어보자.[39]

먼저 탈이 나지 않게 택일을 한다. 이사 가기 전에 개별 가신에게 "언제 어디로 이사를 간다"는 사실을 미리 알게 한 후에 이사를 간다. 이사 가는 날, 남들이 오기 전에 가신을 미리 옮기고 빈다. 성주, 삼신, 용단지를 함께 모셔가서 음식(찰밥이나 국수)을 차리고, 몇 마디 비는 말을 하고 절한다. 가신을 모실 때 미리 지어온 찰밥을 떠서 올린다. 모시고 의례를 하는 순서는 성주, 삼신, 용단지, 조왕의 순이다. 이런 의례는 전부 주부가 하는데, 절을 할 때는 가장이 동참하기도 한다. 의례를 한 후에야 손님들에게 준비한 음식을 대접한다.

이사를 갈 때도 밥솥을 부엌에 옮겨 건다. 솥 안에는 찰밥이 한 솥 가득 들어 있다. 그리고 새집 부엌에 불씨 덩어리를 옮겨 묻었다. 이어서 주부

---

39) 배영동, 「집들이[入宅] 풍속의 전통과 변화」, 『비교민속학』 제32집, 비교민속학회, 2006, 102쪽.

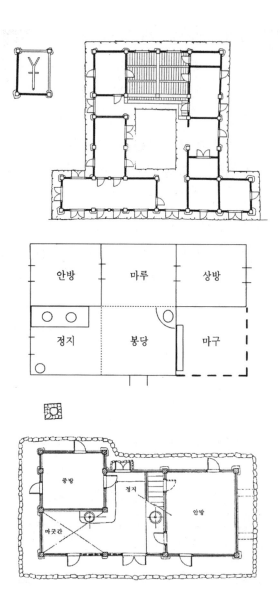

위에서부터, 뜰집 평면도(탁청정 종가),
까치구멍집 평면도(풍산읍 서미리, 강병극 제도),
도투마리집 평면도(안동민속박물관 경내)

는 겨릅을 한 줌씩 묶어서 안방의 네 구석에 세운다. 겨릅은 나쁜 액운을 전부 빨아들인다고 한다. 이때 약쑥 비빈 것 한 덩어리, 소금 약간도 함께 구석에 둔다. 짐을 옮길 때는 소중한 것은 실내에 먼저 들이고 나머지는 밖에 두고 시간 되는 대로 정리한다. 소중한 것이란 농, 찧은 곡식, 장단지 등이다. 이 중에서 가장 먼저 들이는 것은 안방에 놓을 농이다. 이렇게 큰 짐은 남자들이 옮긴다.

이사를 할 때 그 집에 모실 가신에게 고하는 내용이 주를 이룬다. 실용적 차원에서는 부엌에 밥솥을 걸고, 아궁이에 불씨 덩어리를 옮겨 묻고, 미리 준비한 찰밥을 나누어 먹는 것이다. 불씨를 보존하던 전통이 20세기 후반에는 집들이를 할 때 손님들이 성냥을 가지고 가는 풍속으로 바뀌었다. 방안에 겨릅을 세운다든지 소금이나 약쑥을 놓는 것은 바로 부정한 기운을 물리치는 정화 의례이다. 요즈음 집들이를 할 때 손님들이 휴지, 세제 등을 가지고 가는 것은 액운을 물리치기 위한 정화 의례의 전통이 변한 것이다. 이런 이사의 방식은 새집에 들어가는 집들이를 할 때도 마찬가지였다.

전통적 집들이를 통해서 보더라도 가신의 보살핌이 있어야 입주해서 살아도 탈이 나지 않는다는 인식이 강하다. 집짓는 과정은 성주의 탄생과도 같은 성격을 띠고 있었는데, 입주나 이사를 할 때에도 그 집에 모시던 여러 가신을 잘 받들어서 새집에 모시는 일이 중요하다고 생각했다. 가신이 없는 상태에서는 아무리 잘 지은 건축물이라고 하더라도 온전한 주거생활이 보장되지 않는다는 인식이 강하다.[40]

---

40) 배영동, 「민속학으로 읽는 민가 주거문화의 전통」, 『건축』 통권 370호, 대한건축학회, 2010.

제3부 안동 사람의 사상과 철학

윤천근(안동대 동양철학과)

1장

퇴계 이황 이전 시기의 안동

1 안동 지역과 주자성리학

퇴계 이황은 1501년에 태어나서 1570년에 타계한다. 그는 16세기의 조선이 길러낸 인물이고, 또 16세기 조선을 만들어나가는 데 기여한 인물이다. 이러한 이중성은 그가 16세기 조선을 대표하는 사람이었음을 알려주는 부분이다. 조선의 16세기는 문화 변동이 크게 진행되던 시기이다. 전기 조선과 후기 조선은 16세기를 기점으로 하여 나누어진다. 전기 조선이 고려의 불교문화 잔재를 많이 갖추고 있는 시기라면 후기 조선은 조선의 유학문화가 중심적으로 이끌어갔던 시기라고 할 수 있다. 16세기에 조선 성리학의 문화 지형이 완성됨으로써 이런 변모가 나타나는 것이다.

문화는 생활이 만들어나가는 것이다. 생활은 기본적으로 사상과는 직접적 관련이 없다. 사상은 개인의 선택과 지향 속에 있는 것이고, 생활은 집단의 일상적인 의식과 행위 속에 있는 것이다. 사상은 지금의 선택에 의하여 한 사람을 바꾸어낼 수 있다. 생활은 집단의 과거의 선택을 이어받아 문화를 만들어 나가고, 그 문화를 통하여 시대와 역사를 견인할 수 있다.

우리 역사가 성리학 사상과 만나는 것은 13세기 말기의 일이다. 안향은 원나라에 사신으로 가서 당시 원나라의 수도에 유행하고 있던 주자학을 접하고 그것을 적극적으로 받아들이는 역할을 수행한다. 안향과 그 제자들을 통하여 주자학은 13세기 말기의 고려에 받아들여진다. 이 시기 고려에는 신진사대부 세력이 조금씩 육성되고 있었다. 안향이 받아들인 주자학은 이 신진사대부 세력에 의하여 수용되고, 장려되었다.

성리학이라는 말과 주자학이라는 말은 다르면서도 같은 말이다. 성리학이란 '성품이 바로 이치이다'라는 선언으로부터 나오는 말인데, 이 말을 처음 쓰는 것은 정이천(정이)이고, 그것을 계승 발전시킨 것은 주자(주희)이다. 이 계열의 사상을 그 특징적 지향을 통해서 규정할 때에는 성리학이라 하고, 그 대표자를 내세워 말할 때에는 주자학이라 한다. 주자학은 또 정이천과 주자를 하나로 묶어서 정주학이라 표현하기도 한다. 안향 이래로 우리나라의 정신사 속에서 중요한 기능을 수행한 것은 주자학이다. 이것은 조선 말기까지 변화가 없었다. 그러므로 이 학문은 성리학이라 부를 수도 있기는 하지만 주자학이라 하는 것이 보다 정확한 명칭이라 하겠다.

안향이 주자학을 받아들이긴 하였지만, 수용 초기부터 주자의 학

문이 다양하게 탐구되고 적극적으로 유통되고 있는 것은 아니다. 안
향의 제자들 중 주목되는 인물로는 백이정, 우탁 등이 있다. 백이정은
충선왕을 따라 원나라 연경에서 10년 동안 머물며 수학하고 원의 학
자들과 교유했으므로, 수용기의 학자들 중에서는 주자학에 대한 이
해가 가장 높았을 것이다. 우탁은 '역동 선생'이라는 존칭에서 보듯
이, '역이 동방으로 왔다'고 칭송을 받을 정도로 '역학'에 해박한 인물
로서, 주자학이 기반을 두고 있는 정주 계열 역학에 대한 이해가 당시
누구보다도 빼어났을 것이라 평가된다.

　우리가 안동을 중심으로 하여 논의를 전개시키고자 한다면, 우탁은
특히 지역 사림에 일정한 영향을 끼친 사람으로 주목할 필요가 있다.
만년에 우탁은 예안현에 내려와 은거를 하게 되며, 그러한 인연으로
인하여 후에 안동사림은 중의를 모아 역동서원을 건립하게 되기 때
문이다. 따라서 우리는 역동우탁으로 인하여 안동 일원에는 주자학의
씨앗이 뿌려진다고 말할 수 있을 것이다. 물론 역동 우탁이 안동 인근
에 내려와 만년을 의탁하였던 고려 말기에는 이 지역에 아직 사림기
반은 갖추어져 있지 않았다는 점은 간과되어서는 안 된다. 그러므로
지역 사회에 끼쳐진 우탁의 영향력도 역사적 문맥을 갖는 것이지 당
장의 영향 관계의 상호성 속에 놓이는 것은 아니라고 하겠다.

2 조선 초기 지역문화의 선구적 지형

　안향의 시대로부터 고려 말기, 조선 초기에 이르기까지, 신진사대
부 계층은 주자성리학적 공부를 자신들의 사상적 입장으로 확정하는

과정을 심화시켜나아간다. 이 계층은 정치적으로 지배 세력으로 성장하여 나갔고, 새로운 왕조를 창업하는 결과까지 만들어낸다. 신진사대부 계층은 유학적 이상향을 구현하고자하는 그들 자신의 사상적 목표와 연관시켜 새로운 왕조를 창업하여낸다. 그리하여 조선 왕조는 정치적으로는 신진사대부 계층이 주도하는 나라로, 사상적으로는 주자학 사상이 이끌어나가는 세상으로 완성되는 것이다.

조선 왕조의 성립 초기에는 아직 신진사대부 계층은 정치문화적 환경 속에 한정되어 있었다. 중앙 정치문화, 관인집단을 벗어나게 되면 성리학적 지향을 갖는 이 문화는 아직 어떤 지역적 기반을 만들어내지 못하고 있었다.

조선 초기의 성리학적 문화 지형 만들어나가기를 주도하였던 것은 두말할 나위 없이 중앙의 정치세력, 관인문화였다. 중앙의 관인들은 조선의 정치문화, 권력 지도를 만들어나가는 데 집중한다. 그들은 조선에서 주자성리학을 정치문화에 적용하여 나가면서 이상과 현실의 간극을 쉽게 메우지 못하고 끊임없이 현실로부터 오는 도전을 처리하는 데에만 심력을 낭비하는 모습을 보여준다. 그들 중에도 유학적 이상향을 꿈꾸고 있는 건강한 성리학자가 없었다고 할 수는 없다. 그러나 권력 투쟁으로 대표되는 현실 정치의 광폭함은 그러한 그들의 이상이 뿌리를 내릴 수 있는 시간과 기회를 보장하여 주지 못하였다.

중앙의 정치문화가 부침을 거듭하는 동안 그래도 조선 초기의 역사 속에서 지속적으로 성리학 문화의 지형을 진화시켜나가는 모습을 보여주고 있는 것은 길재의 사풍을 이어나갔던 전기사림파의 학맥뿐이었다. 길재는 고려가 멸망을 향해 치달려 나가는 시기에 낙향을 결행하여 금오산에 은거함으로써 신진사대부 계층에 의하여 주도된 역성혁명의 죄업으로부터 벗어날 수가 있었다.

고려를 멸망으로 이끌어가고 조선을 창업하게 되는 신진사대부 계층의 선택 속에는 성리학적 절의정신을 크게 해치는 도덕주의적 약점이 있다는 것을 길재는 절감하고 있었다. 그것은 이른바 '역성혁명'의 유학적 좌표와 연관되는 문제였다. '역성혁명'은 인정되기는 하되, 최후의 수단으로 쓰여야 한다는 전제를 갖는 것이었다. 더 이상 임금의 권력을 지도하고 개혁할 수단이 상실되었을 때 최후적 저항권으로 민중에 의한 반란이 인정되었던 것이다. 그러나 고려말기의 상황은 한 왕조를 멸하고 한 왕조를 창업하는 권능이 정치적 지배집단인 신진사대부 계층의 수중에 놓여져 있었다. 따라서 조선의 창업은 '궁정변란'의 성격을 가질 수밖에 없었던 것인데, 이것은 유학이 최후적 저항권으로 인정하는 '역성혁명'의 의미를 갖는 것이라 할 수 없는 일이었다.

길재는 이것이 도덕을 실천적 명제로 배워 갖지 못한 신진사대부 세력의 약점으로 이해한다. 그는 성리학 세상은 바로 도덕을 구현하기 위해 목숨을 거는 사대부 세력의 양성으로 구현될 수 있는 것이라고 보았다. 금오산에 은거하여 그는 그런 임무를 자임하였다. 그는 조선 초기의 역사 속에서 창업된 나라를 수성하기 위해 고민하면서 그에게 출사를 주문하기까지 하는 태종 이방원의 간청을 '사풍을 진작시켜야 할 책임'을 내세워 물리치고, 절의정신으로 충만된 사대부를 길러내는 일에 집중한다. 태종 이방원은 길재의 선택을 존중하여 주고, 또한 역설적으로 그 자신이 왕조 창업을 위해 죽여야 했던 정몽주를 표창하면서, 조선 초기 지배계층인 사대부들에게 충절을 다하는 사풍을 배양할 것을 주문한다. 이렇게 배양된 조선 왕조 초기의 사대부상이 극명하게 드러나는 역사적 사건은 사육신, 생육신을 만들어낸 계유정난이다. 그러나 이 충절과 의리의 사대부상은 중앙 관인집단 속에서 육성된 것이고, 또 중앙 정치무대의 권력생산 과정에 휩쓸려 들어가 소진되어 버린 것이었다.

지역에서는 아직 사대부문화가 뿌리를 내릴 수 있는 토양이 갖추어져 있지 않았다. 그 점은 선산 지역을 중심으로 하는 길재학단을 대상으로 하여 말하더라도 마찬가지라 할 수 있다. 길재는 금오산에 자리를 잡고 앉아 대를 이어 제자들을 길러나간다. 그러나 길재의 학문은 소수의 제자들에게만 전해진 것이지 선산 지역 일원의 지역문화를 폭넓게 견인하여 갔던 것은 아니다. 선산 지역도 조선의 다른 여러 지역들과 마찬가지로 지역문화를 육성할 수 있는 기반이 아직 갖추어져 있지 않았기 때문이다. 따라서 선산 지역의 길재학단은 지역에서 전하여져 나간 학맥이라고는 할 수 있어도 지역문화라 부를 수는 없는 것이다.

15세기의 조선에서 문화를 견인하여 나갈 수 있는 역량을 갖추고 있었던 곳은 서울뿐이었다. 서울의 중앙문화가 조선의 유학문화를 전반적으로 견인하여나갔던 것이다. 이 시기에 지역에는 사대부 세력이 조금씩 지역 거점을 확장하여 나가는 정도였다. 조선 왕조도 고려와 마찬가지로 과거제도를 갖추고 있었고, 지역의 인재들이 하나씩 둘씩 과거를 통하여 중앙 관료로 성장하여 나가는 과정에서 지역에 근거를 둔 유학문화도 조금씩 성장을 하여 나갔던 것이다. 이것은 지역적 성장의 의미를 지니는 것이 아니라 개별적 성장의 의미를 지니는 것이다. 선산의 경우에서도 이 점은 마찬가지이다. 선산의 경우가 보여주는 차별성은 다만 이 개별적 전개의 양상이 선생으로부터 제자에게로 이어지는 학맥의 모습을 보여주며, 이 학맥에서는 대를 이어 가꾸어가고자 하는 학문적 태도가 갖추어져 있었다는 점 정도라고 하겠다.

3 안동 지역과 진성 이씨 일문

진성 이씨 가문은 진보현의 서리로부터 몸을 일으켜 사족으로 편입된다. 『진성이씨세보』의 시조 이석 조에는 다음과 같은 기록이 보인다.

"시조의 이름은 석이다. 진보현의 서리로부터 가문을 일으켰다. 생원시에 입격하였다. 아들 자수가 귀하게 됨으로써 봉익대부밀직사에 증직되었다. 기일은 3월 3일이다. 묘는 현의 남쪽 기곡에 계좌로 마련되어 있다. 비갈이 있다. 배위는 정부인에 증직된 송생 김씨이다."[1]

이석이 생원시에 합격하는 해가 언제인지는 분명하지 않다. 그러므로 진성 이씨가 사족 신분을 획득하는 시기에 대한 보다 정확한 정보를 알기 위해서는 그 이후의 기록을 조금 더 살펴볼 필요가 있다. 진성 이씨 2세 이자수와 관계되는 기록 속에서 우리는 그 시대를 추측할 수 있게 하는 자료를 만날 수 있기 때문이다.

"고려 충목왕 지순 원년 경오년 명서업에 급제하였다. 공민왕 지정 24년 갑진년 추가로 봉상대부 지춘주사로 임명된 사실이 보인다. 지정 22년

---

1) 『진성이씨세보』, 권1, 시조 李碩 조항.

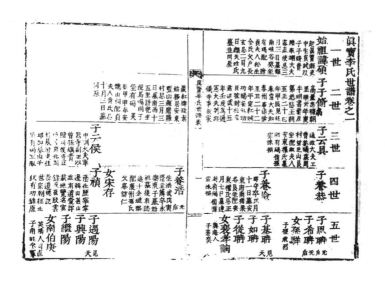

진성 이씨 가문 족보, 시조 부분

홍건적을 평정한 공으로 안사공신 호가 내려지고 송안군으로 봉하여졌
다. 홍무 15년 임술년에 통헌대부 판흥의시사가 되었다. 홍패정안이 집안
에 전하여진다. 처음 안동 풍산현 마라촌으로 이거하였다. 기일은 3월 3일
이다. 묘지는 안동부 서쪽 15리 되는 도솔원 마명동에 자좌로 놓여져 있
다. 비갈이 있다. 영조 갑신년에 작산재사에 봉안하였다. 배위는 정부인
황씨인데 기일은 10월 3일이고, 묘는 송안군 묘와 같은 산기슭에 있다."[2]

지순 1년은 원나라 문종 시기이다. 서기로는 1330년에 해당한다. 고
려 역사로 보자면 이때는 충목왕 시대가 아니라 충혜왕 원년이다. 년

2) 『진성이씨세보』, 권1, 2세 李子脩 조항.

안동문화로 보는 한국학

대에 조금 혼란이 보이기는 하지만 충혜왕 원년 1330년으로 이해하면 될 것이다. 명서업은 고려시대에 관청에서 기록을 담당할 관리를 뽑는 잡과 시험에 해당한다. 고려의 과거제도가 제술과 명경과 등을 중심으로 하여 운용되었음을 감안한다면 잡과 시험을 통한 벼슬살이의 시작은 사실 그리 큰 의미를 갖는 것이라고는 할 수 없을 것이다.

그러니 2세 이자수에 관한 기록에서 우리가 보다 주목하여 볼 필요가 있는 부분은 그가 홍건적을 평정하는 공을 세운 것이라고 하겠다. 『세보』를 통하여 보면 이것은 지정 22년의 일인데, 지정은 원나라 순제의 년호이다. 지정 22년은 서기로 환산하면 1362년이다. 이때는 홍건적의 제2차 고려 침략 시기이다.

홍건적은 1361년에 10만 대군을 동원하여 고려를 침략하여 내려온다. 공민왕 10년의 일이다. 이때 이성계가 전공을 거두기도 한다. 그러나 이성계의 승리는 국면을 전환하여 주지는 못한다. 고려는 수도를 지켜내지 조차 못한다. 공민왕은 어가를 남쪽으로 옮겨가서 안동으로까지 밀려난다. 이자수의 기록에 보이는 지정 22년의 사건은 이때의 일이다. 지정 22년은 1362년이다.

이때 공민왕의 어가를 뒤쫓아 내려온 홍건적의 무리를 물리치는 것은 정세운이다. 정세운은 밀려 내려오는 홍건적을 격파하고 결국 수도 개경을 수복하는 공을 세우는데, 이때 이자수는 비장으로 참여하여 일정한 공을 세웠다는 것이다.[3] 그 결과 군호를 받는 영광을 얻게 되고, 2년 뒤에는 또 벼슬이 내려지게 되는 것이다. 송안군의 이 전공이야말로 진성 이씨 일문이 사족으로 자리를 잡는 데에 있어서 결

---

3) 윤천근, 『안동의 종가』, 지식산업사, 2001, 18쪽.

정적인 역할을 수행하는 사건이었다.

진성 이씨 일문은 시조 이석과 2세 이자수의 시대에 이르러 향리로부터 사족으로 상승하는 과정을 밟아나간다. 14세기 후반의 일이라고 하겠다. 이러한 진성 이씨 일문의 세계가 퇴계 이황의 시기까지 어떻게 전개되어나가는지에 대해서는 나중에 세워지는 송안군 이자수의 묘비명에 간략하게 정리되어 있다.

"송안군 이자수 묘.

부 서 두솔원 북, 사리곡 리향, 퇴도退陶 선생 5대조 갈음碣陰. 공의 휘자는 자수子脩, 진보 현인. 부친은 석석인데, 현의 이서로 생원시에 붙었다. 밀직사를 증직으로 받았으니 이씨의 시조이다. 이자수 공은 과거에 급제하여 고려 말, 홍건적을 토벌할 때 공을 세워 송안군松安君으로 봉하여졌다. 벼슬이 통헌대부 판전의시사에 이르렀다. 처음 안동으로 왔을 때 2남이 있었으니, 장자는 운구云具로 공조참의 이고, 차자는 운후云侯로 서운부정書雲副正이며 사복 정正의 증직을 받았다. 참의는 3남을 두었는데, 장자는 양공養恭이고, 차자는 양검 養儉인데 군수이고, 셋째는 양호養浩이다. 양공은 2남을 두었는데, 사담思聃과 희담希聃이다. 양검은 3남을 두었으니, 장자는 기담基聃, 차자는 여담如聃, 셋째는 종담從聃이다. 여담은 3남을 두었는데, 윤원允元, 윤형允亨, 윤정允貞이고, 종담은 2남을 두었는데, 장자는 윤지允智, 차자는 윤강允綱이다. 부정은 1남을 두었는데, 이름이 정정이고, 중직대부로 선산부사를 지냈으며, 가선의 증직을 받았다. 3남을 두었으니, 장자는 우양遇陽으로 무과 출신하여 인동현감을 지냈고, 차자는 흥양興陽으로 훈련참군을 지냈으며, 셋째는 계양繼陽인데 성균진사로 자헌을 증직으로 받았다. 현감은 1남을 두었으니, 이름은 철손, 승의 부위承義副尉이다. (철손은) 2남을 두었는데, 장자는 훈熏으로 돈용교위敦勇校尉이고, 차자는 감堪으로 분순부위奮順副尉이다. 참군은 3남을 두었으니, 장자는 은垠, 차자는 호壕, 삼자는 해垓이다. 은은 1남을 두었는데, 희동希侗이다. 호는 2남을 두었는데, 장자는 희청希淸으로 충순위이고, 차자는 희명希明인데, 역시 충순위이다. 진사는 2남을 두었다. 장자는 식埴으로 성균진사이며, 숭정으로 증직되었고, 차자는 우堣인데 문과 출신하여 호조참판을 지냈다. 진사는 6남을 낳았다. 장자는 잠潛으로 충순위이고, 둘째는 하河인데 훈도이고, 셋째는 의漪이며, 넷째는 해瀣인데 문과 출신하여 대사헌을 역임하였고, 다섯째는 징澄인데 찰방이고, 여섯째는 황인데 문과 출신하여 판중추부사를 역임하였고, 영의정에 증직되었으며, 시호는 문순文純이다. 참판은 1남을 두었으니, 수령壽苓이라고 하며, 찰방이다. 이 이후로 세대가 멀어질 수록 자손이 번성하여 무려 백여 인에 이르므로 다 기록할 수 없다. 공의 묘는 안동부의 서쪽, 도솔원 뒷 골짜기에 있는데, 갈석이 없는 까닭에 위 아래 중 어느 것이 아버지 쪽이고, 어느 것이 어머니 쪽인지조차 구분하지 못하였다. 7대손인 정랑 영도詠道, 8대손인 현감 정회庭檜가 여러 문중 사람들과 상의하고 세계를 간략하게 기록하여 2묘의 사이에 세운다."

다소 긴 인용이 되었는데, 이상의 서술은 진성 이씨 일문의 초기 역사를 망라하는 것이라 하겠다. 원래 이들의 세거지는 진보였으나 2세 이자수에 의하여 안동 풍산의 마라로 옮겨지고, 또 그의 두 아들 이운구와 이운후에 의하여 안동 와룡의 두루로 옮겨진다. 그리하여 이들은 안동 일원을 세거지로 하여 발전하여 내려오게 된 것이다.

진성 이씨 세계를 보면 여러 관인들의 모습이 보이나 초기의 성가는 송안군 이자수의 녹훈으로부터 비롯되는 것이고, 대체적으로 맡고 있는 직위도 미미한 것들이다. 15세기의 전 역사 속에서 이들은 안동 일원에 사림 세력으로 자리를 잡고 성장하여나가는 일반적인 모습을 보여주는 것이다. 이러한 양상은 안동과 예안 사이에 자리를 잡고 지역 사림을 형성하여나갔던 대부분의 가문들이 보여주는 양상과 별 차이가 없는 것이라고 하겠다.

안동 일원의 사대부 가문들은 간단하게 말해서 두 가지 부류로 나누어진다. 안동을 관향으로 하는 성씨들과 안동에 입향을 한 성씨들의 경우이다. 안동을 관향으로 하는 성씨들은 고려 시대 이래로 유력한 벌족으로 성장을 하여 있었던 집안들이다. 이들은 선 후의 두 안동 김씨, 안동 권씨, 안동 장씨 등이 대표적이다. 이들은 고려시대의 전 과정을 거쳐서 유력한 가문으로서의 성가를 유지하였으며, 안동을 진원지로 하여 중앙 정계에까지 진출하는 성공을 이루어낸다. 이들의 가문적 위상은 고려 말기의 조선 초기의 시대적 상황 속에서는 주로 안동 밖에서 이루어진다. 이들 문벌세족들은 안동 밖에서 다양한 신진사대부 세력과 혼인관계를 맺고, 그들에게 안동 일원의 전지들이 상속으로 분급됨으로써, 안동 일원으로 입향을 할 수 있는 근거로서의 역할을 하게 된다.

본래의 기지를 떠나 처계나 외계로부터 분급된 전지를 좇아 입향을 하게 되는 세력들은 대부분 사족 가문으로 성장을 하여 근근이 사대부로서의 위상을 유지하는 정도의 위세에 머물고 있다. 이 점은 별다른 연고 없이 안동을 찾아 들어온 진성 이씨 가문과 같은 경우에도 마찬가지였다. 후자의 경우에 속하는 가문들이 안동을 찾아 들어오는 것은 공민왕의 몽진 이후에 안동이 영남 일원에서 비교적 커다란 지역 거점으로서의 위상을 갖추었기 때문이다.

15세기의 전 과정 속에서 진성 이씨 일문은 안동 일원에 자리를 잡은 사족 가문으로서 지역적 기반을 확정하여 나갔다. 진성 이씨의 경우와 같이 15세기의 전 과정 속에서 안동에 입향을 한 여러 사족 가문들은 그렇게 지역 거점을 장악하여 나가는 노력을 점차적으로 수행하여나간다.

4 15세기의 안동 사림

15세기의 안동 사림은 각자의 지역 거점을 마련하여 주변 지역으로 성장을 거듭하여 나간다.

안동의 서쪽 지역에서는 소산마을을 중심으로 하는 신안동 김씨 세력이 성장하고 있었다. 소산마을에는 김삼근이 입향을 함으로서 안동 일원 신안동 김씨 가문의 가장 오래된 기지를 이루었다. 이 가문에서는 15세기 안동을 대표하는 보백당 김계행이 배출된다. 김계행은 50세가 넘은 나이에 과거 급제를 하니, 그의 출생이 1431년이고 보면 1480년대의 일이라고 하겠다. 그는 중앙 정계에 진출하여 대사성, 대사간 등의 요직을 역임하지만, 연산군의 폭정 이후 낙향한다. 그는 고향인 소산리로부터 분가하여 안동 동남쪽의 묵계에 옮겨 살게 된다.

보백당 김계행의 성공은 고려시대 안동의 벌족이었던 안동 김씨 일문의 재흥이라는 의미를 갖는 것이므로, 그 가문의 성가에 기대서 이루어진 것이라고 하겠다. 15세기에 지역 기반을 확장시켜나가고 있었던 안동 지역의 사림문화는 아직 이러한 인물을 길러낼 수 있는 문화적 토대를 갖추고 있지 못하였다. 그 점은 15세기 조선의 전 지역이 일반적으로 갖추고 있었던 문화적 조건이다. 앞에 들었던 선산 지역의 경우와도 마찬가지이다.

선산 지역의 경우 길재는 김숙자를 길러내고 그의 아들인 김종직을 길러내며, 김종직은 김굉필을 길러내지만, 이러한 길재학단의 역사적 전개는 선산 지역의 일반적 사림문화의 육성과는 관계가 없는 일이었다. 그것은 어떤 특별한 가문, 어떤 특별한 개인이 개별적 능력을 신장시켜서 이루어낸 성과라고 할 수 있는 것이다. 안동 지역에서 신안동 김씨 가문에 속하는 한 계열이 김계행 같은 인물을 길러내는 것과 같은 문맥 위에 놓여지는 것이다. 15세기의 조선은 각 지역에서 사림세력을 육성하여나가는 시기이지, 아직은 그 지역적 기반을 바탕으로 하여 어떤 뛰어난 인물을 길러내는 시기라고 할 수는 없는 것이다.

15세기 말기를 거쳐 16세기 전기가 되면 지역의 사림 세력은 비로소 하나 둘 지역의 인물들을 배출하기 시작한다. 안동 일원을 두고 이야기하자면, 이렇게 하여 지역문화가 육성하여 내는 몇몇의 인물들이 나타나게 되는데, 진성 이씨 가문의 송재 이우, 예안 이씨 가문의 농암 이현보, 안동 권씨 가문의 충재 권벌 같은 이들이 여기에 해당된다.

송재 이우는 이황의 숙부이다. 그를 길러내는 것은 진성 이씨 일문이다. 두루로 옮겨 앉은 진성 이씨 일문에서는 작은 벼슬을 역임하는 사례들이 나타나기는 하지만 문과 출신자는 보이지 않는다. 이 가문 최초의 문과 출신이 송재 이우인 것이다. 송재 이우의 출현은 아마도 이 가문의 대를 이어 전해진 소망의 결실이라 할 수 있을 것이다. 이

진성 이씨 두루종가 뚝향나무

가문이 가꾸어나갔던 소망은 두루 진성 이씨 대종가의 정문을 지키고 있는 뚝향나무가 방증한다 하겠다. 이 뚝향나무에는 송재 이우의 조부가 되는 선산부사 이정의 소망이 깃들어 있기 때문이다.

이 뚝향나무은 600년 정도를 한자리에 버티고 서서 진성 이씨 가문의 희망과 성공의 전 과정을 증언하고 있다. 처음에 그것은 소망의 성격을 띠는 것이었고, 나중에 그것은 영광의 모습을 갖는 것이었다.

이 뚝향나무를 두루의 집 앞에 가져다 심은 것은 선선부사 이정이다. 이정은 송안군 이자수의 손자인데, 음서로 벼슬살이를 시작하여 선산부사의 직위에까지 이른 인물이다. 이 뚝향나무가 여기 심어지게 되는 사정에 대해서는 이 나무의 앞에 쓰여 있는 안내문을 보면 알 수 있다.

"천연기념물 제314호, 안동시 와룡면 주하리.

이 나무는 수령이 550년으로, 높이 3.3미터, 가슴높이의 둘레 2.3미터, 밑동둘레 2.4미터, 가지 밑의 높이 1.3미터이고, 가지의 길이는 동쪽으로 5.8미터, 서쪽으로 6.3미터, 남쪽으로 5.5미터, 북쪽으로 5.7미터이다. 향나무와 비슷하지만, 곧게 자라지 않고 옆으로 퍼지면서 자란다. 이천 지방에서 많이 자라고 있다. 이 나무는 조선 세종 때 선산부사를 지낸 진성 이씨 이정이 평안도 정주판관으로 있을 때 가져와 심은 것이다. 이정이 약산산성 쌓기를 마치고 귀향하면서 세 그루의 향나무를 가지고 와서 도산면 온혜와 외손인 선산의 박씨에게 하나씩 주고 남은 한 그루를 이곳의 경류정에 심은 것이라 한다. 그러나 모두 죽고 이 나무가 유일하게 남아 있다고 한다."[4]

선산 박씨 가문의 뚝향나무에 대해서는 알지 못하겠으나, 온혜의 뚝향나무는 폭설로 얼어 죽었는데, 꺾꽂이를 하여 뿌리를 내린 후대목이 성목이 되어 여전히 온혜의 집 앞을 지키고 있다. 이 나무가 진성 이씨 일문의 역사 속에서 지니는 의미를 알게 하는 부분이다.

조선시대의 사대부 가문에게 있어서 문과 급제자를 낸다는 것은 가문의 위상을 크게 드높이는 일이라는 점을 부인할 수 없다. 정주판관이라는 작은 벼슬자리를 갖고 있기는 하지만 문과 출신자는 아닌 선산부사 이정이었고, 공신을 배출한 가문이기는 하여도 전 왕조의 공신이며, 시조로부터 자신에 이르기까지 아직 한 명의 과거 급제자도 배출하지 못하고 있는 진성 이씨 가문의 이정에게 있어서는, 가문

---

4) 진성 이씨 두루 대종가 뚝향나무, 안내문.

을 융성시킬 문과 급제자의 출현이야말로 꿈에서조차 소망하는 일이 었을 것이다. 그가 집 입구에 이 뚝향나무를 심어놓은 것은, 바로 그 뚝향나무처럼 천년을 푸르게 살아내려 갈 가문의 역사를 써나가고자 하는 의지의 표현이었던 것이다.

이정의 뚝향나무로 대변되는 진성 이씨 일문의 소망은 이정의 손자인 이우에 이르러서 결실을 맺게 된다. 1498년의 일이다. 송재 이우는 1469년에 태어나 1517년까지 살았으니, 30세에 과거에 급제하게 되는 것이다. 그와 동방으로 과거에 급제하는 동향의 인물로 농암 이현보가 있다.

이현보는 1467년에 태어나서 1555년까지 살았던 사람이니, 1498년이라면 32세 되던 때라고 하겠다. 분천의 영천 이씨 일문은 이현보의 조부 되는 이헌 시대에 예안으로 입향을 한다. 그리하여 3대를 거치고 나서 가문을 번성시킬 인물을 배출하게 되는 것이다.

15세기 말은 이렇게 안동 일원의 지역 사림 사회에서 과거 급제자가 하나 둘 배출되는 시기이다. 1507년에는 나중에 봉화 유곡에 옮겨 살게 되는 충재 권벌이 과거 급제를 하고, 1519년에는 예안 오천의 광산 김씨인 운암 김연이 과거에 급제한다. 15세기의 전 과정 속에서 안동 예안 일원의 사대부 사회는 나름의 성장을 거듭하여, 16세기로 넘어드는 시기에는 일정한 지역문화적 기반을 갖추게 되는 것이다.

이황은 이러한 지역문화적 기반을 상속한다. 그리하여 16세기 안동의 문화 지형을 만들어나가는 주역으로 성장을 하게 된다. 이황에게 전하여지는 지역문화의 유산은 두 종류이다. 하나는 15세기의 안동사림이 가꾸어낸 지역문화 유산이고, 다른 하나는 선산 지역의 길재학단이 가꾸어낸 지역문화의 유산이다. 전자는 이황의 삶과 육화되어 있는 것이고, 후자는 역사적 전개 양상을 통하여 이황에게 전해지는 지역문화의 유산이라고 하겠다. 전자에 기반하여 이황은 16세기 안동의 지역문화를 앞장서서 이끌어나가는 선구자적 기능을 수행하고, 후자에 기반하여 이황은 16세기 조선의 학문을 역사적 지형을 갖는 것으로 만들어내는 결정적 역할을 수행하게 되는 것이다.

2장

퇴계 이황의 일생

1 젊은 시절의 퇴계 이황

뚝향나무의 주인공인 두루의 선산부사 이정에게는 세 아들이 있었다. 그중 셋째아들인 이계양은 봉화훈도를 역임하였는데, 온혜에 기지를 정하여 진성 이씨 일문의 한 갈래가 새롭게 성장하여나갈 수 있는 기틀을 마련한다. 뚝향나무 한 그루를 주어 집 앞에 심게 하면서 선산부사 이정이 가졌던 가문의 영광된 역사를 이루고자 하는 꿈은 그대로 노송정공 이계양의 것이 되었다. 노송정공 이계양은 자신의 아이들을 잘 가르쳐서 대를 이어 내려온 가문의 꿈을 이루고자 하였다.

이계양에게는 두 아들이 있었다. 큰아들은 이식이고 작은아들은 이우이다. 이우는 과거 급제를 하여 진성 이씨 일문의 꿈을 이루어주었

진성 이씨 온혜종가 성림문 현판

다. 이식은 과거 급제는 하지 못하고, 진사로 타계하였다. 그러나 그
는 전부인인 의성 김씨와 후부인인 춘천 박씨, 두 부인에게서 6남 1녀
를 둠으로서 진성 이씨 세계상 가장 번성된 계열을 이루었고, 6남 중
네째인 이해, 여섯째인 이황이 과거급제를 함으로써 진성 이씨 세계
상 또한 가장 성공적인 계열을 이루어내었다. 특히 여섯째 이황은 조
선 중기 사회의 설계자로서, 이후의 사림 사회에서 결정적인 역할을
수행하는 위상을 확보하게 됨으로써, 진성 이씨 가문을 단숨에 조선
역사의 중심으로 진입시키는 위업을 달성한다. 이황을 제외하고 조선
을 이야기하기 어려운 시대로 들어가는 것이다.

이황은 1501년에 온혜의 노송정 종가에서 출생한다. 그가 출생하는 노송정 종가는 오늘날 퇴계태실로 더 잘 알려져 있다. 퇴계태실은 이 집의 방 하나에 지나지 않지만, 이 집은 대문에서부터 퇴계 이황의 태몽과 관련된 현판을 내걸고 탐방객을 맞고 있는 것이다.

「성림문중수기」라는 제목을 내걸고 있는 이 현판에는 다음과 같은 글이 새겨져 있다.

"문은 예안현의 용두산 아래 온계리에 있다. '성림'이라 이름붙인 것은 그 꿈이 상서롭다는 점을 밝히고 있는 것이다. 꿈은 생각에서 기인한다. 낮에 생각하던 것은 밤에 반드시 꿈으로 꾸게 되는 것이니, 분주하게 움직이던 생각이 생동하기 때문이다. 어찌 족히 상서로운 것이라고만 말할 일이겠는가? 그 전해지는 이야기를 얻어들었다거나 그 주공을 보았다거나 하는 것은 모두 꿈이다. 그 두 꿈을 꿈으로 꾸게 된 것은 스스로 꿈이 될 수는 없는 것이니, 반드시 꿈이 되도록 만든 것이 있을 것이다. 누구인가? 하늘일 따름인 것인가? 연산군 7년 신유년 11월 기해일 신시에 퇴계 이선생이 온계리 집에서 탄생하시기 하루 전날 밤, 선생의 모친 정경부인 춘천박씨께서는 공자가 문 안으로 들어오는 꿈을 꾸었으니, 위대한 꿈이로다. 세월로 치면 2천년이나 지난 후이고, 거리로 보면 몇 만 리 가까이나 서로 떨어져 있는데, 공자가 상서로운 기린, 상서로운 봉황과도 같은 모양으로 갑자기 문에 나타나니, 진실로 성현 같은 자식이 탄생되려는 것에 감응하여 잠 속에 나타난 것이었다. 이것 역시 하늘이 꿈꾸도록 시키고 문 안으로 들어오도록 시킨 것이다. 아! 때는 송나라로부터 이미 오랜 시간이 흘러 무이산도 고적하기만 한데, 하늘이 우리 동방을 사랑하여 도학의 대종사를 우리나라에 탄생시켜 여러 성현들이 서로 전하여주지 못한 도통을 잇고, 영원한 이치를 밝히고자 한 것이다. 그러므로 하늘이 보태주고 땅의 신령이 도모하여 수천만년 동안이나 비밀스럽게 아껴왔던 신령하고 맑은 기지를 선생의 조부이신 판서공에게 처음 내려주게 된 것이다. 판서공은 햇빛 밝게 비치던 좋은 시절에 황무지를 개간하여 집을 높이 세웠고, 늙은 소나무 한 그루를 뜰 아래 심었다. 그 뿌리가 깊게 뻗어 내리고 그 잎이 무성하게 어울려 3대가 지나서는 해동부자를 탄생시키기에 이르렀으니 어찌 하늘이 시켜 이룬 일이 아니라 하겠는가? 위대한 일이로다. 문은 선생 태실의 앞에 자리 잡고 있고, 사적은 나의 선조이신 학봉 문충공께서 찬술한 선생언행록 속에 보인다. 이 문을 중수한 것은 판서공 사손인 범교이니 선조의 뛰어남을 지킬 수 있게 한 사람이다. 을사년 납월 초하루 후학 문소(의성) 김주덕 삼가 지음. 경술 4월 상순 15대 후손 선교 삼가 씀."[5]

공자가 문 안으로 들어오는 꿈을 꾸고 난 다음날 춘천 박씨는 퇴계 이황을 출생한다. 연산군 7년, 신유년, 1501년 11월 25일의 일이다. 부친 이식은 이황이 2세 나던 해 6월에 타계한다. 6남 1녀 중 장남이 겨우 성가를 하고, 나머지는 모두 어린 나이였던 시기라고 한다. 이황 「년보」는 이 시기 그의 집안의 곤궁함과 모친이 일가의 생활을 이끌어가기 위해 고단하게 노력했던 모습을 다음과 같이 표현하여 준다.

"부인께서는 사내자식들은 많은데 너무 일찍 과부가 되었으니 장차 가문을 유지하지 못하게 되지나 않을까 괴롭게 생각하여서 더욱 농사일을 단속하고 누에치는 일을 열심히 하여 옛 가업을 잃지 않으려 하였다. 자

---

5) 진성 이씨 온혜종가 성림문 현판.

식들이 점차 자라나게 되자 가난한 살림살이에서 덜어내어 멀리 가까이에 취학하게 하였다. 매양 문예에만 힘쓰지 말고 더욱 한 몸을 지키고 조심스럽게 행하는 것을 무겁게 여기라는 훈계를 덧붙였다. 아직 상을 다 마치기 전부터 '세상사람들은 언제나 과부의 자식이라면 가르친 것이 없다고 나무라곤 하니 너희들이 그 공부를 백배는 더 하지 않는다면 어떻게 이런 이야기를 듣지 않을 수 있겠느냐' 하며 절실하게 경계하였다."[6]

이황은 가르쳐준 스승을 따로 갖고 있지 않다. 그에게 가르침을 준 최초의 스승은 인근에 살던 노인인데, 천자문을 배웠다고 한다. 본격적인 가르침은 숙부 송재공 이우에게서 받았다. 12세에 숙부로부터 『논어』를 받아 익히기 시작했던 것이다. 매양 효성과 공경으로 경계를 삼는 모습을 보여 주었고, 이치에 대한 질문을 던져서 숙부를 놀라게 만들 정도였다는 것이다. 숙부 이우는 그런 이황의 모습을 보면서 칭송을 금하지 못하였다고 한다. 그러니 이황의 스승을 들자면 바로 숙부 송재를 들 수밖에 없을 것이다. 20세에 이르면 이황은 『주역』을 읽느라 침식을 잊는 모습을 보여준다. 특히 20대의 초년에 그를 사로잡았던 이 공부는 그의 건강을 해칠 정도에까지 이른다. 이후 그는 늘 마르고 초췌하여지는 병을 달고 살아가게 되었던 것이다.

21세에 이황은 허씨 부인을 맞아 혼인을 한다. 23세에는 아들 이준을 낳는다. 23세에는 1차 성균관 유학을 하기도 한다. 27세에는 둘째 아들 이채를 낳는데, 이해에 허씨 부인이 타계한다. 31세에 권씨 부인을 맞는다. 33세에 2차 성균관 유학을 한다. 34세에 급제하여 승문원

---

6) 『퇴계선생문집』 「년보」 권1, 2세 부분.

권지 부정자로 보임된다.

37세에 모친 춘천 박씨가 타계한다. 39세에 복을 벗자 홍문관 부수찬으로 제수된다. 45세가 되던 해 10월까지 이황은 크고 작은 벼슬을 전전한다. 45세 되던 해 7월에 인종이 승하하고 명종이 즉위하게 되자 조정의 풍향은 크게 달라진다. 문정왕후와 윤원형의 세상이 되는 것이다. 을사년의 사화는 윤원형의 세상을 열기 위한 한바탕 피바람이었다. 10월에 권신 이기는 우상이 되어서 사림을 크게 해치는 일을 마무리하려 한다. 임금이 바뀌는 큰일을 당하여 조정에 한바탕 광풍이 불었으나 아직 물러나지 않은 사람이 있다 하면서, 이기는 이천계, 이황, 권물, 이담, 정황 등을 파직시키라고 주청을 올린 것이다. 이황은 파직되었다가 이기의 조카 이원록의 구원으로 다시 복직이 된다. 1545년, 을사사화의 광풍이 이황에까지 미친 것이지만, 이황은 크게 상처를 입지는 않고 모진 바람을 피해갈 수 있었던 것이다.

2 퇴계 이황과 백운동서원

을사사화는 조정에 몸담고 살던 관인들에게 끔찍한 경험을 선사하였다. 인종이 즉위 1년을 채우지 못하고 타계하고, 명종이 즉위하자 사림이 두 패로 나뉘어 살육을 벌인 것이 을사사화였다. 대윤 소윤의 권력다툼에 사림은 속절없이 쓸려 들어가 피를 뿌려야 하였다. 그렇게 사림의 피를 제물로 삼고 문정왕후와 윤원형의 명종 시대가 열린 것이다. 이황은 그 피바람의 한가운데에서 가까스로 비켜날 수 있었다. 이원록의 구원이 아니었다면, 이황은 목숨을 도모할 수 없었을 것이다. 그러나 사화의 광풍을 벗어나긴 하였어도, 이황은 조정에서 버티고 앉아 있을 수가 없었다. 그렇지 않아도 10대의 후반에 겪었던 기묘사화의 피바람을 아직 기억하고 있는 이황이었다.

1519년, 청년 시절의 초입에서 이황은 조광조와 그를 따르던 일단의 사류들이 하루아침에 죽어나가는 역사를 경험해야 하였다. 20대 초반, 23세의 나이로 성균관 유학을 하였을 때까지 그 미친 역사의 흔적은 서울의 하늘을 덮고 있는 우울한 그림자로 아직 남아 있었다. 그것은 그가 몸으로 직접 겪은 일은 아니었지만, 그렇다고 하여서 조정에 몸담고 살아가기를 꿈꾸면서 과거 공부를 하고 있는 청년 이황이 아예 무시할 수 있는 일도 아니었다. 생리적인 두려움의 기억은 그의 의식 깊숙이 봉인되지 않는 낙인을 찍어 놓았던 것이다.

청년기의 사화는 그가 눈으로 직접 목도하지 못한 것이었다. 그의 숙부인 송재 이우도 그 시기에는 이미 타계한 후였다. 만약에 송재공 이우가 여전히 관직 생활을 하고 있었다면 어떤 형식으로든지 기묘사화는 온혜의 진성 이씨 일문의 삶에 영향을 끼쳤을 것이다. 조광조 편에서 해를 당하든, 조광조 반대편에서 이익을 향유하든, 어떤 형식이로든 관련이 될 수밖에 없었을 것이다. 그러나 송재공 이우가 기묘년 보다 두 해 앞서 타계함으로써 기묘년의 사화는 온혜의 진성 이씨 일문에게는 전혀 무관한 일로 스쳐 지나갈 수 있었다.

그러나 을사년의 일은 이황이 직접 겪은 일이었다. 죽음의 칼끝을 피했다는 것은 소름끼치는 경험이었다. 그것은 청년기에 멀리서 구경하면서 의식 밑바닥에 만들어 가졌던 기묘년의 두려움까지도 부활시켜내었다. 이황은 조정에서 물러나는 길을 선택하였다.

46세 되던 해 이황은 휴가를 얻어서 고향으로 돌아온다. 장인 권질의 장례를 치렀고, 부인 권씨를 잃었다. 벼슬이 주어졌으나 나아가지 않고, 양진암을 짓고 들어앉아 칩거하였다. 47세가 되던 해 안동부사로 제수되었으나 나아가지 않았다. 8월에 홍문관 응교로 소환되어 서울로 올라갔으나 조정은 여전히 혼란스럽기만 하였다. 외직을 청하여 48세 되던 해 정월에 단양군수로 보임되었다. 단양에 자리를 잡은 지 한 달도 채 되지 않은 시기에 아들 이채가 타계하였다. 그해 10월에 형님 대헌공 이해가 충청감사가 되어 내려오자 임지를 바꾸어 풍기로 옮겼다.

3년 남짓한 세월 동안에 이황의 주위에서는 참으로 많은 일들이 일어났다. 을사사화는 중앙정계에 정이 떨어지게 만들어 주었고, 2년 사이에 그의 주변에서 죽어나간 여러 주검들은 그의 인생의 활기를 앗아갔다. 그는 외직을 청하여 단양으로 나가 있는 동안에도 그리 활기 넘치는 나날을 보내지 못하고 있었다. 그런 과정 속에서 48세 되던 해 10월, 이황은 풍기군수로 직책이 바뀌어져 보임되기에 이르는 것인데, 풍기에서 그를 기다리고 있었던 것은 바로 백운동 서원이었다.

백운동 서원은 주세붕이 풍기군수 시절에 만들어 놓은 것이다. 주세붕은 1541년, 중종 36년에 안향의 고향에 안향을 배향하는 사묘를 세웠다. 2년 뒤, 주세붕은 그 사묘를 확장하여 백운동 서원으로 만든다.[7] 이황은 이 백운동 서원을 보고 찬탄을 금치 못한다.

그렇지 않아도 교육에 관심이 많았던 이황이다. 단양에서 그가 가장 관심을 기울였던 것은 향교였다. 그 점은 풍기에 와서도 마찬가지였다. 그러나 향교는 국가의 교육기관일 따름이었다. 그에 반하여 서

---

7) 윤천근, 『퇴계 이황은 어떻게 살았는가』, 너름터, 2003년, 137쪽.

소수서원

원은 지역 사림이 중지를 모아 지역 선현을 따라 배우도록 이끌어갈 수 있는 보다 효과적인 교육의 전당이 될 수 있었다.

　이황은 송나라 시대가 이 서원 문화의 온상임을 떠올렸다. 북송시대에는 네 개 서원에 지나지 않았으나 남송에 이르러서는 우후죽순처럼 늘어났고, 사액서원이 적극적으로 장려되었던 것이다. 나라와 군왕에 의하여 장려되고 지원되며, 지역의 사림이 자기 지역의 큰 선생을 따라 배우는 일을 적극적으로 수행할 때, 서원은 새로운 교육의 전당이 될 수 있다고 이황은 믿었다. 이제 지역에 서원이 나타났으니 나라의 지원이 뒤따라야 할 일이라고 이황은 주장한다. 48세가 되던 해 10월로부터 49세가 되는 해 12월에 이르기까지, 풍기군수로 재직하고 있으면서 이황은 두 가지를 주목하고 있었다. 하나는 바로 백운동 서원이라는 새로운 형태의 교육기관이고 다른 하나는 교육에서 활로를 찾고자 하는 그 자신의 염원이었다. 하나는 현실 공간 속에 나타나 있는 것이고 다른 하나는 그의 마음속에 똬리를 틀고 있는 것이다. 그 두 가지가 서로 손을 맞잡으며 이황의 삶의 지향을 새로운 지평으로 끌어올리려 하고 있었다.

49세가 되던 해, 이황은 지방관으로서의 벼슬생활에도 더 이상 흥미를 느낄 수 없게 되었다. 그는 관직에서 벗어나는 것만을 희구하였다. 그 해 9월 이후, 이황은 사직소를 올리는 것으로 소일하다시피 하였다. 사직서 속에서 그는 백운동 서원을 사액서원으로 만들어 주기를 청원한다. 그것은 그의 관심이 벼슬 자체가 아니라 서원, 또는 교육에 집중되어 있음을 알게 하는 부분이다. 풍기군수의 상급자인 경상감사에게 세 번 사직을 청하는 상소를 거듭 올리고 나서, 이황은 결과를 기다리지도 않고 짐을 싸서 온혜로 돌아간다. 그의 입장은 3번 거듭 사직을 청원한 관리에게는 사직이 당연하게 윤허되는 것이 예법이라는 것이었지만, 그래도 이것은 임지를 무단이탈한 경우라고 하지 않을 수 없는 일이었다. 이 일로 이황은 50세 되던 해 정월, 고신을 박탈당하고 직첩이 2등 감하여지게 된다.

백운동 서원을 사액서원으로 만들어 달라는 이황의 주청은 후에 받아들여지게 된다. 서원의 시대, 국가가 장려하는 새로운 교육기관이 이끌어가는 시대는 그렇게 개막되는 것이다.

3 교육의 시대 또는 지역문화의 시대

이황은 온혜의 고향으로 돌아온다. 양진암은 얼마나 허술하게 지었던지 몇 년 지나지도 않았는데 벌써 허물어져 있었다. 새로 집을 짓기 위하여 터를 찾았다. 우여곡절 끝에 선택된 곳이 상계였다. 상계는 토

안동문화로 보는 한국학

계의 상류라는 말이니, 오늘날 계상서당이 복원되어 있는 곳에서 바로 물을 건너 논 가운데 바위 하나가 버티고 있는 지역이었다. 상계에 얼기설기 집을 지어 자리를 잡고 한서암이라는 이름을 붙였다.

이황의 나이 50세, 바야흐로 벼슬살이를 버리고 은거하여 만년을 보내고자 하는 꿈을 품고 고향으로 찾아든 것이었다. 토계리는 온혜로부터 좁직한 시내를 타고 내려 낙강에 이르는 주변 지역을 이르는 것이니, 아마도 이황이 어린 시절부터 즐겨 다니며 노닐던 지역일 것이다. 온혜의 기지 주변을 피하여 좀 옆으로 물러나 앉으면서 토계 지역을 취한 것이라고 하겠다.

이 지역을 거점으로 하여 퇴계 이황의 만년 20년의 삶은 펼쳐진다. 만년의 그의 삶이 지니는 의미는 그의 시 한 편을 통하여 보다 잘 확인할 수 있다.

"몸이 물러남은 못난 분수에 만족함이나
배움에서 물러남은 늙어 노쇠함을 걱정하는 탓이리
퇴계 위쪽에 비로소 자리 잡고 살게 되니
흐르는 물을 보며 날마다 성찰하리라"[8]

이 시는 양진암을 지으면서 썼던 시와 연관되어 이해될 수 있는 것이라 생각된다.

"동편 높은 멧기슭에 새로이 집 지었으니

---

8) 『증보퇴계전서』 4책, 121쪽, 「퇴계」.

退溪
身退安愚分
學退憂暮境
溪上始定居
臨流日有省

金左坤

퇴계 시비

서고 누운 바위들, 세상에서 멀기만 하네
안개 구름 아득히 메 사이에 머물러 있고
실개울은 빙 둘러서 들판 가를 흘러가네
만권 서적에나 담아낼 한 생애를 기꺼이 맡겨두고
마음 밭을 쟁기질하며 오히려 찬탄 한 자락을 구하누나
시승을 향해서는 진실로 도를 찾는다 하지를 말라
정말로 쉼이 아니라 병들어 쉴 따름일세"9

9) 『퇴계선생문집』 권1, 28면, 「동암언지」.

이 두 시는 4년여의 시차를 두고 쓰인 것이다. 아래 것은 반쯤 은거
하면서 지은 것이고 위의 것은 아예 물러나면서 지은 것이다. 그러나
이 두 시 속에 흐르는 정서는 동질적이다. 자연 속으로 들어서 있으되
자연이 되지는 못하는 어중간함이 그 속에는 있는 것이다. 자연과 인
간 사이에 어중간하게 걸터앉아 있는 정서의 원적지는 바로 그가 인
간세상에 대한 지극한 걱정을 멈추지 못하는 골수 유학자라는 의식
속이다. 이 점은 도연명의 그것과 같으면서도 조금 다르다.

> 사람들 사는 세상 속에 집 하나를 얽어 살긴 하나
> 수레소리 울리며 찾아드는 사람 없네
> 그대에게 어찌 그럴 수 있나 물어보긴 하지만
> 땅 외지면 마음도 멀어지는 법이지
> 동쪽 울 아래서 국화꽃을 따며
> 멀리 남산을 바라보니
> 산기운 너머로 저무는 해가 아름답고
> 새들은 짝을 지어 집으로 날아드네
> 이 속에 인생의 참맛이 있으나
> 말해 보려 하는 순간 이미 말을 잊었어라[10]

　도연명이 자연 속으로 들어가 얻어 가진 것은 '인생의 참맛'이지만,
이황이 자연 속으로 들어가면서 손 안에 움켜쥐고 있는 것은 '날마다
계속하여야 하는 성찰'이다. 공부가 더 치열해질 수밖에 없는 선택이

---

10) 장기근, 『陶淵明』, 「飮酒」 제5, 태종출판사, 1978년, 131~132쪽. (글자 일부 수정)

이황의 수중에는 쥐어져 있는 것이다.

50세 이후의 이황은 엄밀하게 말하자면 수신의 공부를 치열하게 수행해나가는 유학적 학인의 모습이다. 이황은 이 공부를 이치의 아름다움을 인격으로 완성시켜나가는 차원에서 이해한다. 이러한 공부의 치열성이 같이 손잡고 공부하고자 하는 학문의 동지들을 이황 주변으로 모여들게 한다. 그것은 이황에 대해서 익숙하게 잘 아는 사람들로부터 시작된다. 가문의 젊은 사람들이 먼저 모여들고, 지역의 젊은 사람들이 뒤따랐다. 그리고 전국의 여러 지역 젊은이들이 하나 둘 모여들게 된다. 가문의 사람들도 대부분 지역적 반경 안에 놓여지는 사람들이고 보면, 이황 주변에 모여 학문적 동지로서의 연대를 이루어냈던 사람들은 안동 지역과 직·간접적인 관계를 맺고 있었던 사람들이라고 하겠다. 이황의 역할이 안동의 지역문화를 견인하여 나가는 것이었음을 말할 수 있게 하는 이유이다.

이황은 스스로 치열한 수신의 공부를 하고, 그의 주변에 모여든 학생들을 훈도하는 역할을 수행한다. 학자이면서 교육자로서의 삶을 영위하여 나아간 것이다. 50세 이후 70세에 이르기까지, 이황의 만년 20년 세월은 이러한 모습을 갖는 것이었다.

학자로서 이황은 조선 성리학의 학문 지형을 완성하는 역할을 수행한다. 이황 이전의 조선 성리학과 이황 이후의 조선 성리학은 성격부터가 달라지는 것이다. 이황 이전의 조선 성리학은 조선의 성리학이라 할 수 있는 것이라면, 이황 이후의 조선 성리학은 성리학의 조선으로 바꾸어져나가는 것이다. 그것은 성리학이 단순한 학문 유형의 하나로 유통되고 있는 시기이냐, 아니면 시대를 대표할 수 있는 토대로서의 위상을 갖춘 시기이냐 하는 것으로 나누어져 이해될 수 있는 문제일 것이다. 이황 이후의 성리학은 시대와 역사의 토대로서의 기능을 수행하게 되는데, 이러한 기틀을 완성시켜내는 데에는 이황이 커다란 역할을 수행하였다고 할 수 있다.

교육자로서 이황은 무수한 조선 중기의 인재들을 길러내는 역할을 담당하였다. 15세기에 전국적으로 지역 기반을 만들어낸 조선의 사림 세력은 새로운 단계로의 진화를 이루어낼 준비를 갖추고 있었다. 그러나 역사는 사화의 시대로 들어가서 중앙 정치 무대는 혼란과 갈등의 양상을 노정하기만 하였다. 중앙의 정치 무대의 변혁은 크게 이루어지지 못하고, 정쟁만이 거듭된다. 피비린내를 풍기는 정쟁은 중앙의 정치 무대에 염증을 느낀 일부의 관인들을 각 지역의 연고지를 좇아 흘러들어가게 하였다. 각 지역에 터전을 구축하고 있던 사림들은 이런 방식을 통하여 인재를 공급받는 행운을 얻기도 하였다.

어쨌든, 16세기 후반의 안동 사림은 일정한 지역적 기반을 이미 갖추고 있었다. 그런 안동 사림에 막 현직에서 물러나 돌아온 이황은 스승이 될 만한 조건을 구비하고 있었다. 더구나 정치나 행정보다는 학문과 교육을 더 좋아하는 품성을 갖춘 이황이었다. 지역의 젊은 인재들은 이런 이황을 중심으로 모여들게 된다.

이황의 교육 사업은 그 부친의 염원을 계승하는 것이기도 하였다.

"내가 끝내 세상에 출세하지 못하면 여기(영지산 뒷줄기 시냇물이 합쳐지는 곳)에 집을 한칸 마련하고 글 읽는 생도들을 모아 글을 가르친다면 내 뜻을 저버린 것은 아니리라."[11]

---

11) 권오봉, 「퇴계의 서당교육의 전개과정」, 『열화』 13호, 59쪽.

이것은 이황의 모친 춘천 박씨가 어린 이황에게 들려주곤 하였다는 그 부친 이식의 평생 소망이었다고 한다. 작은 글방 하나 내고 아이들에게 글을 가르치는 것, 그것은 이식의 꿈이었다. 그것은 이식의 시대가 이미 글방 선생이 요청되는 시대의 초입에 들어서 있음을 의미한다. 그 점은 바로 지역에 사림 기반이 갖추어져 있다는 점과 상호 연관될 수 있는 문제이다. 이식의 시대에는 이미 이런 지향이 나타날 수 있는 조건이 갖추어지던 때이고, 그로부터 반세기 정도 세월이 더 흐른 뒤, 이황이 현직에서 은퇴하던 시대에는 이런 조건이 이미 충분하게 성숙되어 있던 때라고 할 수 있다. 이미 그것이 가능한 시대가 되었고, 벼슬살이에 덧정이 없어지기도 하였고, 거기다 백운동 서원 같이 교육의 새로운 기구가 될 만한 것을 만나 잔뜩 심리적으로 고양되기도 하여서, 결국 이황은 귀향을 결행하게 되는 것이다.

귀향 이후 그의 교육 사업은 점차 궤도를 잡아 나아가게 된다. 20년 동안 지속된 그의 교육 사업은 전반기와 후반기로 나누어 볼 수 있다. 전반기 10년은 계상서당의 시대이고, 후반기 10년은 도산서당의 시대이다.

계상서당은 한서암 주변으로 찾아드는 학동들을 수용하기 위하여 물 건너 가파른 골짜기의 끝에 급하게 만든 것이다. 서당의 구조를 갖추기 전에 이미 학동들이 먼저 있었으니, 한서암의 좁은 집으로는 학동들을 기거하게 할 수 없는 일이었다. 그렇다고 하여서 학동들을 매양 먼거리를 오가며 가르침을 받으라 할 수도 없는 문제였다. 따라서 집 근처의 적당한 공간을 찾아들어가 작은 학당을 만들어 학생들을 수용했던 것이다. 오늘날 한서암 주변에는 퇴계 종택이 자리를 잡고 있고, 계상서당 터에는 작은 집이 복원되어 있지만, 이런 것들은 당시

퇴계 종택

의 것들에 비해서는 많이 규모를 갖춘 것이라는 점을 감안하여야만 한다.

계상서당 시대의 모습을 확인할 수 있는 것으로는 다음의 시가 있다.

"비바람 지나간 뒤 작은 집이 기울고는
돌 평상 부들방석 저절로 맑으니라
서생은 언약 있어 쑥절에 찾아왔고
밭지아비 요구 없이 들 가까이 이웃했네
병 수양에 우연히도 삼경(세 갈래길)취미 이룩되고

한가롭기 사랑하여 낚시마저 쉬었노라

어떡하면 내 뜻대로 요금을 비껴안고

태곳적 그 소리를 감상하여 들어볼꼬"[12]

이것은 입추일 계당에서 지은 세 수 중에 세 번째로 수록되어 있는
것이다. 계당의 집이 세 갈래 길을 열어놓고 있는 것이었으며, 돌 평
상에 부들방석을 깔고 기거하는 곳이었고, 비바람에도 집이 쉽게 기
울 정도였음을 알려준다. 세 갈래 길은 은자의 삶을 의미하는 상징이
다. 그 연원은 오래되었으니, 한나라 장후라는 사람의 일로부터 비롯
된다.

"(장후는) 벼슬을 버리고 고향으로 돌아와서 사립문을 만들어 달고, 삽
작거리에 세 갈래 길을 내어 구중, 양중이라는 두 명의 친구와만 교유하
였다는 고사 …(중략)… 구중, 양중과 장후, 이 세 명의 은자 사이만을 소
통시키는 역할을 하는 것이 세 갈래 길인데 …(중략)… 도연명이 「귀거래
사」 속에서 '세 갈래 길이 황폐하여졌는데 소나무와 국화꽃은 그대로 남
아 있구나'라고 노래함으로써 유명하여졌다."[13]

도연명으로부터 은자의 상징으로 완성되어 한자문화권의 전통 속
에 오래 두고 흘러내린 '세 갈래길'을 이황도 그 은거 이후의 생활을
암시하는 것으로 중요하게 사용하고 있는 것이다. 그 속에는 은둔자

---

12) 퇴계학연구원 번역, 『국역퇴계전서』 1책, 1992년, 231쪽.

13) 윤천근, 『퇴계 이황은 어떻게 살았는가』, 너름터, 2003년, 179쪽.(퇴계학연구원, 『퇴계선생언행록』,
    112쪽, 주석번호 14 참조.)

안동문화로 보는 한국학

의 생활은 아니었지만 은둔자의 마음을 가지고 살아가고자 하였던 이황의 의식의 지향이 담겨져 있는 것이라 하겠다. 실제로 그의 세 갈래 길은 주중이나 양중을 향해서만 열려 있는 것이 아니라 그를 찾아 모여드는 많은 학동들을 향해 열려 있었기 때문이다. 이 계상서당으로 찾아들었던 많은 사람들 중에는 율곡 이이도 있었다.

계상서당이 급조한 교육장의 의미가 강한 것이었다면 도산서당은 계획하고 공 들여 만든 교육장의 성격을 갖는 것이다. 계상서당에서의 교육은 은퇴 후 기지를 정하고 집을 지어 들어앉는 일만으로도 정신이 없었던 이황의 주변으로 학동들이 하나 둘 모여 들면서 저절로 행하여진 것이다. 따라서 배움터를 치밀하게 고민하고 서당을 만든 것이라고 할 수는 없다. 그러나 그 급조한 배움터가 10년도 채 되지 않아서 무너지고 퇴락하여지자 이황은 본격적으로 꿈에 그리던 배움터를 제대로 만들어내고자 하는 열망에 사로잡혀서 기지를 찾아서 정하고, 집의 구조를 고민하고, 집 주변의 자연환경을 설치하는 등의 일에 매진하게 된다. 그리하여 이황의 철학을 반영하는 배움터가 완성되기에 이르는 것이다. 도산서당의 완성인 것이다.

도산서당은 사실 이황 교육사상의 집대성이라 할 수 있다. 오늘날 도산서원에 가 보면 우리는 공간이 둘로 분할되어 있는 것을 보게 된다. 동서로 광명실을 두고 계단 위에 자리 잡고 있는 진도문이 두 영역을 가르는 경계이다. 윗부분은 도산서원 영역이다. 이황 사후에 조성되는 곳이니 이황의 공간이 아니라 퇴계학의 공간이라 할 수 있다. 진도문 아랫부분은 도산서당 영역이니 온전히 이황의 공간이라고 하겠다.

도산서당 영역은 세 부분으로 나누어 보는 것이 좋다. 하나는 도산

도산서당 전경

서당이니, 이황이 거처하면서 공부하고 가르치던 영역이다. 다른 하
나는 농운정사이니 제자들이 머물며 공부하던 곳이다. 나중에는 역
락서재가 지어져서 보다 나이가 어린 학동들의 공부처가 되었다. 마
지막 하나는 절우사이니 이황이 자기 주변으로 끌어들인 자연 영역
이다. 이 영역이 지니는 의미는 그 부여받고 있는 이름 자체로부서 추
상될 수 있다. '절개 높은 벗들을 모신 장소'라는 이 이름 속에는 자
연으로부터 치열하게 배우고자 하였던 이황의 공부 방식이 갈무리되
어 있다. 이것과 동질적인 것으로는 정우당이 있다. 도산서당의 암서
헌 마루 끝에 서면 남쪽으로 열린 좁직한 안뜰의 끝으로 방형의 작은
연못이 지어져 있는 것이 보인다. 이 연못 속에는 연꽃이 심어져 있는

안동문화로 보는 한국학

데, 그것이 바로 '정우', '깨끗한 벗'이다. 이것 역시 이황에게 청정함을 가르치는 자연 속의 벗으로 특별히 선택되어 배치돼 있는 것이다.

도산서당은 무엇보다도 이황의 치열한 공부의 현장이다. 그러나 그의 치열함은 부드러움과 동행하는 것이었다. 도산서당 자체가 자연 속에 들어 앉아 있으며, 그곳에서 자연은 부드럽게 흘러내리는 산기슭과 그 아래 휘돌아가는 낙강의 물길이 조화롭게 어울려 있는 것이라는 점을 주목할 필요가 있다. 이런 자연 속에서 자연 배우기를 치열하게 행하였던 것이 이황이다. 그의 공부의 치열함은 '인욕을 멀리하기'의 차원에서 수행되는 것이며, 그 결과로서 그가 얻어 갖고자 하였던 인격은 자연의 아름다움을 구현하는 존재의 모습이었던 것이다. 학생들이 도산서당에서 배우는 것도 그런 이황의 공부와 삶의 방식을 따라 익히는 차원의 것이었다.

1570년 12월 8일, 한 달여를 병석에 누워 있던 퇴계 이황이 타계하였다. 유명으로 남긴 말은 '국장을 치르지 말아라', '유밀과를 쓰지 말아라', '큰 비석을 쓰지 말아라' 하는 등의 것이었고, 임종하는 날 주문한 것은 '매화분에 물을 주어라'였다.

3장

퇴계학 시대의 안동과 혈족주의 문화

1 혈족문화의 완성과 조선의 종가문화

성씨는 고려시대에 대부분 출현하지만 성씨의 문화는 조선시대에 이르러서야 완성된다. 이것은 오늘 우리가 상속받고 있는 혈족주의문화가 성리학적 바탕 위에서 완성된 것이라는 점과 무관하지 않다. 불교 시대인 고려에서는 성씨가 갖는 의미가 문화적 차원에서 하나의 부분적 양상에 지나지 않는 것이지만 성리학 시대인 조선에서는 성씨가 갖는 의미가 문화적 차원에서 전면적 양상을 지니는 것이라는 점을 생각하여보았으면 한다.

무신난 이후 고려 말기에 이르기까지 점차적으로 등장하였던 신진 사대부 계층에 의하여 성리학은 새로운 세상을 열어나갈 사상적 무기로 선택된다. 신진사대부 세력은 성리학을 이념으로 하여 왕조를 창업하는 결과를 이끌어내기도 하였지만, 그것이 그대로 성리학의 시대를 완성시켜냈다고 할 수는 없는 일이었다. 성리학의 시대가 본격적으로 개막되기 위해서는 역사가 한참 더 흘러 조선 중기가 되어야만 했다.

사상사적 측면에서 조선시대는 16세기를 기점으로 하여 전기와 후기로 나누어질 수 있다. 전기는 수입 성리학의 시대이고 후기는 조선 성리학의 시대라고 할 수 있다. 고려 말기에서 조선 중기에 이르는 동안의 성리학의 역사는 성리학적 지향성이 의식과 문화의 지평으로 심화되고 확장되는 과정에 놓인다. 그리하여 16세기에 이르면 성리학을 바탕으로 하는 조선적 문화의 바탕이 드러나기 시작하는 것이다.

혈족문화는 모든 집단의 역사 속에서 확인될 수 있는 중요한 것이지만, 유학은 그것을 특히 중시한다. 유학은 혈족주의를 중심에 두고 그 정신과 문화의 기본 바탕을 만들어내며, 그것을 사회적 양상으로 확산시켜내는 것을 통해 도덕적 이상향을 역사 속에 구현할 수 있다고 믿는다. 그런 유학정신을 가장 치열한 방식으로 갖추어낸 것이 성리학이며, 이 성리학은 중국에서 보다는 조선 왕조에 이르러서 비로소 한 집단의 역사와 문화를 전제적으로 장악하는 위력을 갖추어내게 되는 것이다. 그것은 우리 민족이 그 역사의 처음으로부터 갖추어내고 발전시켜온 혈족 문화에도 지대한 영향을 끼친다.

성씨의 문화가 고려시대에 틀이 잡히기에 이르렀다는 것은 고려가 갖고 있었던 호족제적 지역 의식이 그 유산으로 상속되고 있음을 통하여 확인된다. 본관이 그것이다. 대개 시조가 나타난 지역을 뜻하는 이 본관은 그 성씨가 그 지역의 토성, 또는 유력한 호족으로부터 출발하는 것임을 암시한다. 그러나 고려는 과거제도를 통한 관료체제를 갖추어나갔고, 지역 기반이란 점차 무의미한 것으로 되어버렸다. 사람들은 본관이 되는 지역을 떠나 새로운 연고지를 찾아 이동하였는데, 그중에는 결혼을 통해 처가 쪽으로 옮겨 사는 경우가 대부분이었다. 처가 쪽에서 재산을 나누어 받는 상속제도는 이러한 양상을 견고하게 유지시켜주었던 중요한 요소 중 하나였다.

고려시대 이래로 갖추어져 나온 성씨의 문화는 고려시대에서는 친족, 또는 가족의 범주 속에서 주로 기능하는 것이었다. 그것이 씨족의 범주 속에서 의미를 지니는 것은 조선시대에 들어와서의 일이다. 신석기 시대 이래의 인류 역사 속에서 씨족의 범주가 제대로 기능을 수행하기 위해서는 무엇보다도 부계혈손 중심의 문화가 완성되어야 한다. 조선은 성리학적 예법정신을 구현하는 것을 통하여 부계혈손 중심의 문화를 완성시키기 위해 노력한다. 조선 초기에는 그것이 선언적인 의미를 지니는 것이었다. 15세기와 16세기는 그것을 실제적인 의미를 지니는 것으로 바꾸어내는 기능을 수행한다.

성씨 문화의 완성으로 향해가는 역사의 발걸음이 처음 이르는 곳은 족보의 간행 주변이다. 지금까지 알려진 바로는 최초의 족보는 1423년에 간행된 문화 유씨 『영락보』이고, 현전하는 최고의 족보는 1476년에 간행된 『안동권씨세보』, 세칭 『성화보』라고 한다. 족보는 한 시기에 만들어진 것이 아니라 15세기 이후 가문마다 시간적 차이를 두고 점차적으로 만들어져나간 것이다.

『성화보』는 이 시기의 친족의식의 일단을 우리에게 알려주는 유력한 자료이다. 이 족보는 본손과 외손을 구별하지 않고, 남녀의 차별을 두지 않으며, 재가한 여성에 대한 기록도 보이고, 양자 기록은 보이지 않는 등의 특징을 갖고 있다. 이러한 특징들은 당시의 혈족문화가 부계혈손 중심으로 틀잡아져 있지 않음을 의미한다. 그러나 시간의 종적 질서 위에서 조상과 후손을 총체적으로 하나로 묶어 바라보고자 하는 의식은 여기에서도 분명히 나타난다고 하겠다.

15세기나 16세기에는 아직 부계혈손 중심 문화의 틀이 완성되어 있는 것은 아니다. 이 시기를 거치면서 상속제도는 점차적으로 장자 위주로 바뀌어나가며, 토지는 거주지를 중심으로 하여 집약적으로 확보되는 변화가 나타나게 된다. 물론 이 점은 임진왜란 등을 거치면서 황폐해진 경제 현실이 촉진시킨 측면이 있다고 할 수 있다. 장자 위주의 상속제도는 여계 쪽으로 재산이 상속되지 않으므로, 동성부락을 등장시키며, 『가례』 등의 성리학적 예법 문화는 조선에 뿌리를 내리면서 제례, 묘사 등에 대한 의식과 태도를 강화시켜 낸다.

이러한 모든 변화는 15세기로부터 시작되어 16세기를 거치면서 강화되어 나가 17세기에는 나름의 형식으로 완성되기에 이른다. 이 시기는 조선이 조선시대적인 양상의 여러 문화유형들을 완성해내는 때인데, 이 시기를 거치면서 완성된 조선시대적 양상의 혈족문화는 종가로 대표된다고 할 수 있다.

안동은 오늘의 우리 역사 속에서 이러한 종가문화를 대표한다. 우리가 오늘날 안동 주변에서 볼 수 있는 종가는 600년이나 500년 이상 된 것도 없지는 않으나, 그중 다수는 400년 정도의 역사를 갖는 것이라고 할 수 있다. 이 점은 1600년대 이후가 종가가 본격적으로 나타나던 때임을 알려주는 사례라고 하겠다.

2 퇴계학의 형성

종가문화는 지역을 거점으로 하는 것이다. 일단 종가가 자리를 잡게 되면 그것은 그 지역과 유기적인 관계망을 갖추게 된다. 종가는 사당을 포함하며, 조상의 묘와 연관된다. 종가란 종택에 종손이 거주하며 사당에서 조상을 모시고, 문중의 구심점이 되며, 조상의 묘소를 대를 이어 돌보는 문화적 구조 속에 놓여진다. 이런 구조 속에서는 종가가 조상의 사당과 묘소가 있는 지역을 오래두고 지켜야 하는 상황이 갖추어질 수밖에 없다. 조상의 사당이야 움직일 수 있는 규모라 하더라도 여러 조상의 여러 묘들이야 옮겨갈 방법이 없는 것이기 때문이다. 따라서 이 문화가 기능하고 있는 시기와 이 문화가 기능하지 않는 시기는 극명하게 달라질 수밖에 없다. 이 문화가 기능하는 시기는 혈족주의 시대이고, 유학문화 시대이고, 지역문화 시대인 것이다. 이 문화가 등장하는 시기와 조선의 유학문화가 완성되는 시기, 조선의 지역문화가 등장하는 시기는 하나로 맞물려 있는 것이다.

16세기의 조선은 조선 성리학이 학문적 형태를 갖추고 완성되는 시기이고, 유학문화가 시대의 문화로서 작동하기 시작하는 때이다. 이때에는 아직 종가문화는 시대의 문화로 자리를 잡고 있지 못하였다. 조선 성리학이 완성되고 조선 유학문화의 토대가 갖추어진 다음에 그 구체적 결과로서 종가문화가 육성되는 것이기 때문이다. 이미 가문의식은 움직이고 있지만, 그것은 아직 시대적 양상으로 확장되어 있지는 못하였다. 몇몇 가문의 선구적 의식으로 작동하는 것에 불과하였던 것이다. 그러나 몇몇 가문에서 그런 의식이 작동할 수 있게 하는 조건은 이미 유학입국을 선언하였던 조선의 사상적 지향 속에 충분히 갖추어져 있었다. 16세기의 조선에서 조선 성리학의 학문적 형태를 완성시키는 역할을 수행하였던 선도적 인물은 퇴계 이황이다.

　퇴계 이황은 정암 조광조와 사상사적 차원에서 선후관계를 맺고 있는 인물이다. 정암 조광조는 전기 사림파 학맥의 마지막 세대를 장식하는 인물이다. 그러니까 이 학맥의 성공과 실패의 전 과정을 유산으로 떠안고 있는 사람이라고 하겠다. 이 학맥은 사상사적으로 사림이라는 의식지형의 발명자라는 성가를 갖추고 있다. 이들에 의하여 치열한 절의정신,『소학』중심의 실천적 경향성, 관인지향보다는 '사풍진작'에 보다 관심을 기울이는 학문적 태도가 만들어져 나온다. 전기사림파 학맥의 사람들은 이런 공부의 토대를 먼저 다지고 나서 관인으로 나아가 유학적 세상을 만들어내고자 하는 태도를 갖는다. 그러한 그들의 태도는 김종직을 통하여 나타나고, 조광조를 통하여 확인된다. 그렇지만 그들의 시도는 성공을 거두지 못하고 사화의 피바람만을 몰고 왔다.

　이황은 그런 조선 전기의 사상사적 지향을 상속한다. 절의 중심,『소학』중시, 사풍 진작 등의 태도는 조선 왕조 전 과정을 통하여 사림의 의식 지향으로 유전된다. '사풍진작'이나 '관인 추구'는 이황 시대의 사림사회에 중요한 선택지로 놓인다. 이황 역시 이 선택지를 갖고 갈등하는 모습을 보여준다. 그러나 이황의 시대는 여전히 사화의 시대의 한가운데에 놓여 있었으므로, 이황은 이 선택지 중 '사풍 진작' 쪽에 기우는 의식을 갖출 수밖에 없었다. 그것은 그의 품성에서 연유한 결과라 할 수도 있고, 사화 시기라는 모진 역사적 상황이 몰아낸 결과라고 할 수도 있는 일이다. 어쨌든 이황 인생의 황금기는 그의 만년 20년의 삶이고, 이것은 이황이 사풍진작에 전적으로 매달렸던 시기에 해당된다. 이 시기의 성공이 이황을 역사 속 인물로 자리매김 하는 것이다.

이황의 성공은 그 교육 사업에 있어서의 업적에서 기인한다. 이황은 20년 교육 사업을 통하여 무수한 인재들을 길러냈다. 300명을 뛰어넘는 그의 문도들은 이황의 시대가 갖는 의미를 단적으로 증명하여 주는 것이다. 김종석이 정리하고 있는 바에 의하면 이황의 문인 총수는 309명에 이르는데, 예안이 56명, 안동이 46명, 영주가 12명, 예천이 10명 등, 124명의 제자가 안동 일원에 집중되는 것으로 파악된다. 그 외 지역에서는 서울이 49명으로 제일 숫자가 많다.[14] 300명의 제자라는 숫자는 이 시기가 이미 유학적 공부를 절실하게 요청하는 무수한 사림 세력을 갖추고 있다는 점을 알려 준다. 300명의 제자라는 숫자는 아울러 이들로부터 기하급수적으로 늘어나는 제자들 집단이 그 공부와 실천을 통하여 시대를 혁신하여 나가는 주력으로 등장하게 되는 사정을 알려준다. 이들에 의하여 교육혁명이 일어나는 것이 조선 전기 사회와 후기 사회를 나누는 결과를 만들어내는 것이다. 그중 다수가 안동 일원에 몰려 있는 것은 이러한 변화양상이 안동을 중심으로 하는 지역문화의 성격을 동시에 갖는다는 점도 알려준다.

이황과 그 제자들은 퇴계학의 제1세대를 형성하는 인물들이다. 이들은 조선 중기를 혁신으로 이끌어간 교육혁명의 중심 세력이기도 하다.

3 퇴계학의 성격

퇴계학은 퇴계의 학문을 바탕으로 한다. 퇴계의 학문적 지향은 『소

---

14) 김종석, 「도산급문제현록과 퇴계학통 제자의 범위」, 『퇴계문하의 인물과사상』, 예문서원, 1999년, 17쪽

학』을 기반으로 하는 실천유학적 바탕 위에『심경』으로 대표되는 심성수양의 공부론을 갖추고, 그것을 토대로 하여 성리학의 학문적 구조를 완성하는 것이었다.『소학』이란 실천적 도덕주의의 원칙을 분명히 하는 것이니, 공자와 맹자의 초기유학의 태도를 굳건하게 지키는 것과 연관되어 있는 공부라고 하겠다.『심경』은 도산서당에서 이황이 이것을 낭송하는 일로부터 하루를 열었다고 하는 것이니, 이황 계열의 경우 심성수양의 공부법을 중시하는 입장을 갖는다는 점을 알려주는 측면이다. 물론 퇴계학에 있어서『심경』의 중시라고 하는 것은, 늘 육상산이나 왕양명의 심학적 태도를 비판하는 퇴계의 입장과 연관되어 있는 것이니, 직접적으로 마음 자체를 대상으로 하는 공부법이 아니라 하학상달을 통과하는 공부법이라는 점은 간과되어서는 안 된다.

퇴계의 학문은『주자서절요』,『성학십도』,「4단7정설」, '거경궁리의 수양론' 등으로 대표된다.

『주자서절요』는 주자학의 세상인 조선에서 주자서 자체를 쉽게 접할 수 없었던 문화적 사정을 배경으로 한다. 퇴계의 여러 글 속에서 우리는 어렵게 주자서의 일부를 구해보고 필사하는 등의 이야기를 만날 수 있다. 문적의 나라 조선에서도 서적은 누구나 쉽게 구해볼 수 있는 것이 되지 못하였던 것이다. 그러나 조선 성리학은 주자 공부를 근간으로 한다. 주자에 경도되었던 퇴계 이황의 의식이 어떠한 의미를 갖는 것이었는지는 다음의 시 한 편을 통하여 충분히 증명될 수 있다.

나는 천년의 그 사람을 그리나니
노산 봉우리 건양의 땅
회암이라는 한 서당에 숨어 닦아서

글을 지어 온 세상을 깨우쳤다네

앞 선 이들은 그를 기다려 절충되었고

뒤 오는 이들은 그를 기다려 요령을 얻었네

주고받아 융성함이 아름다우나

흐른 세월 오래니 옥석이 섞였어라

입과 귀가 막혀 미치고 어지러우나

『심경』 가르침만이 홀로 빛을 내네[15]

주자와 퇴계 사이의 역사는 실제로 1000년을 경과하였다고 볼 수는 없다. 그러나 이황은 자신 이전의 1000년 유학의 역사를 주자라는 사람에게 덧붙여서 사유한다. 그러므로 여기서의 천년이란 실제로 1000년의 세월을 의미하는 것이 아니라 장구한 유학의 역사를 뜻하는 것이라 보는 것이 옳다. 공자, 맹자 이래의 유학의 발전사를 총체적으로 정리하고 집약적으로 재구성하여 이황에게 전하여 주는 사람으로 주자가 말하여지고 있는 것이다. 그러므로 주자를 통과하지 않고서는 1000년 진행되어 내려온 유학의 진화 발전 양상을 접할 수 없다는 의식이 이황의 내면에는 갖추어져 있었다고 할 수 있다.

이런 이황이니 주자서 공부는 중요한 것이 아닐 수 없다. 그런데 이황의 시대에 주자서는 쉽게 접할 수 없는 것이었고, 설령 접한다고 하여도 부분적으로 나누어져 있는 것이었으며, 규모가 워낙 방대하여서 전체적으로 한달음에 살펴볼 수 있는 것도 아니었다. 이황 자신도 중종 시절에 인출 반포를 명하였던 일로부터 이 책을 알게 되었고, 상

---

15) 『퇴계선생문집』, 1권 51면, 「和陶集飮酒二十首」, 제13수.

계로 돌아온 다음에야 제대로 읽어볼 수 있었다고 할 정도이다.[16] 따라서 이황은 자신이 구해 볼 수 있었던 주자서를 요약 정리하는 작업을 수행한다. 그러한 작업의 결과 14권 7책으로 요약하여 낼 수 있었던 것이다. 이것이 『주자서절요』이다. 이것은 퇴계 이황의 주자 공부 결과물이고, 퇴계 이황이라는 조선 사상가의 학문적 걸름망을 통하여 취사선택된 주자의 모습이며, 퇴계학의 학문적 지형이 완성되는데 초석으로서의 역할을 수행한 주자의 의식이라고 하겠다.

『주자서절요』가 퇴계의 주자 공부 결과물이라고 한다면 『성학십도』는 그러한 공부를 통하여 이해한 유학사상을 가장 축약적으로 정리한 것이라고 하겠다. 『성학십도』의 '성학'은 유학, 특히 성리학이며, '십도'는 열 개의 그림에 간단한 설명을 부가하여 유학사상의 핵심을 가르쳐준다는 것인데, 설명보다는 그림 자체에 중점이 두어지는 것이다.

「사단칠정설」은 이황에 의하여 조선 사상사에 장착된 심성의 내적 구조와 외적 발현에 관한 설명 구조라고 하겠다. 추만 정지운의 「천명도」에 의해 촉발된 이 이론 구조는 기대승과 이황 사이의 논의 과정을 거치면서 진화하고, 조선 성리학적 지형 속에 자리를 잡는다. 이 논의는 후에 율곡 이이와 우계 성혼 사이에서 재현된다. 그리고 이후 조선 성리학의 학파 분립을 촉발시킨 중요한 사상적 태도로 기능하게 된다.

사단칠정설에서 논의의 핵심은 '이기'의 문제이다. '이기'는 '불상리 불상잡', '서로 떨어질 수도 없고 서로 합해질 수도 없는 것'이다. '이'는 '움직일 수 없는 것'이고 '기'는 '움직일 수 있는 것'이다. '이기'는 '선후'하는 것이지만, '먼저 가고 뒤에 간다'는 식의 선후는 아

---

16) 『퇴계선생문집』, 42권 3면, 「朱子書節要 序」

니니, '같이 가되 이에 의해 가는 것이 통제된다'는 정도의 의미를 갖는 것이라 하겠다. 이러한 것들은 '이기설'을 완성시킨 주자의 설명 속에 있는 것들이다. 이러한 설명들 속에서 우리는 '이'가 주재력을 행사하지만 그 주재력은 '기'를 통해서만 행사될 수 있는 상호관계의 모호한 측면을 만날 수밖에 없다. 이 모호성이 이황의 사단칠정설에 이르러서 논란을 불러일으키게 되는 것이다.

이황은 심성의 내적 도덕성이 어떻게 구체적 정서로 표현될 수 있느냐의 문제에 관심을 가졌다. 심성은 이치를 내재하여 기운으로 이루어진 것이다. 그 심성 내면에 들어 있는 이치는 도덕의 근거가 된다. 사단의 설명 방식과 칠정의 설명 방식은 어떻게 심성을 구성하는 '이기'의 문제와 상관시킬 수 있는 것인가? 사단은『맹자』속에서 나오고, 칠정은『예기』속에 나온다. 그것이 처음 말해지던 지점에는 이기설은 심성 내면과 관계되어 있지 않았다. 심성을 이기설과 연관시켜 놓은 것은 주자이지만, 주자는 그것을 사단이나 칠정과 연관시켜 통일적 심성론을 만들어내야 한다는 생각은 하지 않았다.

그런 부분적인 이론들이 조선의 주자성리학자 이황의 수중에 놓여지는 것이다. 이황은 도덕과 심성, 이기와 감정, 선과 악의 문제 사이에 모호하게 남아 있는 부분들을 통합적으로 설명해야 하는 문제를 갖게 되었다. 이 문제는 이황 자신도 정확하게는 인지하지 못하고 있던 것이다. 그러나 그는 정지운의 「천명도」의 설명에 개입하여 부분적 수정을 가하게 되고, 그 수정은 이 문제를 수면 위로 끌어올리는 뇌관 역할을 수행하게 된다. 이 문제에 대한 이황의 학설은 이중적이다. 그는 '이치가 먼저 발용하고 기운이 그것에 따라 감정 생산을 하는 상황'을 '사단'이라 하고 '선한 감정'이라 규정하며, '기운이 먼저 발용하고 이치가 그 위에 올라타서 감정 생산이 이루어진 상황'을 '칠정'이라 하고 그 '탐'의 적절성 여부에 따라 '선할 수도 있고 선하지 않을 수도 있는 감정'이라고 규정한다.[17]

'거경궁리' 문제는 이황의 수양론의 핵심을 이루는 것이다. 이황은 전전긍긍하면서 치열하게 자기 관리를 하는 사람이다. 그의 공부의 치열성은 두 가지 차원에서 설명될 수 있다. 하나는 그가 철저한 주리철학자라는 점이다. 세계 전체에 충만되어 있는 모든 이치를 접하고 그것을 매순간 불러들여서 자기 마음속의 이치로 작동하게 하는 것이 이황 주리철학의 핵심이다. 이러한 의식을 통하여 우리는 절우사나 정우당의 기능을 이해할 수 있고, 도산서당의 마루 끝에 왜 살평상 하나가 가설되어 있는지도 설명할 수 있다. 그러한 생활 주변의 암호들을 통하여 스스로의 마음을 감독하고 경계할 수 있는 통로가 무시로 가설될 수 있기를 꿈꾸는 것이 이황의 '경' 사상이기 때문이다. 다른 하나는 이황이 20대 이후 늘 잔병치레를 하는 사람이었다는 점이다. 그런 허약한 신체를 이끌고 그는 70살까지 살았다. 자기 관리가 치열하지 않고서는 불가능한 일이었다. 이 자기 관리의 치열성 속에 그의 '경' 사상은 놓이는 것이기도 하다.

이황은 이런 공부와 학문을 이루어낸 조선 중기의 유력한 성리학자이다. 그는 조선 성리학을 완성시켜낸 인물이고, 학파의 시대를 연 사람이고, 서원문화와 향약문화를 일정하게 이끌어간 사람이다. 그런 그의 역할과 그의 제자들의 활약을 통하여 조선의 성리학은 문화전반에 대한 장악력을 확장하여나갔고, 결국 조선시대를 성리학적 유학

---

17) 윤천근, 『퇴계철학을 어떻게 볼 것인가』, 온누리, 1987년, 226쪽 참조.

문화의 시대로 완성시켜내었다.

4 퇴계학의 전개

퇴계학은 퇴계에 의해 완성된 학문이고, 퇴계의 문인 제자들과 그후인들에 의해 발전해간 학파이다. 이 학파의 발전 양상과 조선 후기 사회의 정치문화적 양상은 교묘하게 맞물려 있다. 이 학파의 진원지는 안동 일원이고, 그 발전 전개 양상 역시 안동 일원을 중심지로 삼아 진행되어나갔다. 그런 점에서 이것은 안동을 중심으로 하는 지역 문화의 일종이라고도 할 수 있다.

퇴계 이황의 제자들이 성장하여 조정에 관인으로 출사하게 되는 지점의 조선 정치사 속에는 당파가 등장하게 된다. 당파의 등장은 학파와 무관하게 진행되었다. 학파가 다른 학문 유형과의 구분을 전제로 하는 것이라면 이 시기까지는 아직 학파도 없었다. 그러니 엄밀하게 말하자면 당파가 먼저 출현하였다고 하겠다.

당파의 역사는 퇴계학의 전개와 맞물리며, 퇴계학의 전개를 규정한다. 퇴계의 문도 중 유성룡과 김성일은 초기 당파 형성 과정의 주요 인물이다. 이들은 청년 관인들로 이루어진 동인 당파에 속하였다. 율곡 이이는 당파와는 무관하였지만 결국 신구로 나누어지는 관인들의 정치적 구도 속에서 구세력에 속하게 되고, 점차적으로 서인 당파의 중심으로 기능하게 되었다. 이런 당파의 구성은 후에 퇴계 학문이 율곡 학문과 경쟁 구도를 갖추게 하는 쪽으로 나아갔고, 학파의 분립으로 이끌어지는 데 절대적 기능을 수행하게 되었다.

동인 세력은 임진왜란 시기에 남북으로 분화되는데, 이때 주로 남인 쪽에 속하게 된 것은 퇴계학 계열의 사람들이었고, 주로 북인 쪽에 포함된 것은 남명학 계열의 사람들이었다. 이러한 분립 상황은 퇴계학의 학맥을 남인 정파로 특수화하는 결과를 가져온다.

광해군 시대는 북인 전제의 시대였다. 서인과 남인은 상대적으로 소외되었다. 광해군을 폐위로 이끈 인조반정의 원인은 상당히 여러 갈래에서 제출될 수 있다. 그러나 그런 것들은 논외로 하자. 여기서는 다만 인조반정이 서인 중심, 남인 동참이라는 정치적 연대의 산물이라는 점을 말하는 것으로 그치겠다. 이 사건 이후 조선의 대부분의 역사는 서인들이 주도하여 이끌어나가게 되었다. 남인들은 소수로 정권에 참여하거나 단기간 정권을 주도하거나 하는 정도의 역할을 수행하였을 따름이다. 남인들의 중심지는 정파로서의 기능을 수행하는 조정에 있었던 것이라기 보다는 학파로서의 기능을 수행하였던 지역에 있었다. 소수 정권의 담당자로서 남인들은 분열할 만한 이권을 갖추고 있지 못하였고, 지역 중심성은 역사가 흐를수록 점점 강화되어나갔다. 그리하여 우리는 퇴계 이후 현대에까지 500년을 넘기며 계속 강화되어나간 퇴계학적 지역문화 지대로 안동문화 지역을 만날 수 있게 되는 것이다.

5 안동문화의 오중 구조

퇴계와 그 제자들의 시대는 조선이 교육혁명을 통하여 유학문화 시기로 진입하는 때이다. 이 시기 이후 유학문화를 통하여 살아가기가 일반적 삶의 법식으로 정착되어 나간다. 그리하여 유교적 혈족주의의 문화가 조선 후기의 문화로 완성되기에 이르는 것이다. 안동에서 이 문화의 주된 동력은 퇴계학파의 역사로부터 온다. 퇴계학파가 남인정파와 동일시되는 역사가 만들어져나가면서 퇴계학파 지대는 안동을 비롯한 영남 일원으로 한정되게 되었다. 기호 남인 등의 예외가 있기는 하지만, 그 외의 경우는 따로 말하기 어려울 정도이다.

[도표] 퇴계학파 인물 도표

인물	생존 연대	저술
이황	1501~1570	퇴계학의 창시자, 『주자서절요』, 『성학십도』
김성일	1538~1593	『학봉집』
유성룡	1542~1607	『서애집』, 『징비록』
정경세	1563~1633	『우복집』
이현일	1627~1704	『갈암집』
이재	1657~1730	『밀암집』
이상정	1711~1781	『대산집』

기호의 퇴계 학맥은 퇴계학의 변모 양상을 보여준다. 이 계열은 실학의 한 계열을 형성하는 것이다. 영남의 퇴계 학맥은 안동 중심성을 갖으며, 그 확장된 형태로 전개되었다. 영남의 퇴계 학맥은 안동을 중심으로 하여 지속적으로 퇴계학의 큰 선생들을 배출하며 전개되어나간다. 이 단일성과 지속성은 안동의 지역문화를 역사적 지층을 갖는 것으로 강화시켜 냈다. 안동에서 지속적으로 출현한 퇴계학의 큰 선생들의 면모를 간단하게 살펴보면 위의 표와 같다.

안동문화로 보는 한국학

이 표를 보면 우리는 안동 지역에서 퇴계 학파의 큰 선생들이 1500년부터 1900년에 이르기까지 지속적으로 출현하였음을 알 수 있다. 이들은 퇴계가 틀잡아낸 조선 중기의 성리학 문화를 상속하고 유전시켜 내려간 지역문화의 지도자들이었다. 이들의 역할을 통하여 안동문화는 500년 동안 거의 변함없이 유지 심화되어 내려온 유교적 지역문화의 성격을 갖추게 된다. 퇴계학을 통하여 형체화된 안동의 지역문화는 다양한 문화적 전제구조와 뒤엉키면서 그 강제력을 강화시켜낸다. 우리는 안동의 유교적 지역문화 층에서 적어도 혈연, 학연, 지연, 혼맥, 정파 등 다섯 가지 강력한 문화 전제의 구조가 서로 유기적으로 뒤엉킨 상태로 작동하면서 이 문화를 현재에 이르기까지 견인하여왔음을 확인할 수 있다.

이런 전제적 구조를 만들어나가면서 안동 지역은 조선 후기 유교문화를 선도하는 역할을 수행하였다. 종가와 종손을 중심으로 하는 유교적 혈족주의 문화도 안동이 선도해서 만들어나갔으며, 안동이 아직까지 굳건하게 유지하고 있는 문화인 것이다. 이 문화의 안동 중심성을 단적으로 증거하여 주는 것은 거대 규모의 재사가 안동에서 아직도 현존하고 있는 것을 통하여 확인할 수 있다.

안동에서 처음으로 거대 규모의 재사가 나타나는 것은 1500년대라고 한다. 영양 남씨의 한 계열이 와룡 중가구리에 소재하였던 남흥사 법당 건물을 개조하여 조상의 묘사를 돌보는 재사로 사용하기 시작하였다는 것이다. 이것은 16세기의 조선 성리학 문화의 발전과 짝을 이루는 것인데, 아마도 영양 남씨의 경우가 다른 가문보다 일찍 거대 규모의 재사를 만드는 문중문화를 만들어낸 것이 아닌가 생각된다.

종가와 문중 개념이 확립되고 조상의 묘사를 돌보는 일이 일상화

영양 남씨 남흥재사

되면서 거대 규모의 재사는 하나둘 출현하게 된다. 조선 후기의 사정
은 잘 알 수 없으나 안동에서는 오늘도 이런 거대 규모 재사를 여럿
볼 수가 있다. 안동 밖에서는 이런 건축물은 쉽게 볼 수 있는 것이 아
니다. 조선 후기의 유교적 혈족주의 문화가 퇴계학 지대인 안동에서
선도되었고 단단하게 자리를 잡았으며, 아직 유존되고 있는 것이라는
점을 증거해주는 사례라고 하겠다. 이것은 안동의 유교문화가 갖추고
있는 현대적 특이점이라 할 수 있다.

안동문화로 보는 한국학

제4부 안동 선비의 규범의식과 한시 창작

이종호(안동대 한문학과)

1장

안동의 선비문화와 선비 형상

오래전 포천에서 장교로 군복무했던 김 군에게 들은 이야기이다. 그는 언제부터인가 일과가 끝나면 승용차를 몰고 포천 주변에 산재한 유교문화 현장을 탐사하기 시작하였다. 그의 발걸음은 주로 비석과 서원에 집중되었고, 1년여의 대장정으로 이어졌다. 계절이 바뀜에 따라 점차 문화 탐사 삼매경에 빠져들었다. 그 과정에서 그는 포천 일대에 조선조 정치사와 문학사에 굵직한 발자취를 남긴 이름난 학자와 빼어난 문인들의 묘소가 너무도 많다는 사실에 놀랐다. 그의 안목을 더욱 일신시켜 준 것은 묘소 앞에 서 있는 석물(石物)들이었다. 신도비(神道碑)나 묘표(墓表), 묘갈명(墓碣銘)은 말할 것도 없고 문인석(文人石), 무인석(武人石), 동자석(童子石), 상석(床石), 장명등(長明燈), 망주(望柱) 등은 안동 인근에서 좀처럼 볼 수 없던 것들이었다. 그는 이렇게 말한다. "저는 안동, 그리고 안동의 인물하면 늘 이퇴계(李退溪; 이황), 유서애(柳西厓; 유성룡), 김학봉(金鶴峯; 김성일)을 무의식적으로 떠올려 왔습니다. 그래서 그들의 묘소에 찾아가 석물의 규모나 모양새를 꼼꼼히 살피기도 했습니다. 그런데 여기 포천에 안장된 인물들을 보면 조선의 정계나 문단을 움직이던 실세들이었고, 또한 묘소의 석물도 안동의 그것과 큰 차이가 있다는 것을 알았습니다. 왜 이토록 인물의 면면과 묘소문화가 다른지 그 이유가 매우 궁금합니다."

1 경저(京邸)와 향저(鄉邸)

사실 그의 발걸음이 머문 곳에 서 있던 비석들은 대부분 정승반열에 오른 인물들의 화려한 이력을 아름다운 글씨체로 새겨 놓고 있었다. 조선사의 주요한 고비 고비에서 국운의 향방을 결정지은 당로자(當路者)들의 비석이 너무도 많았던 것이다. 이러한 문화현상은 견문이 짧은 안동의 젊은이에게 새로운 발견이었을 것이고 잔잔한 문화충격이었음이 틀림없다. 김 군이 개괄한 포천 묘지문화의 특징이 규모의 장대함과 치장의 화려함에 있다면 안동의 그것은 작은 규모와 소박한 치장으로 요약될 것이다. 이황의 묘소를 둘러보라. 그 얼마나 조촐하고 간결한가.

김 군의 문화 체험에서 우리는 중앙(京)과 그 주변(近畿)에서 형성된 도시문화 내지 반(半)도시문화와 그곳으로부터 격리되고 소원해진 안동이라는 지방문화를 상정해볼 수 있다. 반도시 문화는 기반을 농촌에 두고 있으나 문화적 지향은 도시를 추수(追隨)하는 경향을 보인다. 근기 지방에는 중앙관료로 입신한 계층의 별서(別墅)나 향저(鄕邸)가 위치해 있다. 근기 지방에 거주했던 이들은 대부분 조선 정치사에서 장구한 기간 집권한 경험이 있던 서인 계열이 우세를 점한다.

16~17세기에 활동한 동인계는 선조 · 광해조 연간, 숙종 연간의 환국(換局) 사이에서 그리 길지 않은 집권 경험으로 인해 서인계에 비해 근기 지방에 재지적(在地的) 기반을 마련한 사례가 매우 드물다. 허목(許穆, 1595~1682, 호 眉叟)이나 조경(趙絅, 1586~1669, 호 龍洲), 채제공(蔡濟恭, 1720~1799, 호 樊巖), 정약용(丁若鏞, 1762~1836, 호 茶山), 이익(李瀷, 1681~1763, 호 星湖)과 그 문인 등 근기 남인은 그 수에 있어 서인계에 비해 절대적으로 열세이다. 그것도 대부분 중앙 정계에서 비중 있는 역할을 했던 관료 출신이 주류를 이룬다. 더구나 남인계는 경신대출척(庚申大黜陟, 1680년)과 갑술환국(甲戌換局, 1694년) 이후 몰락의 길을 걸어 18세기 이후 대부분 향반(鄕班)으로 잔류하여 간신히 사대부적 체모를 유지해나갈 수 있었다. 따라서 서인계와 달리 서울 체류지에 있던 경저(京邸) 이외에 근기 지대에 별서(別墅)를 경영하기가 어려웠으므로 향저(鄕邸)를 중심으로 하는 농촌의 재지적(在地的) 기반에 충실한 편이었다.

여기에서 우리는 안동의 유교문화가 지닌 원형과 특징을 간파할 수 있다. 농촌의 재지적 기반에 충실한다는 것은 향저의 이동이 좀처럼 이루어지지 않았다는 표지이다.

정약용이 「발택리지(跋擇里志)」에서 "전국의 장원 중에 바람직하기로는 영남이 제일이다. 때문에 사대부로서 수백 년 동안 때를 만나지 못했어도 그 존귀함과 부유함이 줄어들지 않았다. 그 집들이 각각 한 분의 훌륭한 조상을 모시고, 한 장원을 점유하여 일가끼리 살면서 흩어지지 않았으므로 집안을 공고하게 유지하여 뿌리가 뽑히지 않았다."[1]고 말한 바 있거니와, 그의 지적대로 입향조(入鄕祖)를 모시고 씨족을 대표하는 선현을 중심으로 대대손손 근거지를 이탈하지 않는 교착성(膠着性)이 오늘의 안동 유교문화를 낳은 것이다.

이처럼 안동 유교문화는 도시문화의 대척점(對蹠點)에서 빚어지고 가꾸어져 왔다. 그런데 안동의 유교문화는 누구의 손에서 만들어져 왔는가. 물론 문화 창조의 주체는 선비(士·儒)이다. 선비는 유교적 지식인 일반을 가리키기도 하고 '사대부(士大夫)' 계층을 일컫기도 한다. 사상적 기반을 유교에 두고 정치적으로 발신하고자 한 무리를 뭉뚱그려 '선비'라 부르는 것이 상례이다. 「양반전(兩班傳)」에서 "글을 읽으면 선비요 정사에 나아가면 대부니라(讀書曰士, 從政爲大夫)"라 한 박지원(朴趾源, 1737~1805, 호 燕巖)의 해석이 흔히 이용되는 까닭이다.

2 안동 양반과 안동 처사

선비의 본분은 '글읽기'이다. 주요 유교 경전을 읽어내어 유교적 교양을 체득하는 일이 선비가 힘써야 제일의 과업이다. 글을 읽어내는 일은 선비가 해야 할 평생의 사업이지만 실천으로부터 고립된 독서는 권장할 만한 것이 못된다. 독서의 실천 그것이 출사(出仕)이다. 벼

---

1) 정약용,『여유당전서與猶堂全書』제1집, 시문집詩文集, 권14,「발택리지跋擇里志」,
   "國中莊墅之美, 唯嶺南爲最. 故士大夫阨於時數百年, 而其尊富不衰,
   其俗家各戴一祖占一莊, 族居而不散處, 所以維持鞏固而根本不拔也."

슬길에 나아가 '인군을 도와 인민의 삶을 윤택하게 만드는[左君澤民]' 일에 치력하여 공업(功業)을 후세에 드리웠을 때 비로소 선비의 사업은 완수된다.

조선은 과전법(科田法) 체제를 기반으로 출발한 관료 · 신분(양반)제 사회이다. 따라서 관료를 충원할 때, 개인의 재능과 가문의 혈통이 중시되었다. 조선조 선비들이 생애 제일의 목표로 추구한 것은 문과 급제였다. 그러나 문과[大科]에 급제하는 인원은 극히 제한되어 있어 대다수의 선비들은 거듭되는 낙방으로 인해 과거를 중도에 포기하고 처사(處士)의 길을 걷게 된다. 사실 이러한 처사들은 문과에 응시했다는 것만으로도 선비로서 품위를 유지하는데 전혀 부족함이 없었다. 문과에 응시하기 위해서는 생원(生員)과 진사(進士)를 선발하는 사마시(司馬試, 小科)를 통과해야 하는데 이 역시 쉬운 일이 아니었기 때문이다. 사마시를 통과하면 일단 성균관 입학과 문과 응시 자격이 동시에 주어지며 아울러 예비 관료로서의 지위도 더해져 준 관료[搢紳]로서 대우받을 수 있다. 비록 문과 2차 고시인 복시(覆試), 즉 예부시(禮部試)에 낙방했다 하더라도 문음(門蔭)이나 천거(薦擧)를 통해 음직(蔭職)으로 출사할 수 있는 길은 열려 있던 탓이다.

조선의 과거제는 모든 사류 계층에게 문호를 열어 놓고 있는 듯 보이지만 일정한 사회 · 경제적 기반을 갖춘 사람만이 과거에 응시해서 급제할 수 있었다. 왜냐하면 문과를 준비하려면 적어도 20여 년의 시간이 소요될 뿐만 아니라 교육 여건도 과거의 성패를 결정하는 주된 요소로 작용하기 때문이다. 교육 시설과 교육자 그리고 가정의 분위기 등이 개인의 경제적 기반 못지않게 큰 영향을 주었다.

안동의 선비층은 이른바, 당대에 사족(士族)으로 칭했던 부류를 일컫는 것이다. 사족은 넓은 의미에서 양반 사대부층에 속한다. 따라서 안동 선비층의 주류는 처사층(處士層)이고, 처사층은 양반 사대부층의 근간이었다. 안동 선비들은 대부분 중소지주층 재지(在地) 사족이었고 과거 준비를 위한 경제적 기반이 튼튼하였다. 그러므로 그들은 가세를 키워내기 위해 재능이 엿보이는 자제들을 급제시키려고 적극 노력하였다.

또한 안동은 타지방에 비해 교육 여건이 괜찮은 편이었다. 고려 말기 이래로 중앙 관료들의 입향(入鄉)이 끊이지 않아 16세기에 들어서면, 이름 있는 문한가(文翰家)가 하나 둘씩 생겨나, 그 속에서 배출된 역량 있는 향촌 교육자들의 주도로 향교와 서당이 활발하게 운영되었다. 또한 이황(李滉, 1501~1570, 호 退溪)의 서원(書院) 창설 운동이 일어난 뒤로 수많은 서원과 정사(精舍)들이 세워져 학구적 분위기가 날로 진작되어나갔다. 이 같은 여건은 안동 사족들의 과거 응시 욕구를 자극하여, 거듭하는 고난의 서울 과장행(科場行)을 일상으로 받아들이게 만들었다.

물론 우리가 여기에서 논의할 처사들은 부단한 도전 끝에 과거를 통한 출사의 길을 포기한 사람들이다. 출사를 단념했다는 것은 그들이 점차 예비 관료로서의 성격을 상실하고 향촌 자치 세력으로 잔류해 갔음을 의미한다. 고로(故老)들의 전언(傳言)에 따르면, 안동 선비들은 사마시에 합격하여 생원이나 진사가 된 이후에는 일부러 대과에 응시하지 않으려는 경향을 보였다고 한다. 그래서 대과에 응시하기 위해 서울 사대문 안(구멍)으로 들어가는 것을 '오입(汚入)'이라 부르며 조소(嘲笑)했다는 것이다. 아마도 이러한 현상은 조선 후기에 이르러 출사길이 어려웠던 당시 세태를 반영하는 듯하다.

예천에 거주했던 늙은 처사 정윤해(鄭允諧, 1553~1618, 호 鋤歸子)는 뼈아픈 자기 고백을 통해, 선비는 '이름이 남에게 알려지지 못하거나 [不聞]'과 '벼슬길에 나아가 현달해지지 못하면[不達]' '아무 쓸모 없는[無用]' 인간이 되어, 도리어 하찮은 농부보다도 못한 처지가 된다고 했다.[2] '알려지고', '현달해져야' 충군(忠君)·효친(孝親)·부육처자(俯育妻子)와 같은 윤리적 책무를 다할 수 있다. 전자의 조건을 만족시키지 못할 때, 처사는 향촌 사회에서 예의염치(禮義廉恥)를 유지하며 의식주 해결을 위해 생산 활동에 종사치 않을 수 없다. 이처럼 16~17세기는 안동 처사들에게 '염치를 아는 농부의 형상'을 요구하고 있었다.

3 안동문화와 안례(安禮) 규범

이황은 안동 선비문화에 단서를 제공한 인물이다. 그는 안동에서 선비문화를 개척하고 부식시켜 후대 선비문화의 향방을 결정지었고, 그의 영향 아래 조선시대 선비문화가 형성·발전되어왔다. 그와 사제(師弟) 간의 온정을 유지하며 교학상장(敎學相長)할 수 있던 부류는, 대부분 16~17세기에 안동을 비롯한 예안·예천·영주·봉화·영양·청송·의성 등 경상좌도(慶尙左道)의 북부권, 이른바 '안동문화권'에 생활 기반을 두고 활동한 선비들이었다. 이들은 이황의 철학사상을 계승하여 후대에 전수한다는 학파적 유대의식을 매우 중시했기

---

2) 정윤해, 『서귀자유고鋤歸子遺稿』 권2, 「답이극휴答李克休」, "鄙生只是畎畝中一寒之甚者, 以士爲名六十其年而不聞不達, 草木同腐而已. 士而無用者, 反不如一農夫之爲愈也."

에 거주 공간의 같고 다름을 크게 문제 삼지 않았다.

경상좌도의 북부권은 고려조에 안동대도호부(安東大都護府)에 예속된 고을이었다. 그러므로 조선조에 들어와 안동부에서 각기 군·현으로 독립해 나왔지만 여전히 안동을 문화 중심으로 보는 '안동 의식'은 사라지지 않았다. 이는 이황의 경우도 마찬가지였다. 이황이 비록 독립 행정구역인 예안현(현재는 안동시에 편입됨) 출신이었지만, 그에게 안동은 이웃 고을 이상의 의미가 있었다.

언제부터 쓰이기 시작했는지는 모르지만 '안례규범(安禮規範)'이란 말을 종종 들을 수 있다. 안례규범이란 안동과 예안에서 형성된 독특한 문화규범(文化規範, cultural norm)이란 뜻이다. 규범의 내용은 일정한 물적 토대 위해 구축된 제반 의식 형태로 의·식·주를 비롯한 생활문화 전반에 걸쳐 있다. 예컨대, 관혼상제(冠婚喪祭)와 같은 통과의례, 발화(發話, utterance) 방식, 서법(書法)과 작문(作文)의 격식 따위가 이에 해당한다.

안례규범에 대한 해석은 여러 가지가 있을 수 있다. 문화의 결합과 통일이라는 측면에서 보면 안동과 예안의 문화규범은 같다고 본다. 반면에 문화의 분리와 독립이라는 측면에서 보면 시원(始原)이 다른 두 가지 흐름으로 이해된다. 여하튼 본보기가 되는 양식이나 당위적인 행위패턴으로서의 '안례규범'이란 말은 이황 사후에 그의 존재를 강하게 의식하여 생겨난 용어로 보인다.

종래에 안동은 오랜 기간 경상도 북부권에서 정치·행정의 중심지였다. 따라서 작은 성시(城市)의 문화가 발달할 수 있었기에 사인층의 출사 의지를 자극하기에 비교적 용이했다. 예안은 안동의 접경지로서 이황 이후 '도학 연원의 고을(道學淵源坊)'로 자처하여 대체로 사인층의 처사 지향이 강했다. 이황 사후 이 지역의 향론(鄕論)은 예안의 도산서원(陶山書院)과 안동의 호계서원(虎溪書院; 여강서원廬江書院이 숙종 시대에 사액 받으면서 개칭됨)을 중심으로 조성되었다.

18세기에 오면 양쪽 선비들이 이견을 보여 공론형성(公論形成) 과정에서 갈등을 빚기도 하였다. 그러나 대체로 16~17세기의 안동과 예안의 선비들은 '서린 뿌리와 얼크러진 마디[盤根錯節]'처럼 '얽히고설킨 혼반관계[瓜葛]'와 퇴계 학통을 중심 고리로 하여 강한 응집력을 발휘하였다.

만일 안동 선비가 어떤 인간적 매력을 지녔다면, 그것은 아마도 안례규범에서 우러난 보이지 않는 유교문화의 힘에서 연유한 것으로 봐도 좋다. 그 힘은 합리성을 원천으로 하고 인정과 사랑을 내용으로 한다. 일찍이 이황은 젖이 모자라 죽어 가는 증손자의 생명을 안쓰럽게 여기면서도 '내 자식을 살리기 위해 남의 자식을 죽이는 일은[殺人子, 以活己子], 어진 사람이라면 차마할 수 없는 일[仁人所不忍事]'라 하여 자신의 혈육은 죽이고 여종의 여식을 살렸다.[3] 차가운 자기 절제를 전제로 하여 성립하는 안례규범이지만, 이처럼 내면에는 훈훈한 인정과 사랑이 흐르고 있었던 까닭이다.

이황이 모색한 선비 형상은 정치와 결별하고 산림(山林)에 은거하는 고상한 처사 형상과 경건하게 성리서(性理書)를 마주하다가 연당(蓮塘)의 물빛을 응시하고 있는 학자형 문인 형상이 서로 갈마들면서 중첩되고 있다. 은자 지향과 학자 지향은 후대 안동 선비로 하여금 출사보다는 은거를, 관료보다는 학자가 되는 길을 주저 없이 선택하도

---

3) 이황, 『퇴계속집退溪續集』 권7, 「답안도손答安道孫」을 참조.

록 작용하였다. 앞으로 논의할 안동 선비의 생활미와 사회미 역시 이황의 은자 지향이나 학자 지향과 무관하지 않다.

2장

안동 선비의 문예 인식과 유교적 규범의식

16~17세기 안동의 처사형 선비들의 문학관(文學觀, perspective of literature)과 미의식(美意識, aesthetic sense)을 중심으로 그들이 지향한 유교적 규범의식(規範意識, norm consciousness)을 살펴본다. 문예 방면에서 유교적 규범의식이란 문예를 규정하고 제한하는 일정한 틀에 대한 선비들의 의식이다. 다시 말하면 문학은 무엇이어야 하며, 추구해서 안 되는 문학이란 무엇인가에 대한 자기 인식이다. 이처럼 유교적 규범의식은 당위와 비판의 논리를 중심으로 전개된다.

1 천인합일(天人合一)의 미의식

유교에서 보는 심미 대상은 자연(自然, nature)과 인사(人事, human

affairs)이다. 선비들은 자연과 인사를 한시(漢詩)라는 형식으로 담아내는 일에 익숙했다. 오늘날의 비평 용어를 빌려 말한다면, 한시는 객관 경물(景物, scenery, object)과 주관 정의(情意, emotion, subject)의 만남이다. 자연과 인사는 객관 경물의 두 요소이다. 시인은 자연의 경(景)을 노래하기도 하고 인사의 물(物)을 노래하기도 한다. 그러나 언제나 경과 물은 서로 돌아보고 마주보는 일에 익숙하다. 그려지는 인사 속에 자연이 깃들고 스스로 그러한 자연을 묘사하되 슬그머니 인사가 스며든다. 주관의 정의는 시를 표현하는 주체이다. 때에 따라 순수한 감성(情)이 우세한가하면 경우에 따라서는 절제된 의지(意)가 중심이 되기도 한다. 자아와 세계의 만남이 피어내는 꽃송이는 이미 규범화된 자아의 정의적 요인에 따라 일정한 모양새를 예정한다.

유교는 자아의 정의적 측면을 규범화하는 데 그치지 않고, 세계 및 자연의 내용도 규범화한다. 그래서 규범화된 자연, 규범화된 인사와 마주하게 한다. 이러한 유교적 규범의식은 멀리 공맹(孔孟)의 시대에 싹을 틔워 중간에 주자의 새로운 해석을 거쳐 보다 정치한 논리 구조를 갖추었고, 가까이는 이황을 통해 '천인합일(天人合一)'의 미의식으로 수렴된다.

유교적 규범의식은 유교문화의 전형적 개괄이다. 이황이 이상적으로 생각한 천인합일의 문예적 경계는 자연과 인사가 만나 조화를 향하여 운동해가는 일련의 과정 그 자체다. 우리는 그 과정 속에서 유교문화의 근간을 읽어낼 수 있다. 문학은 그 만남의 과정을 드러내는, 즉 표현하는 하나의 형식이다. 그러므로 표현되어진 문학은 표현을 지도하는 규범의 체현(體現, embodiment)이다. 천인합일의 미의식은 차디찬 이성의 칼날을 숨기고 있다. 그 이성은 형이상학적 심성론

(心性論)으로 인하여 더욱 날카롭게 빛난다. 이황은 '무욕자득(無欲自得)'한 경지에 도달한 사람만이 천인합일의 아름다움을 감수할 수 있다고 말한다. 구름 한 점 없이 드높은 가을하늘처럼 혹은 한 점 티끌 없이 투명하게 제 빛을 드러내는 맑은 샘물처럼 자아의 마음자리가 맑고 밝아야 자연의 경물을 완전하게 감수(感受)할 수 있다. 이황에게 있어 구름이나 티끌은 '인욕(人欲, desire of human)'을 상징한다. 인욕은 집착을 낳고 집착은 거짓을 만들어낸다. 자연 경물의 진정성은 어떻게 획득할 수 있는가. 이황은 인욕으로부터의 도피가 아닌 적극적인 해방만이 이를 가능케 한다고 본다.

이황이 제시한 천인합일의 미적 경계는 이처럼 매우 고답적이고 지극히 이상적이다. 이황은 자신이 설정한 이상 실현이라는 꿈을 꾸면서 거경궁리(居敬窮理)[4]하는 생활에서 모든 위안을 찾았다. 그러므

---

4) '거경궁리居敬窮理'란 주자학의 학문수양방법을 나타내는 말이다. '거경궁리'는 북송의 정이가 제창한 것을 남송의 주자가 계승하여 주자학 이론체계 안에 집어넣었다. 송대 유교는 불교나 도교와 다른 독자적인 마음 수양법을 추구했다. 그 하나가 '경敬'이다. '거경居敬'은 주경主敬 지경持敬이라고도 하는데, '경敬이라는 상태로 心[마음]을 유지한다.'는 뜻이다. 정이는 유가경전인 『논어·헌문論語·憲問』의 "修己以敬(군자는 경으로써 수양한다)"이라는 대목이나 『역경易經』 곤괘坤卦 문언전文言傳의 "敬以直內, 義以方外(군자는 경으로써 마음을 곧게 하고 의로써 밖으로 드러나는 행동을 반듯하게 한다)"라는 말에서 '경'을 찾아내어 "主一無適(의식을 하나로 집중시켜 여기 저기 가지 않는다)"이라고 정의하고 '지경持敬'이라는 수양법을 주창했다. 이처럼 '경'은 일상의 어떠한 상황에서라도 心[마음, 의식]을 집중시키고 마음을 안정한 상태에 두는 것'으로 잡념이 없고 맑고 엄정한[淸澄嚴正] 정신 상태를 유지해 나가는 것을 말한다. '궁리窮理'는 사물事物은 모두 그 존재방식을 규정하는 이치(사물의 본질로서 필수적인 조건)가 있는데, 그 사물의 이치를 궁극적으로 알아내는 것을 말한다. '리理'를 궁극까지 알아낸다는 것은 일목일초一木一草의 理[이치]에 이르기까지 일일이 모두 다 알아내는 과정에서 노력이 축적되면 어느 단계에 이르러 '활연관통豁然貫通'하여 모든 이치를 한꺼번에 이해할 수 있다고 한다. 주자는 거경을 위해서는 '정좌靜坐'를, 궁리를 위해서는 '독서讀書(經書위주)'를 주요한 방법으로 제시했다. 또한 그는 거경(心 修練; 마음을 전일하게 하고 평소 행동을 삼가는 것)이라는 내적인 수양법과 궁리(知 理解; 사물의 이치에 대해 매우 정확한 지식을 얻는 것)라는 외적인 수양법을 수레의 두 바퀴와 같다고 보았다.

로 이황에게 '거경궁리'는 자연과 인사의 합일을 모색하는 지루한 고행의 과정이었다.

이 같은 이황의 천인합일 정신은 지속과 굴절의 양상을 띠면서 부단히 계승되었다. 효과적인 논의를 위해 16~17세기라는 역사과정에서 선진과 후진으로 시기가 맞물리기도 하고 떨어지기도 하면서 살아간 3인의 처사형 선비를 택하여, 그들의 문학관과 미의식을 비교해 본다. 이들을 비교함으로써 시대 흐름에 따른 의식변화를 읽어내어, 이를 유교적 규범의식으로 귀납해 낼 수 있다.

2 유교의 문예관(文藝觀)과 성정미(性情美)

김융(金隆, 1549~1594, 호 勿巖)은 철저한 유가적 문예관의 소유자였다. 그는 말하기를 "문장은 시급히 힘써야 할 일이 아니니, 진정한 선비가 되기를 생각할진저. 선비들이 가장 중시할 바는, 다만 부모에게 효도하고 어른에게 공경하는 일일 뿐인져."[5]라 한 바 있다. 이는 바로 "효·제를 실천하는 일이 곧 인을 행하는 근본이다(孝弟也者 其爲仁之本與)." "행하고 남은 힘이 있거든 문을 배우라(行有餘力 卽以學文)."는 공자의 가르침에 충실한 문장관에 지나지 않는다. 즉 '효·제(孝悌)'와 같은 윤리덕목을 실천하는 일은 유가 최고의 덕목인 인을 행하는 원리로써, 선비의 본무가 된다는 것이고, 문예는 그 여력으로 다루어야 할 말단의 사업이라는 것이다. 또한 그는 "세인들이 분지(粉脂)를

---

5) 김융, 『물암집勿巖集』 권1, 「화류남수재和留南秀才」, "文章非急務, 且勸思爲儒, 儒家所重者, 孝悌而已乎."

사랑하나 나는 홀로 질소(質素)를 사랑하고, 세인들이 무늬 놓은 비단(文繡)을 사랑하나 나는 곧 거친 베(麤布)를 사랑한다네. 지혜로운 이(智者)를 남들은 좋아하지만 나는 어리석은 이(愚者)를 취하고 말 잘하는 이(便佞)를 남들은 좋아하나 나는 말 없는 이(沈默)를 사랑한다."[6]고 하여, 가식과 기교를 거부하고 질박하고 솔직한 세계를 지향하였다. 이는 처사적 순결이 두드러진 문예관의 일단을 제시한 것으로 보인다.

김용이 보여준 재도론적(載道論的)[7] 문장관은 이황과 같은 도학자의 문장에서 쉽게 검증할 수 있다. 따라서 '재도(載道)'에서의 '도'는 바로 성리학에서 말하는 '의리(義理)의 세계'임은 재론할 필요가 없다. 이황은 평소 제자인 조목(趙穆, 1524~1606, 호 月川)과 한시로 수창하면서 작품의 의경(意境)을 판단할 때, 시인취미(詩人趣味), 곧 문인

---

6) 김용, 『물암집』 권1, 「유증윤성지留贈尹誠之」, "世人愛粉脂, 我獨憐質素, 世人愛文繡, 我卽憐麤布, 智者人所愛, 愚者吾所取, 便佞人所愛, 沈默吾所厚."

7) 송나라 이학가理學家 주돈이周敦頤(1017~1073)는 『통서 문사通書 文辭』에서 "문학이란 도를 신는 것이다. 수레를 치장만 하고 아무도 사용하지 않는다면 그 수식은 헛된 것이다. 빈 수레야 더 말할 것이 없다. 문사는 기술이요, 도덕은 실체다. 그 실체에 도탑고 글 쓰는 데에 훈련된 사람이 도에 관하여 적어내려 갈 때에 아름다우면 사랑 받게 되고 사랑 받으면 전해지게 된다. 어진 이가 그것을 배워 지극함에 이르게 되면, 이것이 가르침이 되는 것이다. 그래서 말이 문채가 없으면 멀리 행해지지 못한다고 하는 것이다(文所以載道也. 輪轅飾而人弗用, 徒飾也. 況虛車乎. 文辭藝也, 道德實也. 篤其實而藝者書之, 美則愛, 愛則傳焉. 賢者得以學而致之, 是爲敎. 故曰, 言之無文, 行之不遠)."라 한 바 있다. 여기서 '문이재도文以載道'란 말이 나왔다. '문이재도'는 문학의 사회적 작용에 관한 관점을 말한 것인데, 중당中唐 시기에 활동한 한유韓愈(768~824) 등 고문운동가古文運動家들이 제출한 "문이관도文以貫道"의 관점이 발전하여, 송나라 이학가 주돈이의 해석을 거쳐 하나의 이론으로 확립되었다. '문이재도'란 '문文'을 수레에 비유하면, '도道'는 수레에 싣는 화물인데, 수레가 화물을 싣고 목적지까지 갈 수 있어야 한다는 뜻이다. 즉 문학도 역시 유가儒家의 '도'를 전파하는 수단이나 방법이 되어야 한다는 논리이다. 요컨대, '재도載道'란 유가문화의 추향을 대표하는 것으로 문학의 공리성, 실용성, 교화성을 강조하는 관점이다.

소객(文人騷客)의 회포(懷抱)에서[8] 나왔는가 아니면 유자(儒者)의 학문
의사(學問意思)나 학문의리(學問義理)에서 나왔는가를 엄격히 따지려
했다.[9] 물론 이황은 유가 성리학을 전공하는 입장에 서 있었기에 학
문의사나 학문의리를 중심에 놓고 문예를 바라보고 평가하는 관점이
우세했다.[10] 이같이 김융은 이황의 문장관을 고스란히 수용하고 있었
던 것이다.

김융은 송대 왕안석(王安石)의 「명비곡(明妃曲)」을 분석한 바 있는
데, 시인의 성정(性情)이 얼마나 도덕적으로 사악(邪惡)한가를 파악하
는 데 초점을 맞춘 바 있다.[11] 이러한 태도는 이황이 시의 내재미(內在
美), 곧 성정(性情)을 중시하고, 시를 통해 상대방의 성정을 가늠하려
는 의식과 통한다.

곽진(郭𡵢, 1568~1633, 호 丹谷) 역시 유교가 지향하는 정통적 문예
관을 견지해나갔다. 그는 "일찍이 살펴보건대, 옛날의 성현께서는 도
덕이 안으로 쌓여 문장이 밖으로 펴져 자연히 말과 이치가 합치하여
공교롭게 하지 않았어도 공교로웠다. (그런데) 시대가 쇠미해지고 문
장이 피폐해지자 온갖 괴이한 현상이 겹겹이 나타나 반드시 기궤고
벽(奇詭高僻)한 것을 숭상하고 분식(粉飾)하고 조각하는 것을 힘써, 사

---

8) 이황, 『퇴계집』 권22, 「답이강이答李剛而」, "臨淸一記, …… 只似從文人騷客懷抱中來,
略無有儒者學問義理一段氣象, 則爲梅溪之作, 決矣."
9) 박장원朴長遠(1612~1671), 『구당집久堂集』 권18, 「차록상箚錄上」, "趙士敬詩曰, 歸來十里江村路,
宿鳥趨林只自知云云, 退翁以爲以詩人趣味論之, 亦甚得意, 然以學問意思看來, 正恐病處在此句上,
何者, 以其太早計也云. 詳味此語, 警省多矣."
10) 이러한 이황의 비평관점은 후대의 이상정李象靖(1710~81, 호 大山)에 와서도 그대로
계승되었다. 이상정은 이태백의 시와 주자의 「무이구곡시武夷九曲詩」를 동일한 관점에서 보려는
시도를 비판한 바 있는데 그 때도 '학문의사學問意思'를 중심에 놓고 논한 바 있다. 이상정,
『대산집大山集』 권7, 「답권맹견答權孟堅」(辛未)를 참조.
11) 김융, 『물암집』 권2, 「제왕안석명비곡후題王安石明妃曲後」를 참조.

람들로 하여금 읽게 하면 눈이 아찔하고 마음이 놀라서 이해할 수 없게 만든 뒤에야, 이를 일러 문장이라고 한다. 문장은 본디 분명하고 평온한 것으로 의리를 개발하여 한 마디 한 구절이라도 풍교에 관련되는 것이니, 한자(韓子, 한유)가 이른바 '사람을 어질고 의롭게 만든다.'고 한 것이 바로 이를 가리키는 것이다."[12]라고 해서 문예의 풍교(風敎) 작용을 중시하였다.

　곽진은 다른 글에서도 여러 차례 험괴(險怪)하거나 기궤한 문자 사용에 대해 반대하는 입장을 나타낸 바 있다. 그가 문장의 표준을 후대의 문장가들에게서 찾지 않고 성현의 글에서 찾았던 까닭이 여기 있다. 도학은 근본이고 문장은 말기라고 하듯이 도학가의 입장에서 보면 언제나 근본이 우선한다. 따라서 문장이 덕의 발현이기에 가공적인 외식은 자연 필요치 않게 되고, 박실(朴實)한 데 힘쓰기를 오래하면 문장이 전아하고 명백해져, 부조(浮藻)함을 추구하는 재자들의 소기(才子小技)로서는 미쳐낼 수 없는 경지에 이를 수 있는 것이다.[13]

　곽진의 저와 같은 내재미(성정미)의 강조는 자연물 인식에도 그대로 반영되어 있다. 대나무의 품격을 분변한 「죽품우열론(竹品優劣辯)」은 곽진의 미의식을 엿볼 수 있는 좋은 자료이다. 그는 사람들이 오죽(烏竹)을 좋아하는 것은 그 외양(外)과 그 이름(名) 때문이니 그 절조(節)와 그 쓰임(用)을 비교해보면 담죽(淡竹)이 으뜸일 것이라 했다. 한편 그가 오죽에 대한 편벽된 미의식을 비판하고 담죽 예찬론을 편

---

12) 곽진, 『단곡집丹谷集』 권3, 「여홍택원시원與洪澤遠施遠」, "嘗觀古之聖賢, 道德積中, 文章發外, 自然言與理合, 不巧而巧, 世衰文弊, 百怪層出, 必以奇詭高僻爲尚, 雕刻粉飾爲務, 使人讀之, 目眩心駭, 不可曉解, 然後謂之文章. 文章本是端的平穩, 開發義理, 一言隻句, 關於風敎, 韓子所謂, 仁義人者, 正指此也."
13) 곽진, 『단곡집』 권3, 「여진여필與秦汝弼」 및 「여박도사여인與朴都事汝仁」을 참조.

이면에는 인재를 외양과 이름으로만 평가하는 세태를 꼬집으려는 의
도가 숨겨져 있었던 것이다.[14]

정칙(鄭栻, 1601~1663, 호 愚川)은 풍부한 경학 · 제자 · 사학 방면의
지식을 기초로 하여 그 위에 문예 수련을 더함으로써 일가를 이룬 작
가였다. 「의송궁문(擬送窮文)」은 그의 문예 인식의 일단을 엿보게 하
는 좋은 자료이다.[15]

「의송궁문」은 주체와 객체의 대화로 진행된다. 주체는 작자 자신이
고 객체는 문예 자체[文神]이다. 정칙은 문장에는 '고금(古今)'과 '경
향(京鄕)'이 있다고 한다. 그런데 자신이 궁한 처지가 된 것은 고문
(古文)과 향문(鄕文)을 추구한 탓이라 하여 그렇게 만든 문신을 나무
랬다. 금문이란 시문(時文)이라 볼 수 있는 바, '질(質)'보다는 '문(文)'
이, 내용보다는 형식이 우세한 문체를 지칭한다. 또한 농촌을 배경으
로 하여 추구되는 문체가 '향문'이라면 성시를 배경으로 추구되는 것
이 '경문'이다. 따라서 향문은 고문에 가깝고 경문은 금문에 가깝다.
이러한 구분 방식은 과문(科文)에 불리했던 처사의 처지를 변호하기
위한 방편이었다. 과문은 형식과 수사가 중시되는 경향이 농후했기에
고문보다는 금문에 가깝고 향문적이기보다는 경문적 성격이 강하다.
형식과 수사에 대한 정칙의 관점은 앞서 살펴본 김융이나 곽진의 경
우에도 나타난다.

문신은 문예가 당대에 명성을 얻게 해주고, 스스로에게 위안을 가
져다주며, 후대에 불후의 명성을 남게 해준다는 점에서 부귀와 비교
할 수 없다고 한다. 이어서 문신은 과문은 부조(浮躁)한 데 비해 문예

---

14) 곽진, 『단곡집』 권5, 「죽품우열론竹品優劣論」을 참조.
15) 정칙, 『우천집愚川集』 권3, 「의송궁문擬送窮文」을 참조.

문은 고도(高蹈)하여 그 지향점이 다르다고 말한다. 그런데 만일 문예문과 과문 모두를 잘하고자 해서 공력을 분산시키면 곤궁한 처지에 빠질 수밖에 없다는 것이다. 이는 문장과 벼슬은 양립하기 어렵다는 주장으로 정칙의 곤궁이 문예에 대한 그릇된 인식에서 비롯된 것임을 꼬집었다.

정칙의 시대는 가문 전통의 유지를 위해 일정한 문예적 역량을 요구하였다. 그는 자제들에게 이렇게 훈계한 바 있다. "문장을 귀하게 여기는 까닭은 다만 과거에 급제하여 영화를 취하기 위함이 아니다. 예의(禮義)와 품절(品節)이 이로부터 밝아지고 지식과 취향이 이로부터 바르게 되기 때문이다. 아무리 스스로 타고난 자질이 도에 가깝다고 여기는 이도 독서와 강학을 통해 때를 벗겨 빛을 내지 않으면, 어둡고 누추해져버릴 것이다. 그리하여 예의도 없고 지식도 없게 된다면 누가 사대부 집안의 자제라고 여기겠는가?"[16] 이러한 목소리는 훗날 강진 유배지에서 자제들에게 보낸 정약용의 편지에서 거듭 울려 나온다.[17] 이는 이황의 '문예를 통해 마음을 바로잡는다[文以正心]'는 심성수양론적 문학관과 일견 거리가 있어 보인다. 정칙이 처사층의 변화하는 문예 인식을 반영하는 관점에 서 있기 때문이다.

---

16) 정칙, 『우천집』 권5, 「경자제설警子弟說」, "所貴乎文者, 非直爲取科第榮耀而已. 禮義品節由是而明, 知識趣向由是而正. 故雖自謂天資近道者, 苟非讀書講學刮垢磨光, 卽亦未免昧陋麤率之歸. 旣無禮義, 又無知識, 卽雖爲士大夫家世子弟乎."

17) 정약용, 『여유당전서』 제1집, 시문집, 권21, 「답이아答二兒」(康津謫中書), "吾觀汝曹志趣, 似欲遂廢文字, 眞箇欲作甿隷之賤耶. 淸族時雖不文, 可以爲姻聯, 可以免軍役, 廢族而不文, 當何如耶. 文猶餘事, 不學無禮, 去禽獸幾何. 廢族往往多奇才, 此無他不爲科擧所累而然, 切勿以不赴科自沮, 勉心經傳, 無使讀書種子隨絶, 懇乞懇乞."

3 처사의 불우(不遇)와 불후(不朽)

김융과 곽진 그리고 정칙의 문예 인식이 16~17세기 안동 처사층의 그것을 완벽하게 포괄해내었다고 볼 수는 없다. 다만 김융과 곽진이 도학가적 성향이 강했던 처사층의 인식을 대변했다면 정칙은 문인 기질이 우세하여 문예 성향이 강했던 일부 처사층의 그것을 변론한 것이다. 그러나 정칙과 같은 경우는 찾아보기 드물다.

> 궁통은 정해진 수가 있으니 누가 능히 억지로 할까
> 의리는 끝이 없지만 스스로 찾을 수 있네
> 공을 거둠에는 늦고 빠름 있지만 귀착은 같나니
> 모름지기 나이가 늦었다고 놀라지 말라[18]

영해의 선비 신활(申活, 1576~1642, 호 竹老)의 작품이다. 실패나 좌절의 경험은 가치관에 변화를 가져오게 한다. 벼슬을 못했거나 거부했던 처사들은 인생의 가치가 세속의 명리에 있다고 믿던 기존의 인식에 정면으로 회의한 사람들이다. 그들은 새로운 가치관을 정립함으로써 자신의 삶을 정당화시킨다. 사람이 운수가 궁하면 빈천해지고 통하면 부귀해진다. 세상의 의리는 무궁하지만 사람이 노력하면 터득할 수 있다. 공부가 늦었다고 말하지 말라. 늦고 빠름의 차이가 있을 뿐 진리의 세계로 돌아감은 마찬가지가 아닌가. 벼슬 못한 선비가 벼슬한 선비보다 위대해지는 길은 독서하고 궁리해서 '불후의 사업'을

---

18) 신활, 『죽로집竹老集』 권1, 「술회述懷」, "窮通有數誰能强, 義理無涯自可尋, 早晚收功歸一域, 不須驚却歲華深."

성취하는 것이다. 이렇게 처사들은 가치의 중심을 현재가 아닌 미래에서 찾으려 한다. 신활의 시는 이러한 정황을 잘 말해주고 있다.

선비에게 불후(不朽)한 사업은 무엇인가. '입언수후'(立言垂後)이다. 저술을 남겨 후세 사람들에 의해 영원히 기억되고 추앙받는 것이다. 다른 방면에서 업적을 남기기 어려웠던 산림처사로서는 저술이야말로 궁극적으로 성취 가능한 유일한 사업이었다. 그들은 실의와 좌절속에서 생겨난 우울과 불만을 문화 창조의 에너지로 승화시켰다. 학술과 문예에 몰두하여 탁월한 이론과 창작을 시현해보임으로써 자신의 존재 의의를 확인했다.

처사층의 학술 활동은 자연과학적 방면과 관련한 것은 거의 없다. 절대다수가 역사, 철학, 문학 등 인문과학에 해당하는 것들에 집중된다. 철학적인 방면, 즉 경전 연구에 있어 이들은 주로 의리학(義理學)과 예학(禮學), 그리고 역학(易學)에 남다른 열의를 보였다. 의리학은 주로 주자성리학(朱子性理學)을 말하는 바, 이황 학문의 중심이었던만큼 안동의 처사들은 이를 기본적으로 연구하지 않을 수 없었다. 예학은 주로 일상적인 세절의례(細節儀禮)가 중점적으로 연구되었다. 처사로서 향촌 사회에서 일정한 지위를 유지하기 위해서는 생활 속의 예법에 해박한 지식을 가지고 있지 않으면 안 되었다. 예로부터 유자(儒者)는 상례자(相禮者)로 불렸다. 예학에 밝지 못한 처사는 향촌 지식인으로서 자기 역할을 수행하기 어려웠다. 특히 상례(喪禮)와 제례(祭禮)에 대한 세세한 논의들이 많이 연구되었다. 가장 복잡한 생활의례가 바로 상·제례였기 때문이다. 속례(俗禮)와 가례(家禮) 그리고 고례(古禮) 중에서 어느 것이 이치와 형편에 합당한가를 따져 질의·응답하였다. 역에 대한 연구는 공자의 위편삼절(韋編三絶)의 고사에서 적지 않은 영향을 받았다. 공자 스스로도 만년에 와서 역경 연구에 열중했듯이 처사들도 자신의 운명에 대해 심각한 고민을 거듭했던 부류였으므로 예측학적인 성격을 지닌 역서에 호감을 느꼈을 것이다.

뛰어난 학술 업적을 남긴 이들은 학자형 처사에 속한다. 안동문화권에는 이런 부류의 처사들이 상당수 존재했다. 그에 반해 문예 방면의 저술에 공력을 기울인 문인형 처사들은 그리 흔치 않았다. 안동 선비의 문예 활동은 한시 창작이 주를 이룬다. 안동 선비는 한시 창작을 통해 처사 생활의 감정과 사상을 담아냈다. 그들은 사회 현실, 정국 상황을 시의 소재로 다루기보다 전원과 산수를 제재로 택하여 자연 경물의 정취를 즐겨 표현했다.

3장

안동 선비의 한시 창작과 풍류 양상

정칙은 「논시우음(論詩偶吟)」에서 "문장은 시의 조종이요. 시는 문
장에서 발전된 것이라"[19] 하여, 시문학을 산문의 지엽이라 여겼지만,
처사인 그로서는 삶의 표현 방식으로서 시가 창작이 절실히 필요했
다. 「수창시서(酬唱詩序)」라는 글을 통해 이러한 정칙의 욕구를 읽을
수 있다. 그는 "시의 창작은 요컨대 정감을 표현하고(道情) 회포를 풀
어내는(敍懷) 것으로 많은 것을 자랑하거나 아름다움을 다투고자 하
는 것은 아니다."[20]라 한다. 즉 서정성(抒情性, lyricism)을 중시하는 시
가관으로 시의 서사성(敍事性, narrativity)에는 그리 주목하지 않은 듯

---

19) 정칙, 『우천집』 권2, 「논시우음論詩偶吟」, "文者詩之祖, 詩爲文所推. (源洪流自達, 根遠葉方滋,
     渾健眞堪尙, 雕華未足奇, 癡前難說夢, 留與子雲知, 余論素如此, 多爲詩家所笑)."
20) 정칙, 『우천집』 권5, 「수창시서酬唱詩序」, "詩之作, 要以道情而敍懷, 不欲誇多而鬪靡也."

하다. 이는 그가 시에 대해 거대하거나 심각한 의미를 부여하지 않고, 생활의 일부로 여긴 까닭이다. 그런데 생활 속에서 가장 많이 실천되는 시는 다름 아닌 '수창시(酬唱詩)'였다.

그는 수창의 계기와 필요에 대해 이렇게 말한다.

친한 벗이나 좋아하는 우인이 문득 서로 만나 평소에 답답했던 생각과 당시의 기뻤던 마음이 있지만 말로는 부족하고 그림으로도 그려내기 어려울 때, 읊조려 펴내지 않으면 어찌 (그 마음을) 비슷하게 형용해낼 수 있겠는가? 하물며 아울러 난리시절을 만나 모두가 때를 슬퍼하는 한을 안고 있지만 통곡을 해도 안 되고 눈물을 흘려도 다하기 어려울 때, 시를 버리고는 더욱 그 만에 하나라도 (그 한을) 제대로 그려낼 수 없다. 어찌 다만 초야에서 궁고(窮苦)하며 감분(感憤)한 바가 있어 (시를) 지을 뿐이겠는가?[21]

정칙이 말한 수창시는 매우 일상적인 계기를 통해 성립한다. 하나는 벗과 만났을 때이고 다른 하나는 난리를 만났을 때이다. 그런데 정칙은 일찍이 병자호란이라는 엄청난 전란을 겪었다. 뿐만 아니라 16~17세기의 선비들은 거의 모두가 한 차례 이상 전란을 경험한 세대들이다. 필시 전란의 체험을 시로 형상화하였을 것이다. 벗과의 만남은 비록 16~17세기가 아니더라도 항상적으로 발생하는 사태이다. 그러나 유독 16~17세기 안동 처사에게 그것이 시가 창작의 큰 부분

---

21) 정칙, 『우천집』 권5, 「수창시서」, "若夫親朋好友, 忽然相遇, 平日鬱陶之思, 當時歡悅之意, 言之不足, 畫之難狀者, 苟非發諸吟咏, 則曷能形容其彷彿乎. 況乎幷際離亂之日, 共抱傷時之恨, 痛哭之不可, 流涕之難盡者, 捨詩尤無以模寫其萬一, 豈但草野窮苦有所感憤而爲也哉."

을 차지할 만한 이유가 있다. 처사층은 거의 대부분 출사의 경력이 없
었던 관계로 관료 생활에서 오는 다채로운 경험을 시로 표출할 만한
처지가 아니었다. 때문에 그들은 도리어 거주 공간을 중심으로 가족
과 이웃 그리고 벗과의 관계에서 오는 감흥을 시로 표출하는 일이 잦
았다. 처사층의 시가 소재 면에서 매우 단조롭게 느껴지는 이유가 바
로 여기에 있다.

1 처사 한시의 소재(素材)와 지향(志向)

위에서 정칙은 벗과의 만남에서 표출되는 시의 내용을 두 가지로
집약하였다. 하나는 '평소에 답답했던 생각'이고 다른 하나는 '만남의
즐거움'이다. 전자의 답답함은 출사에 낙오했거나 불운했던 처사 계
층의 분만을 가리키는 듯하고, 후자의 즐거움이란 동일계층의 인사들
이 서로의 동지애를 확인함으로부터 오는 풍류의 세계를 뜻한다.
「수창시서」는 며칠 동안 그의 벗과 수창한 내용에 대해 말하면서
"어의(語意)의 교졸(巧拙)이나 격률의 정추(精粗)는 모두 논할 틈이 없
다. 그러나 그 이른바 도정서회(道情敍懷)하고 상시탄세(傷時歎世)한
뜻은 사표(詞表)에 넘쳐났지만 궁고감분(窮苦感憤)한 작품이 우리들
입에 오르지 않는 것은 마땅하다."[22]고 했다. 여기서 우리는 정칙이 생
각한 처사층 시 세계의 세 가지 유형을 찾아볼 수 있다. 첫째는 '도정

22) 정칙, 『우천집』권5, 「수창시서」, "(近者子仁氏緣避痘, 移寓于比隣, 此實天假之便,
    以慰吾兩人岑寂耳. 朝焉而會, 夕焉而散, 今日而如是, 明日而如是, 清談縱博之暇, 又事乎唱酬,
    不旬日而盈篋). 語意之巧拙, 格律之精粗, 皆不暇論, 而若其所謂道情叙懷傷時歎世之意,
    則溢乎詞表, 至於窮苦感憤之作, 則所當絶於吾輩之口也."

서회'이고 그 다음은 '상시탄세'이며, 끝으로 '궁고감분'이다.

'도정서회'는 앞서 말한 것과 같이 가장 일차적이고 일반적 시 세계이다. 서로의 생각이나 회포를 시를 통해 전달하는 단계에 그치는 것이 도정서회이다. 즉 구체적으로는 답답한 마음과 만남의 즐거움이 아울러 표현되는 단계이다. 이러한 일반성의 기초 위에서 상시탄세와 궁고감분의 개별적이고 특수한 서정의 단계가 전개된다. '상시탄세'는 난리를 만나 시대를 슬퍼하거나 불우한 세상을 탄식하는 정회이다. 이 단계에 오면 직접적으로 사회 문제가 제기된다. 개인적인 서정이 사회적인 공간 속으로 확대되어 나타난다. 이 단계에서 서정의 차원을 극복하고 서사의 차원으로 발전하면 정감의 유로(流露, overflow)가 억제되고 사실의 진술이 위주가 된 서사시로 탈바꿈한다. 그러나 우리는 아쉽게도 처사층의 시가에서 좀처럼 서사로 발전한 작품을 찾기 어렵다. 이는 거꾸로 그만큼 객관적인 거리를 유지하여 차분하게 실사를 그려내기에는 그들의 가슴에 분만(憤懣)의 정서가 가득 차 있었기 때문이 아닌가 싶다.

'궁고감분'의 세계 역시 처사층만이 지닐 수 있는 독특한 시가 내용이다. 정칙은 수창시에서는 이러한 부분에 대해서 말하지 않았다고 했다. 왜냐하면 궁고감분의 서정은 일종의 넋두리와도 같아서 너무나 천근하고 소극적인 생활 정서라고 판단했기 때문일 것이다. 그러나 문예란 갇혀진 마음을 외부세계로 밀어내는 방식이다. 더구나 시는 불평한 심적 상태, 고민을 해소하려는 의도에서 써지는 경우가 많다. 마음의 평형이 깨질 때, 시로써 다시 그 평형을 회복하려고 하는 것이다. 정칙이 '궁고감분'한 시는 짓지 않는다고 말했지만 안동 선비들은 '불평'한 심사를 시로써 울어대지 않을 수 없었다.

안동 수곡(무실)의 처사 유인배(柳仁培, 1589~1668, 호 猿溪)는 일찍이 말하기를 "시를 사랑해서 시를 짓는 것이 아니라[溪翁非是愛吟詩]"고[23] 했다. 즉 '일정한 계기'에 따라 그대로 말해지는 것이 시라는 입장을 보였다. 유인배는 자신의 정감을 시로써 쏟아내지 않을 수 없는 그 '때'를 여섯 가지로 제시한 바 있는데, 모두가 서정자아의 우세가 두드러진다. 그가 제시한 창작 계기를 살펴보면, 첫째는 고민을 밀어낼 때[排憫時], 둘째는 흥을 탈 때[乘興時], 세 번째는 늙음을 잊을 때[忘老時], 넷째는 세상을 잊을 때[忘世時], 다섯째는 이별을 슬퍼할 때[傷別時], 그리고 여섯째는 도를 근심할 때[憂道時]이다.

　즉 시를 가지고 고민을 밀어내고 흥취를 풀어내며 늙음을 잊고 세상사를 잊으며 별리를 슬퍼하고 세도를 근심하는 것이다. 이처럼 처사의 시가 창작은 그들의 일상적인 생활 정조 그 자체였다. 그들이 써낸 무수한 시편들은, 창작 계기는 다소 다르지만 주제 구현의 측면에서 보면, 모두가 고민하는 처사들의 내면 풍경을 엿보게 한다. 그 가운데에서도 고민의 중핵에는 늘 '출사'의 문제가 서려 있다. 물론 주된 고민 양상은 출사의 실패에 따른 불안정한 심리 상태로 나타난다. 대부분의 작품들은 감정의 절제가 현저히 눈에 뜨이지만, 간혹 격앙한 감정토로가 이루어진 경우도 엿보인다. 처세의 고민을 노래한다고 해서, 시종해서 고민의 표출로 일관하는 예는 드물다. 고민을 적절한

---

23) 유인배, 『원계집猿溪集』 권2, 「효강절수미음체效康節首尾唫體」. 명나라 서사증徐師曾은 「문체명변서설文體明辨序說」에서 "「수미음首尾吟」이라는 것은 한 구를 가지고 머리와 꼬리에 모두 사용하는 것인데, 이 체제는 다른 문집에는 실려 있지 않고, 오직 송나라 소옹邵雍의 시집에만 실려 있다(首尾吟者, 一句而首尾皆用之, 此體他集不載, 唯宋邵雍有之)."라 했다. 소옹은 「수미음」을 무려 136수나 지었다. 그 가운데 "요부비시애음시堯夫非是愛吟詩"로 시작되는 「수미음」도 여러 수 남아 있거니와, 유인배의 작품도 소옹의 그것을 본뜬 것이다.

선까지 표출하되 일정한 단계에 오면 고민을 감내하고자 노력한다. 그리하여 고민적 요소 속에서 새로운 위안을 찾아 안주하기도 하는 것이다.

이와 같이 정칙의 시가관은 처사층의 심리 상태를 적절히 나타내 보여준 것으로, 이황이 수창을 통해 상대가 지닌 성정의 양태를 가늠하려 했던 태도와는 질적인 차이가 있다. 이황은 사람마다 간직한 수정(愁情)이나 흉중의 묘처(妙處)는 본인이 말로 표현하지 않는 한 알 수가 없다고 하여 문학의 필요성을 제기한 바 있거니와, 그 가운데서도 수창의 기능을 매우 강조했다. 고인들의 절시보인(切偲輔仁)하는 도리에서 본다면, 수창의 왕복이 말단의 일에 속할지는 모르지만 또한 '마음과 생각을 묘사하여 전달하고[輸情寫意]' '풍자하고 비유하여 감발시키는[諷喩感發]' 기쁨이 있기 때문에 고인들도 즐겼다고 생각했다.[24] 또한 두 사람 사이의 수창은 서로의 수양(修養)을 위해서도 절실하다고 했다. 그래서 이황은 늙은 나이에 젊은 문생들과 수창하는 것을 전혀 부끄럽게 생각하지 않았다. 그들과의 수창이 자신의 퇴락(頹落)한 마음을 일깨워주기 때문이다.[25] 그런데 이러한 이황의 심성 수양적 혹은 도학적 관점이 임진왜란과 병자호란을 거치면서, 정칙의 시대에 오면 그렇게 중시되지 못하고 주변으로 밀려나고 있음을 알

---

24) 이황, 『퇴계속집』권4 , 「여황중거與黃仲擧」, "酬唱往復, 自古人切偲輔仁之道觀之, 已爲末事, 而猶有輸情寫意, 諷喩感發之快, 故古人樂之." '절시(切偲)'는 간절할(절)과 책선할(시)가 결합한 한자어인데, 『論語 · 子路』에서 "切切偲偲, 怡怡如也, 可謂士矣. 朋友切切偲偲, 兄弟怡怡."라 하여, 공자가 '벗을 사귐에 서로 간절하게 선행을 권면하고 격려하는 모습'이란 뜻으로 "切切偲偲"란 표현을 사용한 바 있다. '輔仁'이란 "벗으로서 교제를 통해 상대방의 인격적 향상을 돕는다"는 뜻으로 『論語 · 顏淵』의 "曾子曰, 君子以文會友, 以友輔仁."에서 나왔다.

25) 이황, 『퇴계집』권4, 「차운, 답조사경, 이절次韻, 答趙士敬, 二絶」, "兩君酬唱切交修, 起我頹心老不羞."

수 있다.

안동 선비들은 전원과 산수를 제재로 택하여 자연경물의 정취를 즐겨 표현한다. 산수를 빌려 자신의 사상과 감정을 토로했던 처사들은 산수미에 대해 남다른 심미안의 소유자들이었다.

전원시는 처사층의 거주 기반과 밀접한 관련을 갖고 있다. 생활의 근거지가 바로 전원이었기 때문이다. 전원시의 주된 내용은 전원의 풍경과 노동의 현장 그리고 기상의 변화에 따른 흥취, 그리고 농촌과 농민의 풍속 습관에 대한 묘사에 이르기까지 다종다양하다.

안동의 처사층은 목가적 정취를 붓끝에 담아내는 동시에 그들의 풍류 생활도 중요한 시의 소재로 활용하였다. 김시온(金是榲, 1598~1669, 호 瓢隱)은 시에서 "푸른 하늘 삼경인데 하얀 달빛 흐르고, 맑은 강 십리라 외론 배를 띄웠더니, 학은 어부사 노랫소리에 놀라 서쪽으로 날아간다. 묻고 싶구나, 소동파가 적벽에서 놀이하던 시절을."[26]이라 하여, 분천 애일당(愛日堂)에서 도산 천연대(天淵臺)로 향하여 배를 띄우고 「어부사(漁父詞)」를 큰 소리로 불러대며 마음껏 풍류를 즐긴 감회를 간결하게 표현해내었다. 실제로 작자가 금화숙(琴和叔, 이름은 성휘(聖徽), 1622~1682)이라는 선비가 「어부사」를 창했다고 각주하고 있는 것으로 볼 때, 국문 시가가 즐겨 불리게 되는 계기도 이처럼 강호풍류에서 마련되고 있다.

---

26) 김시온, 『표은집瓢隱集』 권1, 「임인9월12일야, 자애일당범주, 향천연대, 봉차김학사선생운壬寅九月十二日夜, 自愛日堂泛舟, 向天淵臺, 奉次金鶴沙先生韻」, "碧落三更素月流, 淸江十里弄孤舟, 鶴驚漁唱西飛去, 欲問蘇仙赤壁秋."(琴和叔唱漁父詞).

2 고민, 술과 시, 그리고 전원과 산수

안동 무실[水谷]의 선비 유직(柳稷, 1602~1662, 호 百拙庵)은 800여 명의 영남 유생이 연명하여 우계 성혼과 율곡 이이의 문묘종사 반대를 위한 소를 올리려 할 때 우두머리[疏首]로 참가한 바 있다.[27] 그 때문에 반대당의 미움을 받아 성균관의 유생 명단인 『청금록(靑衿錄)』에서 그의 이름 아래 누런 딱지를 붙이는 부황(付黃)에 처해졌다. 부황에 처해지면 단순히 유적(儒籍)에서 이름이 빠지는 것은 물론이고 선비로 인정되지 않아 과거에 응시할 수 없었다. 벼슬길이 막힌 유직으로서 할 수 있는 일은 전원에 은거하며 독서하고 강학하며 후진을 기르는 일 뿐이었다.

부황과 같은 불명예를 안고 살아가야 했던 유직의 심사가 어떠했을까? 우율의 문묘종사를 반대하는 운동에서 선봉을 섰던 그였기에 자신을 종신토록 관리가 될 수 없도록 폐고(廢錮)시킨 현실에 울분을 느껴 저항하려 했을 법도 하다. 그의 문집에 실린 한시를 가만히 들여다보고 있노라면 '호방'한 기풍 속에 은근히 '격정'과 '분만'의 정서가 감지된다. 아마도 이런 분격(憤激)한 정서는 얼마간 기질적으로 타고난 듯하며, 젊은 시절부터 이루어진 시적 발산이 멈추지 않고 만년까지 간헐적으로 지속된 것 같다.

먼저 30대에 지은 시를 살펴보자. 유직은 병자호란을 겪고 난 뒤의 정신적 고통을 표현하기를, "서른이 지나 이미 늙은이가 되었으니, 난리 통에 귀밑머리가 온통 하얗게 세었네. 부질없이 눈물을 뿌리며 북

---

27) 이시명李時明(1590~1674)의 「논우율종사소論牛栗從祀疏」(爲道內士林作, 庚寅, 1650, 효종1, 『석계집石溪集』)를 참조.

쪽을 바라보니, 은하수를 끌어다 우리나라 뿌리고 싶어라. 삼월이라 봄빛이 아름다운 경치 제공하고, 한 해의 꽃소식은 광풍을 두려워하는데, 아무도 술을 보내 수심을 풀어주지 않아, 홀로 충란에 기대서니 생각이 끝이 없네."[28]라 했다. 은하수[明河]를 끌어다 우리나라(海東)에 뿌리고자 하는 원망은 호란의 수치를 씻어 보고픈 간절한 욕망의 표현이다. 아름다운 시절은 도래하고 눈앞의 현실은 참담하여 복잡한 정회와 교차되는 착잡한 상황이 잘 묘사되었다.

유직은 김상헌(金尙憲, 1570~1652, 호 淸陰)이 척화론자(斥和論者)라 해서 심양(瀋陽)으로 끌려가게 되었을 때 그를 전별하며 건넨 시에서 "충의가 당당하여 윤상을 붙잡았으니, 이번 행차에 하필 눈물로 치마를 적실까. 멀리서도 알겠노라! 큰 움집에서 소무가 먹고 남은 눈이, 다시 삼한 열사의 창자 속으로 들어갈 것을"[29]이라고 했다. 주지하듯이, 한무제(漢武帝) 때 소무(蘇武)가 흉노에 사신을 갔을 때 선우가 그를 억류하고 항복시키려 하였다. 소무가 굽히지 않자, 대교(大窖)에다 감금하고 음식을 주지 않았는데, 소무가 눈과 깃발을 먹고 연명했다. 나중에 북해로 옮겨져 지내다가 19년 만에 한 나라가 흉노와 화친을 맺자 풀려나 귀국하였다. 시에서 말한 '큰 움집'은 바로 이와 같은 소무의 고사에서 이끌어온 것이다. 유직은 시에서 김상헌의 척화 행위를 정당한 것으로 평가하여 '윤상을 지켜낸 영웅'으로 예찬하면서, 김상헌이 심양으로 끌려가서 어떠한 고난을 겪더라도 소무처럼 굳게

---

28) 유직, 『백졸암집百拙庵集』 권1, 「감음感吟」, "三十過來已作翁, 鬢毛渾白亂離中, 空揮危涕瞻天北, 欲挽明河洗海東, 三月春光供美景, 一年花信怕狂風, 無人送酒寬愁絶, 獨倚層欄思不窮."

29) 유직, 『백졸암집』 권1, 「김청음이척화북행, 술회봉정金淸陰以斥和北行, 述懷奉呈」, "忠義堂堂是秉常, 此行何必淚霑裳, 遙知大窖留餘雪, 更入三韓烈士腸."

절의를 지켜 '열사'가 될 것으로 확신해 마지않았다.

50대 후반에 지은 시 가운데 17세기 안동의 궁핍상을 잘 다루고 있는 「주린 백성[飢民行]」³⁰은 주목할 만한 작품이다. 유직은 만년에 엄청난 자연재해를 경험한다. 붓을 들어 말하지 않으면 안 될 정도로 엄청난 충격을 받은 것이 분명하다. 초반부에서 "기해(己亥, 1659)라고 기록된 해는 흉년이 들어, 큰 비가 수개월 동안 내려 물이 언덕까지 올라왔으니, 영남이 모두 그러했지만 안동이 더욱 심하여, 본 것이 참혹함은 비교하기 어려웠도다!"³¹라 하여, 17세기 후반 안동의 흉년이 가져다준 참상이 상상 외로 심각했음을 말하고, 이어서 그 참혹한 실상을 이렇게 적어 내려갔다.

가을걷이는 열에 하나도 할 수 없고
조정에선 조세를 감해주나 감해도 할 수 없어
이랑에 남은 나머지 양식은 모두 관으로 보내지자
민생들은 먹고살기 어렵다고 엉엉하고 울어댄다.
자루고 항아리고 텅 비어 생계가 이미 극도로 피폐하니
30일에 아홉 번 조석을 해결할 수 있을까³²

재해로 인해 수확량이 격감함에 따라 조정에서 감세 조치를 취했다. 감세는 구휼을 위한 바른 정책이 아니었다. 면세가 아닌 바에 감

---

30) 유직, 『백졸암집』 권2, 「기민행飢民行」.
31) 유직, 『백졸암집』 권2, 「기민행」, "己亥紀年年不登, 大雨數月水襄陵, 嶺南皆然福爲尤, 所見慘酷難比侔."
32) 유직, 『백졸암집』 권2, 「기민행」, "秋成不能什居一, 朝廷蠲租蠲不得, 棲畝餘糧盡輸官, 民生嗷嗷民食艱, 囊空瓶竭計已極, 三旬九遇度朝夕."

세를 가지고서는 가렴주구를 피할 수 없었다. 이렇게 유직은 관의 착취 끝에 민생이 파탄 나 '삼순구식'도 어려운 이비규환의 현장을 여과 없이 그려내었다. 기해년의 재앙은 이듬해에도 계속되었다.

경자년 봄엔 마침내 크게 기황이 들어
굶어죽은 시체가 길을 덮었으니 더욱 슬프구나.
고니 머리에 갈라진 창자로 힘이 없이
푸성귀 빛이 얼굴에 가득하여 가다가 거꾸러지네![33]

기해년의 착취에도 불구하고 민중의 생명은 억새풀같이 질긴 것이어서 목숨만은 어느 정도 부지할 수 있었는데, 이듬해 경자년(1660)에도 흉년이 들어 더 이상 생명을 부지할 전망이 보이지 않았다. 안동의 선비라고 생존의 싸움터를 빗겨갈 수 없었다. 때문에 그들은 지탱하기 어려운 몸뚱이를 이끌고 목숨을 부지하기 위해서 무슨 짓이던 해야만 했다.

집을 잡히고 밭을 팔아도 댈 수가 없어
창두(奴)와 적각(婢)은 두어 섬을 쳐주네.
빽빽한 소나무들은 껍질이 온전한 것이 없고
아침에 빠개고 저녁에 캐기에 힘이 너무나 피곤하구나.[34]

---

33) 유직, 『백졸암집』권2, 「기민행」, "庚子之春遂大饑, 餓殍載路亦孔悲, 鵠頭龜腸鸒鸒然, 菜色滿面行且顚."
34) 유직, 『백졸암집』권2, 「기민행」, "典宅賣田亦不給, 蒼頭赤脚直數斛, 森森萬松無完皮, 朝斫暮採力已疲."

먹을거리의 획득을 위한 투쟁에서 다른 모든 것은 거래되는 물건에 불과했다. 집이 그렇고 논밭이 그랬으며 노비가 그랬다. 세상에서 목숨과 맞바꿀 수 있는 물건은 없다. 흉년은 이렇듯 소유를 일시에 상실한 인간형들을 대면하게 한다. 생의 욕구로 그들은 예의 소나무 껍질 채취에 몰두하도록 숲으로 향한다. 처절한 생존의 몸부림은 필사적이었지만 종당에는 희망이 보이지 않는 싸움이었다. 누군가의 도움이 필요했다. 그러나 배부른 자는 배고픈 자의 설움을 모르는 법이다. 그 배부른 자가 관료든 부자든 기민들에게는 아무런 힘이 되어주지 못했다. 그래서 유직은 "배불리 쌀밥과 고기를 먹는 자는 누구인가? 백성이 야위어 감을 근심 없이 바라보며, 제 몸만 살찌우네. 말라죽어가는 물고기에게 누가 한 말의 물을 빌려주어 살릴까? 마른 바퀴 웅덩이에 처해 있는 황급한 물고기는 강물의 터짐을 기대하지 않는 법이라. 북쪽 궁궐에서 바야흐로 백성의 초췌함을 어루만져 주시고, 남풍 부는 보리 철이 이제 장차 이르리니, 아! 우리 기민들이여 행여 잠깐만이라도 죽지 않기를?"[35]하고 조금만 더 인내하자고 호소한다.

유직의 전원시에 나타난 생활미의 양상을 살펴보기로 한다. 유직은 전원의 흥취를 잘 반영하고 있는 작품으로 「산거잡영(山居雜詠)」[36]을 남겼다. '산거잡영'이란 문자 그대로 산 속에서 이러저러하게 이루어지는 삶을 노래했다는 듯이다. 여기서 '산거'라 했지만, 실제 거주 기반은 전원이다. 다만 전원이 산과 이웃해 있고, 처사적 특징을 보여주기 위해 '산'이 끼어들었을 뿐이다. 유직은 잡영의 소재로 열네 가지

---

35) 유직, 『백졸암집』 권2, 「기민행」, "厭飫粱肉者何人, 恝視民瘠肥其身, 枯魚誰借斗水活, 涸轍不待西江決, 北闕方看畛民瘁, 南風麥秋今將至, 嗟我飢民幸無須臾死."
36) 유직, 『백졸암집』 권2, 「산거잡영山居雜詠」.

를 선택했다. 물론 이 열네 가지 범주로 처사층의 전원생활을 모두 다 표현했다고 할 수는 없지만 주요한 움직임은 어느 정도 개괄하고 있다. 유직이 포착한 주요 생활 범주는 다음과 같다. 작은 집을 짓고[築室], 시를 지으며[吟詩], 술을 마시고[飮酒], 모임을 갖고[修禊], 밭을 갈고[耕田], 채마밭을 가꾸며[治圃], 손님을 맞고[對客], 낚시를 하며[釣魚], 국화놀이를 하고[泛菊], 닭을 키우며[育鷄], 송아지를 기르고[牧犢], 책을 빌리며[借書], 솔잎을 따먹고[餐松], 절간의 중을 찾는다[尋僧]. 노동과 오락이 한 데 어우러진 삶의 모습이 그려진다. 모두가 일상적인 범주를 이탈하지 않아 소박한 몸짓이 두드러진다.

그중에서 몇 가지를 제시해본다.

「시를 읊조리다」

읊는 것이 버릇이 되었다고 이상하게 여기지 마소

모두가 흥에 따라 하는 일임을

봄산에 꽃이 만발하는 날

가을밤 달이 밝을 때

물경에 접촉하면 인하여 의당 노래하나니

잔 잡고 어찌 시를 그만둘거나

고래로 이 훌륭한 취미는

오직 적선(이태백)만이 알리라[37]

---

37) 유직, 『백졸암집』 권2, 「산거잡영」, '음시吟詩', "莫怪吟成癖, 都緣興不支, 春山花發日, 秋夜月明時, 觸物仍宜詠, 持杯肯廢詩, 古來妓勝趣, 惟有謫仙知."

「술을 마시다」

한 잔 또 한 잔
서 말 하고 또 열 말
이때 만일 마시지 않는다면
머리에 두건을 공연히 저버리는 일
어찌 도연명을 섬기면서
잔 속의 술을 마시지 않는가!
큰 잔으로 한번 취하고 나면
천지가 무하유지향이 되는 것을[38]

　이태백과 도연명의 후예를 자처하고 나서는 모습에서 진작 처사의 낭만적 풍류를 느낄 수 있거니와 술과 시는 처사의 멋을 훈훈하게 풍겨주는 미의 원천이었다. 유직은 '흥'을 매우 중시했다. 흥이란 일정한 미감에 반응하여 나타나는 심미적 향유 욕구이다. 유직은 객관 물경이 내면의 정감과 마주치면 시를 짓지 않을 수 없다고 했다. 바람이 불어오면 누워 있던 풀잎도 제 몸을 일으키는 것처럼, 눈과 귀를 즐겁게 하는 사물을 보는 순간 인간의 정감도 움직이게 마련이다. 더구나 아름다운 계절의 흥취가 술잔의 도움으로 한층 고조되는 마당이니 망설이지 말고 붓을 들어 시로 자연을 노래하지 않을 수 있겠는가.
　'머리에 두건을 공연히 저버리는 일'이란 일찍이 도연명이 칡으로 만든 두건을 가지고 술을 걸러 마셨다[漉酒用葛巾]이라는 고사를 뒤

---

38) 유직, 『백졸암집』 권2, 「산거잡영」, '음주飮酒', "一杯又一杯, 三斗兼十斗, 此時若不飮, 頭上巾空負, 何事陶淵明, 不飮杯中酒, 大酌成一醉, 天地無何有."

집어서 표현한 것이다. 즉 "술도 안 마실 거면 머리에 두건도 벗어버려라!" 하는 빈정대는 어투가 도사린 표현이다. '무하유지향'은『장자』「소요유」에 나오는 말로 '있는 것이란 아무것도 없는 곳'이라는 뜻으로, 장자가 추구한 무위자연의 이상향을 뜻한다. 부황에 처해져 폐고 된 상황을 염두에 둔다면, 술의 기운을 빌어 '무하유지향'에 몰입하고자 하는 유직의 마음이 조금은 이해될 것 같다.

조선조 서지학사에서 기념비적 저작으로 평가되는『해동문헌총록(海東文獻總錄)』을 남긴 김휴(金烋, 1597~1638, 호 敬窩)도 시와 술을 호방하게 노래한 시를 남긴 바 있거니와 유직의 작품과 좋은 짝을 이루어 감상할 만하다.

국화 시에 국화 술

술 한 잔에 시 한 편

한 잔 한 잔 잔이 몇 번 돌자

일 편 일 편 편이 장차 천편

차가운 등불에 맑은 대화로 밤은 깊어만 가고

기러기 소리 멀리 추강 연기 속에 떨어지고

주인의 풍류는 왕·사를 압도하고

당상의 취객은 길도록 깨어나지 못해

시편은 나에게 있어 내 사양치 않나니

술잔이 그에게 가면 그대는 멈추지 마라

내일 아침 문득 구성(영주)을 향해 떠나가면

백리 길에 오직 청산백운만을 만날 것을[39]

이 시를 두고, 초서(草書)로 일가를 이루어 더욱 유명해진 정윤목 (鄭允穆, 1571~1629, 호 淸風子)이 "(고려조의 대문장가) 상국(相國: 재상) 이규보(李奎報, 1168~1241) 이후로 첫째가는 분"이라고 격찬했다 한다. 김휴는 작품에서 풍류가 호일(豪逸)한 처사의 기풍을 거침없이 표현했다.

'시를 짓는다.'는 '부시(賦詩)'는 '독(讀)'자나 '서(書)', 혹은 '황권(黃卷)'자와 함께 처사의 본색을 표지하는 낱말이다. 독서하고 작문하는 것으로 선비가 학문과 문예를 좋아하여 학식과 재화(才華)가 빼어남을 뜻하기 때문에 처사들의 작품에서 '부시(賦詩)', '독서(讀書)'는 가장 자주 사용된다. 또한 '취(醉)', '음(飮)', '주(酒)' 역시 처사들이 즐겨 사용하는 시어인데, 이들 낱말은 흔히 술에 빠져 세월을 보냄을 뜻하기도 하고, 혼탁한 세상이 가져다준 시름을 잊겠다는 의지의 표현이기도 한다. 그리하여 비록 돌아가는 세상사를 들어 알고 있지만 굳이 세상사에 관심을 두지 않겠다는 뜻을 암시하기도 한다.

특히 '취(醉)'는 '광달(狂達)'한 은자들의 기상을 표현하기에 알맞은 낱말로 중국 위·진 정권 교체기에 정치권력에 등을 돌리고 죽림에 모여 거문고와 술을 즐기며 청담(淸談)으로 세월을 보낸 죽림칠현의 중심 인물인 완적이나 유령과 같은 유형의 선비들 작품에서 많이 나타나는데, 안동 풍류형 선비들의 시에서도 종종 사용되었다.

다시 유직의 「산거잡영」으로 돌아가 보자.

---

39) 김휴, 『경와집敬窩集』 권2, 「정기은숙呈某隱叔」(鄭淸風批云李相國後一人): "菊花詩菊花酒, 酒一杯詩一篇, 一杯一杯杯幾巡, 一篇一篇篇且千, 寒燈淸話五更夜, 鴈聲遠落秋江烟, 主人風流壓王謝, 堂上醉客長不醒, 詩篇在我我不辭, 酒杯到君君莫停, 明朝卻向龜城去, 百里惟見雲山靑."

「모임을 갖다」

낙중의 진솔한 모임이요
난정의 삼짇날 모임이라
소년과 어른이 다투어 모여들어
음식을 차례로 진설한다네.
이에 진실로 서로 호의를 나누니
즐거움은 이루 다 헤아릴 수 없도다.
이제부터 영원토록 바꾸지 말아
연년이 또 세세토록 이어가기를[40]

「밭을 갈다」

돌산이 궁벽 진 골짝에 통해있으니
낮은 땅이 어찌 기름진 밭이 될까
산비 속에 기울여 갈았다가
둔덕 구름 가에서 위태롭게 베는구나.
천명은 모두 근본을 위하나니
생민이 곧 하늘로 여기는 바라
돼지족발 제물을 가지고 뽐내면서
다만 대풍년이 들기를 기원하네.[41]

---

40) 유직, 『백졸암집』권2, 「산거잡영」, '수계修禊', "洛中眞率會, 蘭亭暮春禊, 少長集後先, 籩豆開次第, 此誠相好意, 爲樂不可計, 從今永勿替, 年年又歲歲."
41) 유직, 『백졸암집』권2, 「산거잡영」, '경전耕田', "犖确通窮峽, 汚邪豈美田, 側耕山雨裏, 危穫犨雲邊, 大命皆爲本, 生民是所天, 豚蹄持自挾, 只願大登年."

「채마밭을 가꾸다」

항적의 글 읽기를 이루지 못하고
마침내 번지의 채소 가꾸기를 배우네.
누가 지력을 쓰라고 말했나!
저절로 빈천의 바탕이 나뉘는 것을
수십 종을 심었더니
뿌리가 뻗어 각각 멋이 있구나.
손이 와서 주인을 찾아도
오이 밭에서 때때로 비를 무릅쓴다네![42]

유직이 「수계」에서 그린 진솔한 모임은 화락한 동족애와 동지애를
느낄 수 있어 더욱 값져 보인다. 진솔한 모임은 사실 동족부락을 기반
으로 해서 전개되는 것이 상례이다. 매우 강하게 향토적 색채가 배어
있다. 특히 혼인을 통해 착종된 종족관계는 이러한 모임을 가능케 하
는 중요한 바탕이다. 따라서 처사들의 이러 저러한 모임은 꼭 족회(族
會)가 아니라 하더라도 모두 혈연과 학연에 기초한 향촌공동체의 성
립에서 기인하고 있다.

노동의 현장을 묘사한 「경전(耕田)」과 「치포(治圃)」도 처사층의 생
활 성격을 특징짓는 요소라 할 수 있다. 처사의 작품에 나타나는 '경
(耕)' 혹은 낚시질 한다는 '조(釣)', 채소밭에 물을 댄다는 '관원(灌園)'
등은 자기의 힘으로 생산업에 종사하여 자급자족함을 뜻한다. 상고

---

42) 유직, 『백졸암집』 권2, 「산거잡영」, '치포治圃', "未成項籍書, 遂學樊遲圃, 誰言役智力,
自分貧賤素, 植以數十種, 根蔓各有趣, 客來問主人, 「田時冒雨."

시대의 은사(長沮·傑溺·陳仲子)들은 대부분 육체노동에 참가하였다. 그들은 모두 밭 갈고 낚시하며 채마밭에 물을 주어 스스로 편하게 지내기는 것을 고상하게 여겼고, 자취가 고기잡는 어부(漁夫)나 나무하는 초부(樵夫)와 섞이는 것을 아름답게 여겼다. 다시 말하면 '경(耕)'은 곧 은자가 출사하지 못하여 봉록에 의하지 않고 살아간다는 뜻이다. 그러나 후대의 실상은 찢어지게 가난한 적빈(赤貧)인 경우를 제외하고 몸소 농사에 참여한 예는 그리 많지 않다.

3 원림(園林) 경영과 안빈낙도(安貧樂道)

안동 처사들의 생활미는 풍류의 차원으로 논의될 수 있는 부분이 많다. 예컨대 정자를 지어 정신의 안락을 추구하는 것이 바로 그러하다. 현재 영양 입석에 있는 '서석지(瑞石池, 蓮塘)'는 정영방(鄭榮邦, 1577~1650, 호 石門)이 경영한 원림(園林)이다. 이시명(李時明, 1590~1674, 호 石溪)은 글을 지어 정영방의 원림 경영을 이렇게 예찬했다.

정 진사 어른신(정영방)이 진안(眞安: 진보)의 북쪽에 땅을 얻어 안으로 임천(臨泉)의 그윽함을 두었고 밖으로는 석문(石門)의 경치가 있으니 속세의 티끌이 이미 멀어져 인적이 도달하는 것이 드물었다. 별도의 한 신선의 지역이었다.

집 아래에 또 네모난 연못[方塘]을 파고 사방을 흰돌[白石]로 빙 두르니 매끄럽고 하얀 것이 사랑할 만하였다. 못 가운데 겹겹이 뒤섞여 늘어놓아 마치 짐승이 엎드리고 용이 서려 있는 듯했다. 큰 것은 여러 사람들이 앉을 만하였고 작은 것도 오히려 두 사람이 앉을 만하였다. 드물게 간혹 다리가 놓여 있지만 가까운 곳은 뛰어서 이른다. 푸른 바다에 외로운 섬이 점점이 있어 파도와 함께 나왔다 잠겼다 하는 것과 같음이 있었다. 바람이 편하고 달이 맑을 때에 더욱 기이하게 보인다.

못 서쪽에 작은 집을 두어서 그림과 책[圖書], 바둑판[棋局], 거문고와 술동이[琴樽], 안석과 지팡이[几杖]를 두었다. 우리 어르신은 아침저녁으로 다가서서 바라보는 것으로 즐거움을 삼았다. 그 북쪽에는 또한 몇 칸의 떳집을 두어서 젊은이와 어린이[冠童]가 거하여 독서하게 하였다.

때로 가뭄을 만나면 샘물을 이끌어 못에 대었고, 새로 심은 연꽃[芙蕖]이 바야흐로 무성하자 고기 두어 무리를 키웠다. 못가를 평평하게 만들어 환한 모래[明沙]로 덮어 깔고 두꺼운 잔디[厚莎]로 옷을 입혔으니 가히 깔고 앉을 만하였다. 구기자, 국화, 복숭아, 버들[杞菊桃柳]을 여기저기 심었고 밖으로는 갖은 소나무[萬松]를 심었다. 못을 바라보면 네모났지만 그 안에 들어가면 깜짝 놀라 눈이 휘둥그레져 그것이 하늘이 만든 것[天作]인지 사람이 만든 것[人爲]인지 구분할 수 없었다.[43]

처사가 택한 풍류의 공간은 전원으로 주된 생활공간으로부터 가까운 곳에 있다. 그들은 집에서 멀지 않을 곳에 또 다른 미적 공간을 만들었다. 말하자면 주된 생활공간이 세속적인 삶을 추구하는 곳이라면 따로 만든 이곳은 그것과 구별되는 신선과 같은 세계이다. 연못을

---

43) 이시명, 『석계집石溪集』 권2, 「봉기정석문병서奉寄鄭石門幷序」, "鄭進士丈, 得地於眞安之北, 內有臨泉之幽, 外有石門之勝, 世塵旣遠, 人跡罕到, 別一仙區也. 屋下又穿方塘, 四圍皆白石, 膩縞可愛, 池中累累錯列, 獸伏蝹蟠, 大而衆坐, 小猶幷居, 稀或橋緣, 近且躍至, 有同滄瀛之中, 孤嶼點點, 與波出沒, 風恬月淡之際, 尤見其奇, 池西置小屋子, 有圖書棋局琴樽几杖, 吾丈居之, 晨夕瞰臨以爲樂. 其北又置數間茅舍, 藏冠童讀書, 時値旱乾, 卽引泉灌池. 新種芙蕖方盛. 養魚數隊, 池岸令夷, 衍鋪以明沙, 衣以厚莎, 可藉而坐, 散植杞菊桃柳, 外樹萬松, 視池爲方, 入其內, 錯愕睢盱, 莫辨其天作與人爲也."

파고 흰 돌을 배치하며 고기를 기르고 꽃을 심어 산수자연을 인위적으로 옮겨 놓았다. 심미적 안목이 풍부하지 않고는 훌륭한 조작 배치가 어렵다. 흥미 있는 것은 정자 공간에서 이루어지는 '차경(借景)'을 통해 심미적 욕구를 문예적으로 극대화하려는 노력이다. 팔경시(八景詩)의 창작이 그것이다. 정영방은 본래 예천 용궁출신으로 안동부 송천 일대와 영양 입암 일대에 일정한 전장을 경영하면서 누정풍류를 즐긴 분이다. 안동대 방향으로 굽어 도는 선어대 뒷산 묘소 옆 계곡에 있는 '읍취정(挹翠亭)'도 그가 경영한 정자이다. 16~17세기 안동 지역에서 뛰어난 문예적 자질과 탁월한 원림 경영 능력을 보여준 선비로 그를 능가할 이가 없을 듯하다.

전원의 경치를 팔경으로 노래하였다고 해서 그들의 경제적 형편이 넉넉했다고 생각해서는 곤란하다. 자연이야 누구나 향유할 수 있는 공물(公物)이기에 개인의 빈부와 큰 관련이 없다. 오히려 역으로 열악한 경제적 조건이 당시로서는 자연 친화를 촉진해간 측면도 있었다. 정도에 차이는 있겠지만 처사들은 벼슬길에 나간 선비들에 비해 재산 증식이 어려웠다. 처사는 가난에서 쉽게 떨쳐 일어날 수 없었다. 그래서 그들은 언제부터인가 가난을 하늘이 내린 축복으로 생각하기 시작하여, 처사가 지녀야 할 하나의 미덕으로까지 치부하였다. 공자의 제자 가운데서 이른바 한 도시락의 밥과 한 표주박의 물로 더러운 골목길에서 살아가면서 '안빈낙도(安貧樂道)'했던 안회(顔回)의 형상이 추앙되어왔던 것도 그 때문이다. 어떻게 보면, 처사는 가난을 일상적으로 즐겨야 하는 '특별한 지배계층'이다.

남몽오(南夢鰲, 1528~1591, 호 三松堂)는 「스스로 읊조리다[自詠]」라는 작품에서 이렇게 노래했다.

백발에 검은 두건 쓴 여순 늙은이

꽃 찾아 버들 따라 또 봄바람 불어오네.

소금과 황권이 가업으로 전하니

누가 궁한 집에 사방 벽이 텅 비었다 말할까?[44]

열악한 현실을 저주하기는커녕 도리어 자연과 친화를 통해 가난을
즐기려는 의지가 잘 드러난 작품이다. '누가 궁한 집에 사방 벽이 텅
비었다 말할까'라고 한 것은 하나의 역설에 불과하다. 궁(窮)을 원망
하기보다 궁핍 속에 찾아온 넉넉한 자연을 즐기려는 태도, 그것이 처
사 형상을 보다 고상하게 만들고 있다.

『풍속통(風俗通)』에 이르기를, "거문고는 악(樂)의 으뜸이라, 군자가
항시 사용하여 몸에서 떠나지 않는다."고 했으니, 아무리 가난한 처
사라 할지라도 방 한편에 거문고를 빗겨두어야 체면이 섰다. 처사들
의 시에서 자주 등장하는 낱말이 '소금(素琴)'인데, 이는 '하얀 색깔을
한 거문고'를 뜻하는 것이 아니라, 아무런 장식을 붙이지 않은 수수한
거문고를 가리킨다. 상례에서 상일(祥日)에 소금(素琴)을 타야 한다고
했으니 화려하게 꾸민 거문고는 애도의 현장과 어울리지 않기 때문이다.

옛날 도연명은 줄 없는 거문고[無絃琴]를 가지고 음률도 모르면서
술에 취할 때마다 그것을 타서 자신의 생각을 밝혔다고 한다. 본래 수
수한 거문고에다 시울(絃: 줄)조차 먹이지 않았으니, 차라리 거문고가
없는 것이나 매일반이었다. 그럼에도 불구하고 그 몸뚱이뿐인 거문고
를 안고서 자신의 생각을 표현할 수 있었다니 과연 도연명은 어떤 재

---

44) 남몽오,『삼송일고三松逸稿』권1,「자영自詠」 "白髮烏巾六十翁 訪花隨柳又東風 素琴黃卷傳家業
誰道窮廬四壁空."

주를 지녔기에 그런 경지에 이를 수 있었을까.

아마도 그는 손으로 거문고를 탄다고 생각하지 않은 것 같다. 마음으로 정신으로 아니 영혼의 에너지로 타는 거문고라야 진정한 소리를 낼 수 있고 들을 수 있다고 믿었던 것이 아닐까. 그래서 소동파(蘇東坡)는 「거문고(琴詩)」에서 "만약 거문고에서 거문고 소리가 있다면, 왜 거문고가 갑 속에 있을 때 소리를 울리지 않는가? 만약 손가락 끝에서 소리가 난다면, 왜 그대 손가락 끝에서는 소리가 들리지 않는가?"라고[45] 노래했다. 이 작품은 풍부한 선학적(禪學的) 이취(理趣)를 담아내고 있어 독자에게 심오한 흥취를 느끼게 한다.

소동파의 말처럼 소리가 과연 거문고에서 나는 것인가 아니면 손가락 끝에서 나는 것인가. 『능엄경(楞嚴經)』에서 "아무리 멋진 소리가 있다 하더라도 멋진 손가락 놀림이 없으면 끝내 소리를 낼 수 없다[雖有妙音, 若無妙指, 終不能發]."고 했다. 어느 한 쪽에 집착하면 결코 소리는 들리지 않을 것이다. 정답은 '거문고와 손가락 끝 사이에서 난다'이다. 그 사이[間]와 즈음[際]이 중요하다. 거문고와 손가락 끝이 만나는 순간, 전 우주적 에너지가 일순간 불꽃을 일으키는 그 즈음을 놓치지 말아야 한다. 거문고의 인(因)과 손가락의 연(緣)과 거문고 소리의 과(果)는 불교에서 말하는 인연화합이다.

안동의 처사들이 과연 소동파와 같은 선학적 경지에서 '소금'을 향유했는지는 단언하기 어렵다. 그러나 '하늘과 사람 사이(天人之際)'에서 불변하는 형이상학적 진실의 실체, '도체'(道體)를 확인하려는 부단한 궁리의 과정에서 소금이 무언의 깨달음을 주었던 것이 아닐까 한다.

---

45) 소동파의 「금시琴詩」, "若言琴上有琴聲, 放在匣中何不鳴, 若言聲在指頭上, 何不於君指上聽."

한시를 접하다 보면 '풍금(風琴)'이란 낱말을 만나게 되는데, 이 역시 '소금'과 함께 조촐한 처사의 심회를 드러내기에 효과적인 시어이다.

안동의 선비 김득연(金得研, 1555~1637, 호 葛峯)도 송풍금을 노래했다.

> 내 송풍금을 좋아하나니
> 거문고가 산수의 소리를 머금고 있어서라.
> 줄이 없어도 절로 자연의 소리를 내니
> 누가 이 속 마음을 알리오.
> 소나무가 절로 거문고가 되어
> 또한 맑은 바람소리를 연주하네.
> 고요히 듣자니 참다운 멋이 있어
> 유연히 태고시절 사람 마음일세라.
> 거문고가 줄 없는 거문고지만
> 바람이 불면 절로 소리를 낸다네.
> 종자기가 사라진 지 천년 뒤에
> 내 또한 홀로 그 마음을 알겠노라.[46]

전원에서 살아가는 처사가 주로 듣는 것이 시냇물 소리와 숲에서 이는 바람소리이다. 김득연은 거문고가 산과 물의 소리를 머금고 있기에 송풍금이 좋다고 했다. 김득연이 솔바람 소리에서 터득한 것은

---

46) 김득연, 『갈봉집葛峯集』 권2, 「송정풍금松亭風琴」, "我愛松風琴, 琴含山水音, 無絃自發籟, 誰會此中心, 蒼虯自作琴, 亦奏冷冷音, 靜聽有眞趣, 悠然太古心, 琴是無絃琴, 風來自有音. 鍾期千載後, 我亦獨知心."

안동문화로 보는 한국학

태고 시절 사람의 마음이다. '태고'란 어떤 시절인가. 무위지치(無爲之治)가 이루어졌던 시절이 아닌가. 모든 것이 절로 그렇게 생명 활동을 하면서 존재하던 시대, 전혀 인간에 의한 억압이나 제도로 인한 강요가 없던 그런 시대가 아니던가. 대동(大同) 세계와 같은 이상향이 태고시절인 셈이다. 이렇듯 김득연은 태고 시절을 살았던 사람들의 솔바람 같이 맑고 시원한 마음씨를 동경하고 있다. 그것이 처사로 살아가는 자신의 마음에 부합했다.

다시 유직의 작품으로 돌아가 궁핍함을 처리하는 방식을 살펴보자. 유직은 「백졸암(百拙庵)」이란 작품에서 '궁(窮)'을 원망하기보다 오히려 궁·달을 명에 맡기고 주어진 분수에 따라 자연과 친화하며 살아가려는 의지를 나타낸다.

> 백졸암 속의 백졸옹
> 형체는 고목 같고 머리는 쑥 같아
> 매화·대나무·국화를 심어 한가로이 벗 삼고
> 달·구름·산을 노래한 게 작은 통에 가득하네.
> 아흔 살 노모가 기쁨이 넉넉하고
> 한 고을 사람들 가난하기는 마찬가지
> 내 죽을 먹고 내 분수 따르기를 편히 여기지
> 어찌 평생의 명이 궁한 것을 한탄할까[47]

'빈(貧)'과 '궁(窮)'은 '부족(不足)'이나 '누공(屢空: 자주 쌀독이 빔)'과

---

47) 유직, 『백졸암집』 권1, 「백졸암百拙庵」, "百拙庵中百拙翁, 形如枯木鬢如蓬, 種梅竹菊爲閒友, 詠月雲山滿小筒, 九『北堂優喜切, 一村南阮寠貧同, 安吾粥飯隨吾分, 何恨平生命也窮."

동의어이다. 옛날부터 벼슬하지 못해 봉록을 받을 수 없던 선비들이 곤궁함을 면할 수 없었기에 그들의 작품에 그 같은 낱말이 자주 등장하는 것은 피할 수 없는 현상이었다. 그런데 궁핍상이 굳어져 가자 사치스럽고 부유하게 사는 것은 선비의 본색에 어긋나는 것이라는 생각이 보편화되어갔다. 도리어 궁곤한 것을 선비의 미덕으로 여기게 되었다. 마침내 궁하게 살지만 올곧게 '선비의 길(土道)'을 가는 이들을 표상하는 시어가 되고 말았다. '족(足)'이나 '안분(安分)' 혹은 '적의(適意: 뜻에 맞도록 함)', '소요(逍遙: 자유롭게 돌아다님)'와 같은 낱말은 주어진 현상에 만족한다는 것을 뜻한다. 단순히 물질적인 조건을 충족시키고 있다는 뜻보다 주어진 현실을 그대로 받아들여 분에 넘치는 명예나 봉록을 탐하지 않는다는 의미가 강하다. '백졸암'이라는 호에서도 풍기듯, 유직은 졸박(拙朴)함과 가난을 편히 여기고 몸을 반듯하게 지키는 안빈수기(安貧守己)에 능하고자 한 처사였다.

지모가 졸렬하여 두어 칸 집도 이루기 어렵더니
봄날에 터를 열어 추운 겨울 지나자
겹 띠풀은 바람에 흩어지고 서까래는 모두 드러나
전토는 얼어붙고 벽도 채 마르지 않았지만
달님이 텅 빈 처마에 찾아와 책상을 밝게 비추고
연기는 초라한 집에서 피어나 산으로 푸르게 이어지니
비록 쓸쓸함이 심하지만 나는 오히려 즐거우니
몸과 마음이 모두 한가로움을 얻었기 때문이네[48]

---

48) 김언기,『유일재실기惟一齋實紀』권1,「제모재題茅齋」, "謀拙難成屋數間, 開基春日涉冬寒, 重茅風散橡全露, 塼土氷凝壁未乾, 月入虛簷明照榻, 烟生疎戶翠連山, 蕭條雖甚吾猶樂,

이 시는 김언기(金彦璣, 1520~1588, 호 惟一齋)의 「띠 집에 쓰다」라는 작품이다. 처사의 소박한 생활과 낙천적 태도가 잘 드러나 있다. 이 시에 대해 안동 지방에 거주했던 20여 명의 이황 문도들과 17세기에 활동한 23명의 선비들이 화운을 했다.[49] 당시에 김언기의 명성과 지위가 얼마나 대단했는가를 충분히 짐작할 만하다.

시는 전반부의 괴로운 상황이 후반부에 와서 즐거움의 조건으로 반전되는 구도를 보여준다. 시에서 쓰인 '낙(樂)'자는 '소(笑)'나 '쾌(快)' 등과 함께 스스로 궁핍함과 적막함을 감내하며 도덕적인 고상을 추구하는, 이른바 '안빈낙도'의 경계를 뜻한다. 때문에 '낙'이 '한(閒)', 즉 물외한적(物外閒適)과 상생 관계를 맺지 않을 수 없다.

김언기는 처사이기에 지모가 졸렬하다고 했다. 그 결과 엉성한 초가집을 얽었다. 그런데 주어진 조건에 불만을 표시하지 않았다. 오히려 열악한 물리적 조건이 고상한 정신적 쾌락을 생산하는 기제로 작용하였다.

우리는 작품을 음미하면서 일견 상식을 초월한 듯한 느낌을 받는다. 그것은 무엇 때문일까. 작품 안에 역설과 반전의 구도가 작동하고 있기 때문이다. 역설과 반전은 현실적 어려움을 지혜롭게 극복하여 보다 가치 있는 세계를 지향하려 할 때 동원되는 수법이다.

이러한 역설과 반전은 다음의 시에도 나타난다.

집이 가난하니 도둑이 찾아올 걱정이 없고

爲是身心兩得閒."

49) 김언기, 『유일재실기』 권2, 「유사遺事」, "初先生旣刱齋室, 爲四韻詩一律以寓懷, 從而和者, 皆一時名賢韻士, 聯珠疊璧, 煥爛成軸, 凡先生林居靜養之趣, 詩書講習之樂, 備見於諸篇什中."

땅이 좁으니 부세 독촉에 어찌 시달리랴

다만 해마다 풍년 들고 나라에 탈이 없어

늙은이가 종일토록 마음껏 술 마실 수 있었으면[50]

안동 선비 권강(權杠, 1567~1626, 호 方潭)의 「입춘」이다. 가난과 좁은 땅이 부정적인 조건으로 제기되지 않는다. 도리어 걱정과 번뇌를 막아주는 방패가 되고 있다.

역설과 반전은 어느 시점에 이르러 안정화의 길을 걷는다. 시간적으로는 한가함을 추구하고 공간적으로는 고요함을 추구하다가, 이를 쾌락으로 만드는 적극적인 방식으로 선회할 때, 역설과 반전은 무디어진다. 이때 주로 사용되는 수사 방식은 유사와 대비이다. 왜냐하면 역설과 반전은 합리적인 이법을 설명하기에는 효과적인 방법이 아니었기 때문이다.

밤 고요하고 사람 한가한대 달빛 하늘에 가득 차니

이때 참다운 흥취 호연하여 끝이 없네

그대로 만 리를 아무 사심 없이 비추면서

늘 허명한 지수연에 떠있네[51]

예천 선비 정윤해(鄭允諧, 1553~1618, 호 鋤歸子)의 「달을 읊다」라는

---

50) 권강, 『방담집方潭集』 권1, 「입춘立春」, "家貧不患賊人來, 地狹何煩賦稅催, 但願年豊國無事, 老夫終日得深盃."

51) 정윤해, 『서귀자집』, 권1, 「영월詠月」, "夜靜人閒月滿天, 此時眞趣浩無邊, 直將萬里無私照, 常在虛明止水淵."

시이다. 달밤의 무한한 정취를 노래하였다. 그러면서도 어떤 도학적 이취(理趣)를 담아내고 있는 듯하다. 달이라는 이미지와 도학적 이취 사이에 모종의 은유 관계가 성립한다. 시어로 등장한 '무사(無私)'는 '정(靜)'과 '한(閒)', 그리고 '진취(眞趣)'와 '허명(虛明)'을 관통하는 도학적 이취이다. 주자학에서 외치는 '인간의 사적 욕망을 막아내어 하늘이 부여한 선한 이치를 보존하라[遏人欲存天理]'는 구호, 바로 그것이다. 여기서 사용된 수사(修辭) 방식은 '유사'와 '대비'이다. 달과 연못의 대비가 그렇고 달에게 인간의 도덕적 조건인 '사심 없음'을 빗댄 것이 그러하다.

유사와 대비에서 다시 한걸음 더 나아가면 주체와 대상이 하나로 합일하는 경지에 이르게 된다. 즉 주어진 자연조건을 인간 조건으로 내면화하는 과정이 그려지는 것이다. 그것이 바로 '한적(閒適)' '한거(閒居)'의 세계이다.

이공(李珙, 1533~1612, 호 栗園)의 「우연이 읊다」를 보자.

> 작은 골에 봄이 돌아와 사방이 푸르고
> 은거가 적적하니 들에 사람이 드물다
> 고목 지팡이로 홀로 서서 말없는 곳에
> 바람이 남은 꽃에 불어오자 한 조각 날리네.[52]

권대기(權大器, 1523~1587, 호 忍齋)의 「한가로이 지내며」를 보자.

---

52) 이공,『율원집栗園集』권1,「우음偶吟」, "小洞春回碧四圍, 幽居寂寂野人稀, 枯筇獨立無言處, 風送殘花一片飛."

촌에 살자니 날이 길도록 오는 손이 드물고

다만 산꽃이 온통 흐드러지게 피었네.

소헌에서 홀로 낮잠을 자노라니

처마 끝에서 지저귀는 참새들이 떨어졌다 다시 나네.[53]

김광계(金光繼, 1580~1646, 호 梅園)의 「강촌에서 떠오른 생각」을
보자.

구름은 맑고 바람은 가벼운데 수초는 푸르다

강촌에 봄이 늦어 석양이 질 무렵이라

유인은 게으른 습관이 이젠 버릇으로 되어

복사꽃 다 지도록 시를 짓지 않는다.[54]

한산두(韓山斗, 1556~1627, 호 秋月堂)의 「무제」를 보자.

긴 여름 몸을 감춘 지 얼마나 되었을까

문을 나서니 어디선가 친구들이 부르는 듯하다

담장에 대나무가 선채로 나를 바라보고

책상엔 바람 불어와 벗을 기쁘게 하네.

고요하고 한가롭게 지내면 오래 살 수 있고

애쓰고 욕심내지 않으면 정신이 안정되는 것을

---

53) 권대기, 『인재실기忍齋實紀』 권상上, 「한거閑居」, "村居長日客來稀, 只有山花爛四圍,
   獨睡小軒欹午枕, 簷前鬪雀墮還飛."
54) 김광계, 『매원집梅園集』 권1, 「강촌즉사江村卽事」, "雲淡風輕汀草綠, 江村春晚日斜時,
   幽人習懶還成癖, 落盡桃花不賦詩."

회포를 펴면 따로 근심 잊을 곳 있고

맨 술에 맑게 읊조리면서 이 몸이 늙어가네[55]

　한가로운 정취가 자연 친화를 통해 무리 없이 표출된 시들이다. 이
같은 시 속에는 전혀 대립이나 부정이 없다. 또한 자연에 대한 억지나
저항도 나타나지 않는다. 자연을 끌어안는다는 표현이 적절할 정도로
자연과 하나가 되려는 노력을 집요하게 추구하였다.

　이렇듯 자연을 내면화하려는 노력은 시의 풍격을 평담(平淡)하게
만든다. 일체의 수식과 조작을 배제하는 것이 평담이고, 그것이야
말로 처사층의 풍격을 특징짓는 주요한 미적 범주(美的範疇, aesthetic
categories)라 할 것이다. 김휴는 장현광(張顯光, 1554~1637, 호 旅軒) 선
생을 모시고 도리사(선산 해평)에 나들이했다가 쓴 시에서 '평담을 위
주로 한다.'는 각주를 달아 우리에게 평담의 세계를 구체적으로 제시
한 바도 있다.[56]

　천년고찰 도리사

　황금 연못 옆으로 구슬 숲

　다행스럽게도 우리 선생님 모시고

---

55) 한산두, 『추월당집秋月堂集』 권1, 「무제無題」, "長夏潛藏問幾旬, 出門何處喚交親, 牆頭竹立
觀吾子, 楊上風來喜故人, 守靜守閒能得壽, 無營無欲是安神, 開懷別有忘憂地, 白酒淸吟老
此身."

56) 김휴, 『경와집』 권2, 「시여헌선생재숭암, 선생령부시, 요이평담위주侍旅軒先生在崇巖, 先生令
賦詩, 要以平淡爲主」, "千年桃李寺, 金池連珠林, 幸陪吾先生, 良辰此登臨, 淹留十餘日, 勝處
窮幽尋, 崇巖有精廬, 構在洛江潯, 昨朝移杖屨, 爲愛窈而深, 時維暮之春, 綠樹交淸陰, 原泉
不舍流, 好鳥相和吟, 天道貞復元, 天時古猶今, 靜觀造化妙, 持以驗吾心, 題詩愧蕪拙, 亦足
寫煩襟."

좋은 날 이곳으로 올라와서

열흘 남짓 오래도록 머무르며

멋진 경치 깊은 곳까지 다 찾았다

숭암엔 정사가 있어

낙동강 가에 서 있어라

어제 아침 그곳으로 가보니

그윽하고 깊어서 사랑스러웠다

시절이 늦봄인가보다

푸른 나무 맑은 그늘 어우러졌는데

샘물은 졸졸 흐름을 멈추지 않고

예쁜 새는 지지배배 서로 화답한다

겨울이 봄이 되는 것이 천도이고

과거가 곧 지금인 것이 천시이다

고요히 조화의 묘리를 살펴서

그것을 가지고 내 마음 징험해본다

무졸한 시 지어 부끄럽지만

또한 번뇌 쏟아내기엔 족하리라

여기서의 '평담'은 시의 분위기가 차분하고 자못 사색적인 경지를 뜻하는 것으로 보인다. 한편으로 '천기유동(天機流動)'하는 자연경계를 묘사함으로써 도학적 분위기를 유도했다는 점이 특색이다. '평담'은 처사가 자신의 한적하고도 고요한 생활 정취와 광달(狂達)한 심리 상태를 표현하기에 적합한 방식이었다. 평담한 풍격은 처사문학의 비조(鼻祖)인 도연명이 창조해낸 것으로 후대의 문인들이 이를 한층 발전시켜 다양하고도 독특한 '평담시풍'을 만들어 내었다.

평담한 시풍은 일체가 매우 소박하여 입에서 흘러나와 붓으로 자연스럽게 전이된 느낌을 갖게 한다. 그러나 사실은 심사숙고를 거듭하고 단련(鍛鍊)과 조탁(彫琢)을 거치고 난 뒤에 다시 질박(質朴)한 세계로 돌아가야만 자연한 평담미(平淡美)를 성취할 수 있다. 따라서 평담한 시풍은 처사 자신이 부단하게 수양하는 과정에서 형성된 인격이 시적으로 표출된 것이라 할 수 있다.

평담과 달리 웅건(雄健)하고 호방(豪放)·기이(奇異)한 풍격을 추구한 처사들도 없지 않을 것이다. 우리가 이 글에서 살폈던 유직의 경우도 평담보다는 호방에 가까운 시풍을 일부 드러냈다. 이는 처사 자신의 인격과 포부가 웅건하고 기이함을 선호하는 기상이 시가 창작으로 옮겨져 나타난 현상이라 할 수 있다. 하지만 유직의 경우에 '호방'하거나 '기이'한 시풍이 주류를 이룬다고는 볼 수 없다. 처사층에서 보편적으로 나타나는 풍격은 어디까지나 '평담'이다. 마치 깊은 산골의 바위 그늘에서 피어난 한 떨기 난초의 아름다운 향기(芳香)와 같아서 야일(野逸)하고 청원(淸遠)하고 질박(質朴)한 운치가 두드러지는 것이다.

제5부 안동의 문학

임재해(안동대 민속학과) · 이지영(안동대 국어국문학과)

1장

안동 지역 설화의 민중의식과 민족문학 인식

1 공동체문학으로서 설화의 지역성

지역문학의 밑자리를 이루는 것은 지역 사회에서 생산되는 공동체
문학이다. 공동체문학은 예사 사람들이 공동체 생활을 하면서 공동으
로 생산하고 전승하며 향유하는 문학인데, 그러한 문학의 전형이 구
비문학이다. 기록문학은 구비문학과 달리 특정 작가의 문학적 창조력
에 의해 생산되는 까닭에 작가문학이라 할 수 있다. 종래처럼 천부적
능력을 타고난 작가가 문학을 창작한다는 고정관념에서 벗어나 기록
문학도 사회적으로 생산된다는 생각을 하기에 이르렀지만,[1] 작가 개

---

1) Janet Wolff, *The Social Production of Art*, The Macmillan Press Ltd., 1981, 62쪽.

인에 의해 작품이 창작 완성되는 까닭에 기록문학은 작가문학일 뿐 결코 공동체문학이라 할 수 없다.

구비문학은 공동체 성원들에 의해 끊임없이 재창조되면서 공유되는 까닭에 작가문학과 구별하여 공동체문학이라 할 수 있다. 공동체 문화가 지역 공동체를 중심으로 생산되고 전승되는 것처럼, 공동체문학인 구비문학도 지역 공동체를 기반으로 생산되고 전승되기 마련이다. 따라서 구비문학은 작가 개인의 역량보다 공동체의 문학문화 역량에 따라 존재하는 까닭에 도시보다 시골의 지역문학으로서 널리 전승된다. 기록문학에는 마을문학이나 고을문학이라는 것이 존재하기 어렵고 세계문학으로 명성을 날리는 문학도 드물다. 그렇지만 구비문학에는 마을문학을 비롯하여 고을문학, 나라문학, 세계문학이 일정한 동심원을 그리며 존재할 수 있다.

작가문학인 기록문학을 두고 보면 송천문학이나 하회문학, 토계문학과 같은 마을문학은커녕 임하문학이나 남선문학, 와룡문학이라 할 수 있는 면 단위 문학도 존재하기 어렵다. 상대적으로 의성문학이나 예천문학, 안동문학과 같은 시군 단위 문학은 겨우 명맥을 유지한다. 왜냐하면 시군 단위의 지역문학 가운데 수필이나 시는 어느 정도 포착되나 소설과 희곡은 빈약하기 짝이 없는 까닭이다. 현대문학으로 주목받는 드라마나 시나리오에 이르면 빈약하다 못해 아예 없다고 해도 지나치지 않은 상태이다. 그러므로 기록문학은 현대문학일수록 지역을 배반하는 길을 가고 있는 셈이다.

전근대 시대의 문학사에서는 한양의 중앙문학과 맞서는 지역문학으로서 안동문학이 존재했다. 한시와 시조, 가사 갈래는 안동문학이 한양문학 못지않은 문학적 수준을 보였다. 그러나 근현대 문학사에서는 시문학을 제외하면 지역문학으로서 안동문학을 거론하기 어렵다. 안동문학뿐만 아니라 시군 단위 지역문학의 사정은 거의 같은 수준으로 빈약하다. 왜냐하면 근현대 문학은 무상 공유의 문화가 아니라 상품으로 거래되는 출판문화로 변화되었기 때문이다. 그러나 구비문학은 무상 공유의 공동체문화로 존재하는 까닭에 마을문학에서 세계문학에 이르기까지 지역문학의 다양한 범주를 이루고 있다.

2 마을문학으로 전승되는 설화와 전승 범주

기록문학은 작가들만 문학 생산의 주권을 누릴 수밖에 없는 지식인 문학이다. 그러나 구비문학은 이야기를 하고 노래를 부를 수 있는 사람이라면 누구든지 문학 주권을 누릴 수 있는 민중문학이다. 따라서 시골 마을의 주민들은 자기 마을에서 자기 마을 이야기를 하고 듣는 마을 고유의 문학을 누린다. 넓게 보면 마을에서 전승되는 모든 문학이 마을문학일 수 있지만, 좁게 보면 다른 마을이나 지역에서는 찾아볼 수 없는 마을 특유의 독창적 문학을 마을문학이라 할 수 있다.

마을마다 마을 고유의 마을문학이 살아 있다는 사실보다 중요한 것은 마을문학이 지역문학 다양성은 물론, 문학문화 일반의 다양성을 한층 넓고 깊게 확보해준다는 사실이다. 이 사실보다 더 중요한 것은 마을 주민들이 자력으로 마을문학을 생산하고 전승할 뿐 아니라, 공동체 성원이라면 누구라도 차별 없이 문학생산 주권을 민주적으로 누린다는 점이다. 그러나 기록문학의 문학 주권은 소수의 특정 작가가 독점하고 있다. 그러므로 지역문학의 진정한 가치는 문학문화의

이매탈

민주적 실현과 자력으로 문학생산 주권을 누리는 구비문학에서 찾을
수 있다.

마을문학은 마을신화에서부터 포착할 수 있다. 마을을 처음 개척
한 입향시조신화, 그리고 마을을 지켜주는 서낭신에 관한 당신화 등
이 마을신화로서 독자성을 지니고 있다. 널리 알려진 마을신화로 하
회마을의 서낭당 신화를 들 수 있다. 서낭신이 된 김씨 처녀가 하회탈
을 깎은 허도령의 연인으로 이야기되는 까닭에 흔히 허도령 전설이
라 한다. 그러나 서낭신의 좌정담이라는 사실에 초점을 맞추면 하회
마을 당신화로 자리매김될 수 있다.

허도령의 꿈에 신령이 나타나 100일 동안 금기하며 탈을 만들라고 해서 탈막을 지어 금줄을 치고 정성들여 탈을 깎기 시작했다. 허도령을 사모하는 김씨 처녀가 100일이 다 되어도 허도령이 나오지 않자, 참지 못하고 탈막을 몰래 엿보았다. 김씨 처녀가 엿보는 것을 알아차린 허도령은 피를 토하고 쓰러져 죽었다. 그래서 마지막으로 만들던 이매탈은 턱이 없는 미완성 탈이 되고 말았다.

허도령의 죽음으로 번민하던 김씨 처녀도 죄책감에 스스로 목숨을 끊고 말았다. 마을 사람들은 처녀의 넋을 위로하기 위하여 서낭신으로 모시고 해마다 동제를 올렸으며, 몇 년에 한 번씩 별신굿을 해서 서낭신을 위로했다.[2]

허도령의 꿈에서 시작된 이야기는 신의 계시와 금기, 김씨 처녀의 사랑, 탈 제작, 금기의 파기, 허도령의 죽음, 미완성의 이매탈, 김씨 처녀의 죽음, 서낭신의 좌정, 별신굿 등에 관련된 다양한 정보를 담고 있다. 주인공을 허도령에서 김씨 처녀로 바꾸면, 동신(洞神)이 된 김씨 처녀의 사랑 이야기이자, 하회마을 서낭신이 좌정한 유래담이 되는 까닭에 당신화로서 갈래의 지위가 확보된다. 처녀가 청년을 사모하다가 죽어서 동신이 된 유형의 당신화는 강릉 안인진리의 해랑당 신화를[3] 비롯해서 다양하게 전승되지만, 김씨 처녀의 각시당 신화는 하회마을 당신화로서 독자성을 지닌다.

문학적으로 보면 이 당신화는 서낭신이 된 김씨 처녀와 탈 깎는 허

2) 성병희, 「하회 별신탈놀이」, 『한국민속학』 12, 민속학회, 1980, 97~98쪽의 자료를 줄여서 옮겼다.
3) 장주근, 『한국의 향토신앙』, 을유문화사, 1998, 9~10쪽.

하회별신굿 탈놀이-할미마당

도령의 사랑과 죽음에 관한 이야기이다. 신화학적으로 보면, 두 주인
공이 모두 비극적 결말에 이른 까닭에 동신으로 좌정하여 신앙의 대
상이 된다. 현재 허도령당의 자취는 알지 못하고 각시당만 남아 있어
서 주민들이 김씨 처녀를 서낭신으로 섬기고 있다. 동신으로 좌정한
남녀의 죽음은 네 가지 의미로 해석될 수 있다. 허도령의 죽음은 ㉮
금기가 지켜지지 않은 데 대한 죄의식의 죽음인가, ㉯ 금기를 어긴 데
대한 징벌의 죽음인가? 김씨 처녀의 죽음은 ㉰ 허도령을 죽게 한 죄
의식의 죽음인가, ㉱ 이승에서 못 이룬 사랑을 저승에 가서 이루려는
간절한 사랑의 죽음인가?

　네 가지 죽음의 해석은 ① 죽음이 속죄의 수단이 되는가, ② 죽음이

　　　　　　　　안동문화로 보는 한국학

징벌의 수단으로서 정당한가, ③ 금기는 인간을 죽게 할 만큼 신성한 것인가, ④ 사랑은 죽어서라도 이루어야 할 만큼 간절한 것인가 하는 문제와 만난다. 그러므로 당신화의 문화적 기능에 주목하면 마을문학의 범주 안에 놓이게 되지만, 당신화의 문학적 의미를 해석하게 되면 신과 인간 사이의 금기와 위반, 남녀 사이의 사랑과 죽음 등 문학 일반의 문제로 확대된다.

마을의 자연물과 지명에 관한 전설 또는 마을의 인물전설도 마을문학으로서 지역성을 확보한다. 나라에 큰 일이 있을 때마다 울었다고 하는 용계리 은행나무나 송사리 소태나무 전설은 마을의 자연물 전설이다. 마을 주민들이 나무가 울었던 일을 증언하듯이 전설을 이야기한다. 우물 밑에 옥돌이 있어서 밤에도 훤했다는 옥정동의 지명 전설과, 무덤을 파다가 바위 밑에서 학이 날아갔다고 하는 '하이마'의 지명 전설도 마을문학이다. 마을문학에서 시작된 지명 전설이 지역문학으로 확산되기도 한다.

선어대의 청룡이 황룡과 싸우다가 마씨 총각의 도움을 받아 싸움에 이겨서 하늘로 올라갔기 때문에 동네 이름을 '용상(龍上)'이라 하고, 그때 용이 홍수를 일으켜 만든 들을 마씨 총각에게 주었다고 해서 들이름을 '마뜰(마씨들)'이라고 한다.[4] 이 지명 전설은 모두 마을 이름과 관련된 마을문학이다. 그러나 마을을 넘어서 지역 사회에 널리 전승되는 까닭에 안동 지역의 고을문학 구실을 하고 있다. 지명이 특이하고 서사적 내용이 흥미로우면, 마을의 지명 전설이 널리 전파되어서 고을문학과 나라문학으로 확대될 수 있다.

---

4) 류증선, 『영남의 전설』, 형설출판사. 1971, 200~202쪽, '선어대(仙魚臺)에 얽힌 전설'을 축약해서 실었다.

마을의 인물전설도 인물의 명성에 따라서 마을에서만 전승되는가 하면 지역 사회 또는 전국적으로 전승되기도 한다. 우남춘이나 용동 영감 전설처럼 마을에서만 알려진 인물의 일화들은 마을문학의 범주를 넘어서지 않는다. 그런데 퇴계나 겸암, 서애처럼 지역의 유명 인물의 일화들은 지역성을 넘어서 전국적으로 전승되는 인물전설이다. 퇴계전설은 문헌에 150여 편, 구전되는 것이 190편 등 모두 340여 편에 달한다.[5] 안동 지역에서 집중적으로 전승되긴 하지만, 전국 어디서나 널리 전승되는 인물전설이어서, 퇴계 전설은 안동문학이면서 나라문학이라 할 수 있다. 그러므로 마을문학의 소재가 특별하거나 내용이 탁월하면 지역문학으로서 한계를 넘어서게 된다.

동제와 관련된 당신화나 동신(洞神)의 영험전설은 마을문학으로서 전승되는 데 머문다. 그러나 안동 지역의 풍속전설이나 유적전설은 고을문학으로 확산되어 전승되기 일쑤이다. 마을문학이 확대되어 고을문학이 되고 나라문학이 되는데, 지역 사회의 풍속이나 역사 유적들에 관한 전설은 처음부터 고을문학으로서 형성되고 전승된다. 왜냐하면 풍속과 유적의 전승 범주가 곧 전설의 전승 범주와 만나는 까닭이다. 그러나 지역적 범주가 없는 민담은 지역에서 세계적 유형이 전승된다. 따라서 지역에서 전승되는 민담은 지역문학이자 세계문학의 보편성을 띠고 있다. 그러므로 고을의 풍속과 유적에 관한 전설은 고을문학이지만, 국제적으로 널리 알려진 유형의 민담은 지역에서 전승되는 세계문학이라 해도 지나치지 않다.

---

5) 강재철 · 홍성남 · 최인학 편, 『퇴계선생 설화』, NOSVOS, 2011, 29~49쪽 참조. 이 책은 퇴계설화 자료를 집대성한 것이다.

안동문화로 보는 한국학

3 풍속전설의 기원론과 민중생활사의 기능

고을문학으로서 안동 지역 구비문학의 대표적인 갈래는 지역성이 두드러진 전설을 들 수 있다. 먼저 풍속전설을 보면, 중요무형문화재로 지정되어 있는 놋다리밟기와 동채싸움 전설이 대표적인 보기이다. 이 전설은 진도의 강강술래와 광주의 고싸움 전설처럼, 놋다리밟기와 동채싸움의 유래를 설명해주는 구실을 하는데, 한결같이 역사적 사건과 관련된 유래를 이야기한다는 점에서 특별한 의미를 지닌다.

동채싸움 전설: 고창전투에서 삼태사(三太師)가 견훤과 싸웠는데, 견훤이 지렁이 자손이라는 사실을 알고 강물에 소금을 뿌려서 견훤을 퇴치하여 왕건이 승리하게 되었다. 안동부의 사람들이 삼태사의 충성과 전승을 기념하기 위해 동채싸움을 하였다.[6]

또는 지렁이 자손 견훤이 안동에 오자 소금배를 풀어서 낙동강 물을 짜게 만들고 안동부의 사람들이 동채를 만들어 지렁이를 강물로 밀어붙여서 물리쳤다. 그 뒤로 견훤을 물리치는 방식으로 동채싸움을 하게 되었다.[7]

놋다리밟기 전설: 공민왕 일행이 홍건적의 난을 피해 안동으로 몽진해 오다가 소야천에 이르렀을 때, 안동부의 부녀들이 나아가 엎드려 노국공주로 하여금 신발을 빼지 않고 부녀들의 등을 밟아 물을 건널 수 있도록 하였다. 이 일이 원인이 되어 해마다 정월 대보름에 놋다리밟기를 하였다.[8]

---

6) 권정수, 「동채싸움(安東車戰)부활기」, 『영가문화』 1, 영가상록회, 1982, 174~175쪽.
7) 임동권, 「안동지방 차전 · 놋다리」, 『무형문화재조사보고서』 35, 문화재관리국, 1967, 316쪽.
8) 임동권, 『한국민속학논고』, 집문당, 1971, 254쪽.

또는 공민왕이 공주를 데리고 안동에 피난을 와서 머무는 동안 매우 불편한 나날을 보냈다. 안동부의 사람들이 이를 황송하게 여기고 왕과 공주를 즐겁게 하기 위해서 놀이를 고안해냈는데, 공주로 하여금 부녀들의 등을 밟고 가게 하는 놋다리밟기 놀이였다.[9]

동채싸움 전설은 고려 초기에 왕건이 안동에서 견훤과 통일 전쟁을 하는 상황과 관련된 이야기이고, 놋다리밟기 전설은 고려 말기에 공민왕이 홍건적의 난을 피해 안동으로 몽진해오는 상황과 관련된 이야기이다. 전설은 놀이의 유래와 더불어, 안동 사람들이 고려 통일에 결정적 역할을 한 사실과, 고려 말의 국가적 위기 때에도 중요한 역할을 한 사실을 증언한다. 그러므로 두 전설은 민속놀이의 기원을 말하는 풍속전설이자, 고려 통일과 흥망의 역사를 증언하는 역사전설이라 할 수도 있다.

전설이 말하는 것처럼, 왕건이 견훤을 물리치고 싸움에 승리함으로써 비로소 동채싸움이 생겨났거나, 공민왕이 안동에 몽진한 까닭에 비로소 놋다리밟기가 비롯되었다고 단정해서 말하기 어렵다. 두 놀이는 그 이전부터 전승되었을 가능성이 있기 때문이다. 정월 대보름에 놀던 놋다리밟기를 공민왕의 몽진 시기에 노국공주를 위해서 특별히 놀거나 노국공주를 참여시켜서 놀았던 것이, 마치 놋다리밟기의 기원인 것처럼 전설화된 셈이다.

공민왕이 몽진해 오지 않은 지역에서도 놋다리밟기 놀이들이 '지애밟기'나 '기와밟기'라고 하여 전국적으로 전승되어 왔다. 이러한 놀

---

9) 임동권, 위의 책, 같은 곳.

안동문화로 보는 한국학

이 전통이 근대에 와서 대부분 중단되었는데, 안동에서는 이 놀이가 지금까지 전승되고 있어서 마치 안동에만 있었던 것처럼 안동 놋다리밟기라고 일컬으며 안동 고유의 민속놀이로 인식되고 있다. 안동 놀이로 지역화된 데에는 공민왕의 안동 몽진 사실과 관련 전설의 영향이 크다. 왜냐하면 전설의 역사적 의미 부여가 놋다리밟기의 전승력을 강화했기 때문이다.

놋다리밟기는 원래 일년생산신인 내방객 맞이의 보름굿 행사로 풍요를 기원하던 주술적인 놀이였다. 그런데 공민왕의 몽진으로 역사적 의미가 부여됨으로써 충절의 뜻을 담고 있는 놀이로 재인식되어 새로운 전승력을 획득하게 된 것이다.[10] 만일 이러한 전설이 없었다면 놋다리밟기의 역사와 문화적 의미를 포착하기 어려운 것은 물론, 다른 고장처럼 전승이 중단되어 안동 지역에서도 최근까지 전승되기 어려웠을 것이다.

놋다리밟기처럼 동채싸움도 그 이전부터 전승되었던 놀이이다. 기존의 동채싸움이 병산전투의 승전 축제에 동원되면서 역사적 의미를 획득하게 된 것이다. 동채싸움은 민중의 집단놀이로서 승부를 겨루는 것이지만 삼태사의 공적과 연관되어 전승되는 까닭에 별도의 의미를 지니게 되었다. 삼태사의 후예들이 안동의 지배세력인 까닭에 삼태사의 공헌과 관련된 동채싸움은 안동부에서 인정하는 공적 놀이가 되었을 뿐 아니라, 최근에는 삼태사 위패를 모셔 놓은 태사묘(太師廟)에 차전각(車戰閣)까지 지어서 동채를 보관하게 되었다.[11]

---

10) 임재해, 『한국민속학과 현실인식』, 집문당, 1997, 401~413쪽 참조.
11) 한양명, 「안동 동채싸움 관련담론의 전승양상과 향촌사적 의미」, 『한국민속학』 29, 민속학회, 1994, 401~408쪽.

동채싸움 전설은 견훤과 왕건의 전투에 관한 중요한 정보를 담고 있는 역사전설로서, 기록과 달리 안동부의 민중들이 삼태사의 승리를 도와주었다고 증언한다. 견훤이 지렁이 자손이라는 사실을 알고 있는 안동부의 사람들이 강물에다가 소금을 뿌려서 견훤을 퇴치하는 데 결정적인 도움을 주었다는 것이다. 그러한 전설적 인물이 안중할멈이다. 안중할멈이 견훤 군사들에게 고삼주를 먹여서 취하게 만들고 기습공격 시기를 알려주어서 삼태사 군대가 승리하게 되었다는 이야기이다. 역사적 문헌에는 삼태사의 공적만 기록되어 있으나, 전설에는 삼태사 못지않게 민중들이 중요한 역할을 했고, 특히 안중할멈과 같은 인물이 결정적 공로를 세운 것으로 이야기된다.

아예 삼태사와 상관없이 순전히 안씨 할머니 혼자서 견훤 군사를 술에 취하게 해서 싸움을 승리로 이끌었다고 하는 전설도 있다.[12] 전설은 삼태사와 안중할멈, 주민들 중심으로 이야기되는데, 삼태사의 공적을 내세우는 양반들의 역사인식과, 안중할멈 및 주민들의 역할을 내세우는 민중들의 역사인식이 대립되고 있다. 그러므로 풍속전설로 볼 때는 한갓 풍속의 기원을 말하는 것이지만, 역사전설로서 주목하면 전설은 삼태사의 공적만 기록한 문헌사료의 한계를 극복하는 구술 사료일 뿐 아니라, 서술 주체의 성격에 따라 서로 다른 역사를 대조적으로 서술하는 민중 사료라 할 수 있다.

양반들이 지배층 중심의 역사를 문헌에 기록하여 기득권을 누리고자 한 반면에, 민중들은 피지배층 중심의 역사를 구술하여 전설화함으로써 민중의식을 공유했다고 할 수 있다. 전설은 민중문학이자 민

---

12) 임재해, 『한국구비문학대계』 7-9, 한국정신문화연구원, 1982, 58쪽.

　　　　　　　　　　　　　안동문화로 보는 한국학

중사로서 구비역사일 뿐 아니라 민속놀이와 결합해서 전승되는 생활 사료이기도 하다. 생활 사료라 일컫는 까닭은 놀이 활동과 더불어 해마다 관련 전설의 역사를 되새기는 계기가 되기 때문이다. 따라서 생활 사료로서 풍속전설은, '어떤 사실의 역사인가?' 하는 문제보다 '누구에 의한 역사인가?', '어떻게 공유되는 역사인가?' 하는 문제에 더 관심을 가지도록 만든다. 그러므로 세시풍속과 함께 전승되는 지역전설은 중앙사에 맞서서 지방사를 이야기하는 구술사일 뿐 아니라, 지배집단의 왕조사와 남성사에 대하여 피지배층의 민중사와 여성사를 서술하는 민중생활사로서 의의가 크다고 할 수 있다.

4 유적 전설로 읽는 지역의 불교문화 인식

민속놀이나 민속신앙 등 지역의 무형문화재들은 관련 전설에 의존하여 역사적 전승력을 확보하고 있는 데 비하여, 봉정사나 제비원 미륵, 도산서원 등 유형문화재들은 전설과 상관없이 유적이나 유물로서 문화유산 구실을 하고 있다. 오히려 유적전설이 이러한 문화재에 의존해서 전승력을 확보하게 된다. 그러므로 지역에 유명한 유형문화재가 있으면 으레 관련 전설이 더불어 전승되기 마련이다.

안동 봉정사(鳳停寺)는 한국에서 가장 오래된 목조 건축물로 주목받고 있다. 의상조사 또는 능인대사(能仁大師)가 지었다는 봉정사 창사연기설화는 물론, 봉정사가 자리 잡고 있는 천등산(天燈山)의 지명전설도 한결같이 의상조사나 능인대사와 관련되어 있다. 두 승려의 인물전설이기도 한 전설은 봉정사의 창사 유래와 의상조사나 능인대사의 신이한 법력을 알려주는 동시에, 안동의 불교문화가 부석사의 화엄종을 보급하는 교두보 구실을 했다는 사실까지 알려준다.

부석사를 창건한 의상이 부석사가 있는 봉황산(鳳凰山)에서 종이로 봉황을 접어 날렸더니 그 봉황이 날아가다가 머무는 곳에 절을 지었으며, 봉이 머물렀다고 하여 그 이름을 봉정사라 하였다는 전설이다. 따라서 봉정사 전설은 창사연기설화에 머물지 않고, 부석사에서 화엄종을 수립한 의상이 안동 지역에 새 거점을 마련하기 위해 봉정사를 지었다는 사실까지 담고 있다. 실제로 봉정사는 부석사의 첫 말사로서 창건되었을 뿐 아니라 종찰의 사상과 이념을 실현하는 현장이었다.[13] 그러므로 봉정사 전설은 화엄종찰 부석사와 말사 봉정사의 관계를 증언하는 까닭에 지역 불교사 이해의 중요한 자료 구실을 하는 셈이다.

봉정사가 아무리 오랜 목조 건축물이라 하더라도 불교문화 속에서 차지하는 사찰로서 위상이 제대로 포착되지 않으면 문화적 가치는 그만큼 떨어진다. 따라서 봉정사 창건자가 의상조사인지 능인대사인지 정확하지 않지만, 전설에 따르면 봉정사는 부석사로부터 뻗어 나온 화엄종의 지역 교두보라는 점이 분명해진다. 상량문의 기록처럼 봉정사를 능인대사가 지었다고 하더라도, 능인은 의상조사의 제자였기 때문에 이러한 봉정사의 불교사적 이해를 바꾸어 놓지 못한다.

봉정사가 있는 천등산의 천등굴 전설도 지역 불교문화 이해를 뒷받침한다. 천등산에 있는 천연동굴은 능인대사 또는 의상조사가 수행하던 곳이었다.[14] 능인대사가 여기서 밤낮으로 수행하고 있는데 하

---

13) 이효걸, 『천등산 봉정사』, 지식산업사, 2000, 22쪽.
14) 임재해, 『한국구비문학대계』 7-9, 한국정신문화연구원, 1982, 662쪽.

제비원 미륵

늘에서 선녀가 저녁마다 등불을 가지고 내려와 굴을 훤하게 밝혀주고 음식을 제공해주어 마침내 도를 깨쳤다고 한다. 따라서 하늘에서 등불이 내려왔다고 하여 동굴을 천등굴이라 하고 그 산을 천등산이라 하였다는 것이다. 불을 밝혀준 선녀는 이 지역 무교신앙의 사제자로 추론되기도 한다. 대사가 화엄종을 전파하는 데 무녀의 도움을 받았다는 사실을 암시한다.[15] 그러므로 천등굴 전설을 근거로 당시 안동지역의 불교문화와 무교문화의 교류 현상을 이해할 수 있다.

안동 제비원 전설은 참으로 다양하고 풍부하여 각편이 20여 편 되

---

15) 이효걸, 앞의 책, 30쪽.

고 삽화는 약 40편 정도 된다. 이 전설은 삼국시대 이전 시기부터 구한말에 이르기까지 여러 시대적 상황을 두루 나타내고 있어서 제비원을 둘러싸고 전개된 문화사의 전개 양상을 잘 드러내주고 있다. 가장 오래된 전설은 욱바우 전설로서 자연석인 바위 둘이 좋은 자리를 서로 다투어 차지하려다가 먼저 자리를 차지한 바위는 지금처럼 미륵이 되었고, 다툼에서 진 바위는 억울해서 울었다고 하여 욱바위라고 일컬어진다.[16]

바위가 스스로 움직여서 미륵이 되었다는 것은 큰 바위를 섬기던 자연신앙의 원초적 모습을 반영하는 이야기이다. 실제로 제비원 미륵의 현장은 대단히 웅장한 바위로 구성되어 있다. 바위신앙의 바탕 위에 불교가 전래되자 마애불을 조각하여 불교 도량으로 발전시킨 것이다. 바위 구성의 양식이 'ㄷ'자 모양을 이루고 있어 초기의 석굴사원을 연상하게 할 뿐 아니라, 마애불 조성과 관련된 형제 조각가 이야기[17]는 마애불의 머리 부분만 별도로 조각하여 바위 위에 얹어놓은 사실을 증언한다.

이러한 특수한 조형 방식 때문에 미륵 전설에는 이여송 유형까지 덧보태진다. 이여송이 말을 타고 가다가 미륵 앞에서 말발굽이 붙어버리자, 칼로 미륵의 목을 쳤는데 그 흔적이 아직 남아 있으며 핏자국도 불그스레하게 보인다는 전설이다.[18] 전설만 들으면 초월적 상상력에 지나지 않으나 현장에서 증거를 보면 전설이 실제 사실과 맞아떨

---

16) 임재해, 「내려오는 전설」, 『내 고장의 자취』, 안동시, 1982, 92~93쪽.
17) 유증선, 같은 책, 203~206쪽. '제비원 미륵불을 조각한 형제' 전설을 보면, 신라 때 형제 조각가가 서로 조각술을 다투었는데, 아우가 열심히 조각하는 동안 형은 놀다가 머리만 조각하여 지금의 마애불을 먼저 완성했다고 한다.
18) 임재해, 「내려오는 전설」, 같은 책, 90쪽.

어지는 것을 알 수 있다. 전설이 증거물과 밀접한 관련성을 지닌 까닭에 증거물은 으레 전설적 사실을 뒷받침하고, 전설적 상상력은 증거물의 제약을 뛰어넘을 수 없는 한계가 있기 마련이다.

중요한 사실은 이러한 증거물을 근거로 미륵의 조형 방식을 말하는 데 머물지 않고 이여송이 미륵의 목을 베었다고 하는 사실에 주목하게 만드는 것이다. 이여송으로 상징되는 명나라 군대가 우리나라에서 저지른 횡포를 비판적으로 드러낸 전설인데, 이것은 역사적 사실과 만난다. "왜군은 얼레빗 명군은 참빗"이라 할 만큼 왜군이 지나간 곳보다 명군이 지나간 곳에 백성들의 피해가 더 컸다고 하는 사실을 왕조실록에서도 밝히고 있다.[19] 따라서 안동 사람들은 명군의 횡포를 알리기 위해 안동에 오지도 않은 이여송을 안동으로 불러서 소중한 문화유산인 제비원 미륵의 목을 무참하게 베었다는 이야기를 하는 것이다. 그러므로 주민들은 유적전설 또한 유적의 유래를 사실대로 이야기하는 데 만족하지 않고 공동체의 역사의식과 현실 인식을 비판적으로 형상화하여 이야기하는 것을 알 수 있다.

5 인물전설의 대립 관계와 독창적 민중 의식

이여송은 안동 사람도 아니고 안동에 온 적도 없는 명나라 원병의 대장이다. 그러나 주민들은 이여송을 제비원의 미륵전설에 끌어들여 문화재를 훼손한 자로 간주하고 그 잘못을 폭로한다. 세조와 세종도

---

19) 임재해, 『민족설화의 논리와 의식』, 지식산업사, 1992, 231~233쪽.

안동과 무관한 왕이지만 주민들은 마치 안동에 온 것처럼 전설적 소환을 하여 그 잘잘못을 가린다. 제비원의 대부송 전설은 두 왕이 제각기 가마를 타고 성주목인 제비원의 소나무 밑을 지나가게 만든 것이다. 그때 제비원 소나무가 왕으로부터 대부송의 칭호를 받았다는 전설인데, 그 전말은 완전히 상반된다.

'제비원 성주풀이와 대부송': 세조가 형제를 죽이고 왕위에 오른 뒤에 죄를 참회하기 위하여 오대산 월정사를 거쳐 경주로 가는 길에 제비원을 지나게 되었다. 이때 소나무 가지가 길을 가로막아 세조의 수레가 지나갈 수 없게 되자, 세조는 자기 죄를 징벌하는 뜻을 알아차리고 죄를 뉘우치며 소나무를 통정대부(通政大夫)에 임명하고 대부송으로 일컬었다. 그러자 소나무 가지가 제자리로 돌아갔다.[20]

'대부송': 세종이 제비원 미륵을 참관하러 내려오는데 신하들이 가마에서 내려 걸어가지 않으면 미륵의 화를 당한다고 했으나, 세종은 따르지 않고 가마를 타고 행차했다. 과연 큰 소나무가 길을 막아서 지나갈 수 없었으나, 세종의 가마가 당도하자 스스로 가지를 들어서 길을 터주었다. 세종이 감탄하여 미륵의 힘을 칭송하고 대부송의 벼슬을 내렸다.[21]

제비원에는 성주의 본향답게 성주목 구실을 하는 거대한 소나무가 있었는데, 소나무가 세조와 세종을 대하는 태도가 대조적이어서 흥미롭다. 세조가 지나갈 때는 들고 있던 가지를 내려서 길을 막아 죄를

---

20) 송지향, 『안동향토지』 상, 대성문화사, 1983, 342~343쪽.
21) 성균관대학교 국문학과, 『제2차 안동문화권학술조사보고서』, 성균관대학교 국문학과 학술조사단, 1971.

안동문화로 보는 한국학

뉘우치게 하는 데 반하여, 세종이 지나갈 때는 길을 막고 있던 가지를 들어 길을 열어줌으로써 성군의 덕을 칭송하는 뜻을 나타냈던 것이다. 두 왕에 대한 민중의 상반된 평가를 널리 공유하기 위하여 역사적 사실과 달리 전설의 주인공으로 소환하여 제비원의 소나무 아래로 지나가게 만든 다음, 세조의 길을 막는 반면에 세종의 길은 터주었던 것이다. 사실의 역사로 보면 허구이지만, 의식의 역사로 보면 진실을 담고 있는 전설이다.

역사적 사건과 관련된 전설은 그것이 풍속전설이든 유적전설이든 일정한 인물과 관련되어 있으므로 인물전설의 성격을 어느 정도 지닐 수밖에 없다. 제비원과 같은 유적은 이여송과 세조, 세종 외에도 연이처녀, 김도령, 조각가, 대목 등의 인물이 등장하는 전설이 다양하게 전승된다. 그러나 역사적 인물이 아니기 때문에 인물전설로 주목되지 않는다. 안동의 인물전설로는 퇴계와 겸암, 서애를 빼놓을 수 없다. 흥미로운 것은 세조와 세종을 같은 상황에 끌어들여 대조적으로 이야기하는 것처럼, 퇴계와 겸암도 관련 인물을 끌어들여서 대조적으로 이야기한다는 점이다. 퇴계가 제자 월천과 관련하여 이야기되는 반면에, 겸암은 아우 서애와 관련하여 이야기되는 점이 주목된다.

월천 조목과 퇴계의 관계는 설화 제목에서부터 사제관계의 우열이 드러난다. '조월천을 살려준 퇴계 선생'[22]과 '조월천의 상사뱀 물리친 퇴계 선생'[23]처럼 사건의 주체는 월천이지만, 문제를 해결하는 주체는 퇴계이다. 월천은 처녀가 사모할 만큼 잘난 인물이고 여성에게 사로잡히지 않을 만큼 지조도 높은 인물이다. 그러나 사랑에 얽혀서 죽음

---

22) 최정여,『한국구비문학대계』7-11, 한국정신문화연구원, 1984, 283~286쪽.
23) 최정여 · 천혜숙,『한국구비문학대계』7-13, 한국정신문화연구원, 1985, 72~75쪽.

의 위기에 이르는 문제는 퇴계가 나서서 해결하지 않으면 안 된다. 설화의 공통 줄거리를 요약하면 아래와 같다.

미천한 신분의 처녀가 조월천을 연모한 나머지 상사병이 들었다. 이 사실을 안 스승이 제자 월천으로 하여금 처녀를 위로하도록 하였다. 월천이 마지못해 처녀를 찾아가 형식적인 위로를 하는 데 그쳤으므로, 마침내 처녀는 한을 품고 죽어서 상사뱀이 되어 월천을 해치려 들었다. 월천은 이 사실을 알지 못해 죽음의 위기에 이르렀으나 스승은 상사뱀을 알아보고 퇴치해서 제자 월천을 구했다.

조목은 지조가 굳어서 처녀의 상사병에도 전혀 흔들리지 않은 인물이다. 문제는 지조 때문에 처녀가 죽어간다는 점이다. 그러나 퇴계는 지조보다 처녀를 살리는 길을 택한다. 따라서 제자에게 처녀를 위로하여 살리도록 했으나 조목은 마지못해 형식적 위로에 그친다. 마침내 처녀가 상사뱀이 되어서 월천을 해치려 할 때, 퇴계가 나서서 상사뱀을 다스리고 월천의 생명을 구해낸다. 월천은 선비다운 지조를 지켜서 얻은 것이 아무것도 없다. 오히려 처녀를 죽게 만들고 자신도 위험에 빠질 뿐 아니라 스승에게 심려를 끼치기까지 한다.

퇴계와 월천은 가장 긴밀한 사제 관계를 맺은 사이이다. 월천은 퇴계의 맏제자이자 아들 같은 제자였다. 월천의 도덕적인 삶과 선비다운 정신은 퇴계로부터 배운 것일 수밖에 없다. 그러나 퇴계는 규범과 원칙에 얽매이지 않은 융통자재한 인물이다. 월천이 유교 윤리에 매몰된 유교 근본주의자라면, 퇴계는 인간의 얼굴을 한 유교주의자이다. 민중들은 도덕적 규범이나 선비다운 지조보다 사람을 사랑하고 목숨을 살리는 퇴계의 인간다운 면모를 더 훌륭하게 생각한다.[24] 이처럼 월천의 경직된 유교주의에 견주어 이야기할 때 퇴계의 인간다운 면모가 더 잘 드러나는 것이다. 그러므로 퇴계와 월천을 대조적으로 이야기하는 것이 퇴계의 인물됨과 바람직한 유교의 길을 일깨워 주는 데 더 효과적이다.

6 사실과 거꾸로 이야기되는 전설의 역사성

퇴계와 월천처럼 겸암 류운룡도 서애와 함께 대조적으로 이야기되기 일쑤이다. 인물전설에서 서애가 우위에서 이야기될 것 같은데, 오히려 겸암이 우위에서 이야기되는 것이 흥미롭다. 임란 때 서애는 중요한 역할을 한 역사적 인물인 반면에, 겸암은 역사적 전면에 나서지 않은 인물이다. 그럼에도 전설에서는 거꾸로 이야기된다. 시골에서 묻혀 살고 있는 겸암이 탁월한 예지력으로 임란을 예언하고 주체적으로 임란을 극복하는 반면에, 조정에서 정승 벼슬을 하고 있는 서애는 능력과 지혜가 모자라서 겸암이 시키는 대로 종속적으로 임란을 극복하는 것으로 이야기된다.

전설에서 겸암은 이인으로 이야기된다. 따라서 자신의 탁월한 역량을 드러내지 않고 짚신이나 삼으며 못난 사람처럼 살아간다. 그러나 서애는 정승답게 자부심과 긍지가 대단하여 능력과 재주를 과시하며 사는 인물이다. 따라서 서애는 집에서 학을 기르고 거문고 음률을 감

---

24) 임재해, 「설화에 나타난 조월천의 삶과 그 민중적 인식」, 『퇴계학연구』 3, 퇴계학연구소, 1991, 61~105쪽.

상하며 바둑을 즐긴다. 그런데 겸암이 어느 날 아우 집의 학을 잡아 다가 고깃국을 끓여 먹고 거문고를 가져와 부수어서 땔감으로 써버 린다. 서애는 형님이 학과 거문고를 알지 못한 탓으로 여기고 겸암을 무시한다. 그러나 겸암은, 벼슬아치로서 나라의 위기조차 알아차리지 못하고 기껏 학이나 기르며 거문고를 즐기는 서애의 태평한 삶을 못 마땅하게 여긴 것이다. 그러므로 학을 잡아먹고 거문고까지 땔감으로 사용한 것이다.

　서애가 형을 얕잡아보며 바둑 시합을 했으나 참패하는 것은 물론, 겸암이 축지법을 사용하여 중국에 갈 때에도 겸암의 발자국을 따라 간신히 좇아간다. 겸암은 바둑 시합과 축지법으로 자신을 업신여기는 서애의 편견을 불식시킨다. 왜냐하면 자기에 대한 신뢰를 가져야 임 란의 위기를 극복하는 지혜와 방법을 제대로 일러줄 수 있기 때문이 다. 겸암이 중국 소상강 구경을 가자고 하자, 서애는 "형님 미쳤수?" 하고 가당찮게 여겼으나, 축지법으로 단숨에 소상강에 이르자 형님을 신뢰하지 않을 수 없게 되었다.

　겸암은 소상반죽을 꺾어주면서 크게 쓸 데가 있으니 늘 도포 속에 잘 간직하라고 일러준다. 서애는 간직했던 소상반죽으로 이여송을 청 병하는 데 성공한다. 서애는 겸암의 가르침에 따라 임란에 일정한 공 을 세우게 되었다. 이처럼 임란에 대한 겸암의 예지력과 미친 공로는 참으로 대단하다. 임란은 물론 이여송 청병까지 미리 알고 서애에게 대비하도록 할 뿐 아니라, 왜장이 첩자로 오는 사실까지 알아차리고 용의주도하게 대비하여 사로잡는다. 왜장이 중으로 가장하여 서애를 처치하러 올 것을 알아차린 겸암은 왜장을 사로잡아서 아우를 살리 고, 전쟁이 나더라도 안동을 침범하지 않도록 다짐을 받은 뒤에 살려

　　　　　　　　　　　　　안동문화로 보는 한국학

보낸다. 겸암이 아니었으면 서애도 목숨을 부지할 수 없었으며 안동은 임란 때 큰 피해를 입었을 것으로 이야기된다.

주민들은 왜 역사적 사실과 달리 서애보다 겸암이 임란에 더 큰 공을 세운 것으로 이야기할까? 형만 한 아우가 없다는 뜻으로 겸암을 내세운 것은 아니다. 벼슬아치들에 대한 불만 때문이다. 서애는 영의정에 오를 만큼 권력의 상부에 있었지만 조정은 임란을 예측하지도 못하고 제대로 대비하지도 못해 백성들이 큰 희생을 겪어야 했다. 그러나 겸암은 짚신이나 삼는 가난한 농부로서 세상물정을 전혀 모를 것 같은 인물이지만, 실제로는 임란의 불길한 조짐을 진작 내다보고 철저하게 준비하여 희생을 줄였던 것이다.

겸암이 민중을 상징하는 인물이라면 서애는 조정의 벼슬아치들을 상징하는 인물이다. 민중들은 겸암과 서애를 내세워서 백성들도 알고 있는 임란을, 조정의 대신들은 알지 못한 채 손 놓고 있다가 백성들에게 전쟁의 고난을 겪게 만든 일을 비판적으로 이야기한 것이다.[25] 따라서 겸암은 임란을 예측하고 준비한 이인으로서 실제보다 탁월한 인물로 이야기되는 반면에, 서애는 나라 사정에 어두운 벼슬아치로서 실제보다 하찮은 인물로 이야기된 것이다.

이처럼 역사적 인물의 전설이라 하더라도 민중들은 사실 자체를 있는 그대로 이야기하는 것이 아니라, 민중의식에 따라 사실을 다시 평가하고 비판적으로 해석하여 재구성한 결과를 이야기하는 것이다. 전설적 형상화의 폭이 클수록 문학적 의미의 깊이도 커지기 마련이다. 인물로 보면 한갓 하회마을 특정 집안의 이야기이지만, 그 내용을

---

25) 임재해, 「설화에 나타난 겸암과 서애의 엇갈린 삶과 민중의식」, 『퇴계학연구』 5, 안동대학 퇴계학연구소, 1993, 41~83쪽 참조.

보면 임란의 전후사를 다룬 민족사의 이야기이다. 따라서 겸암 형제의 전설은 안동의 인물전설이자 조선의 역사전설이라 할 수 있다. 그러므로 역사적 재해석의 전설적 형상화는 안동 지역 설화가 지닌 민족문학으로서 독창적 가치라 할 수 있다. (임재해)

안동문화로 보는 한국학

2장

안동 여성과 규방가사

1 안동의 유교적 전통과 규방가사

안동시의 시작을 알리는 서쪽과 동쪽의 문에는 "정신문화의 수도" 라고 쓴 현판이 달려 있다. '정신문화'는 근대 이후까지도 오랫동안 안동에 지배적인 영향을 미쳤던 유교문화를 말한다. 안동이 유교문화의 중심지였다는 점은 안동 밖의 사람들도 인정하고 있어서, 사람들은 '안동' 하면 흔히 '유교'와 '양반'을 떠올린다.

그런데 안동이 유교문화의 중심지로서 전통문화를 지켜왔다는 점은 과연 자랑이기만 한 것인가? 유교문화 안에서 형성된 '선비정신'의 긍정적 측면에 대해서는 부정할 수 없지만, 긍정적인 면이 있다고 해서 유교문화의 문제점을 은폐해서도 안 될 것이다.

유교는 차이를 강조하고 이에 바탕한 구별을 당연시한다. 상하(上下)의 분별, 남녀(男女)의 분별은 유교에서 강조하는 구별이다. 상층의 양반과 하층의 상민(常民)은 근본적으로 다르기 때문에 양반은 양반으로서의 할 일이 있고 상민은 상민으로서의 할 일이 있다. 또한 남성과 여성은 신체적·기질적으로 다르기 때문에 남성이 할 일과 여성이 할 일이 구별된다. 유교에서는 상하와 남녀의 차이가 본질적이라고 보기에 '차이'를 넘나드는 것은 허용되지 않았다.

이러한 유교적인 사고방식은 상하와 남녀의 차이에 따라 삶의 방식을 다르게 규정하였다. 유교사상을 바탕으로 한 조선 사회에서는 남녀와 상하의 할 일이 달랐을 뿐만 아니라, 삶의 공간도 구별되었다. 상민과 양반의 거주지가 달랐고, 사대부가 안에서도 상층과 하층의 공간이 분리되고, 남성과 여성의 공간이 분리되었다. 전통적인 사대부의 가옥 구조를 보면 안채(내당)와 바깥채(외당)는 분리된다. 안채는 여성들의 공간이고 바깥채는 남성들의 공간이다. 전통 사회에서 여성들은 함부로 바깥채에 나오지 않고 안채에만 머물러 있었다.

당연히 안채에서 사는 여성의 삶과 바깥채에 머무는 남성의 삶은 동일할 수 없었다. 안채에 사는 결혼한 여성은 시부모 봉양, 남편 옷 마련, 식구들 끼니 챙기기, 제사 모시기, 손님상 준비, 자녀 양육, 그밖에 베짜기나 바느질, 수놓기 등으로 하루를 보낸다. 바깥채의 남성은 안채에 들어와 어머니께 문안인사를 올리고 식사를 하는 경우 외에는 주로 바깥채에 머물면서 책을 읽거나 손님을 맞는다.

이처럼 삶이 달랐기에 배워야 할 것도 달랐다. 남성은 과거를 위한 글공부를 하고 여성은 바느질이나 베짜기 등의 집안일을 배운다. 여성에게는 한문을 배우는 일이 허용되지 않았다. 다만, 사대부 여성이

안동문화로 보는 한국학

라면 최소한의 교양을 위해서 한글을 배웠고, 한글을 통해서 도덕 교과서라고 할 수 있는『내훈』,『여사서』등을 읽었다.

안동 지역에서는 유교문화의 영향으로 남녀의 구별/차별이 더 강하게, 더 오랫동안 지속되었다. 규방가사는 이러한 사회적·문화적 맥락에서 형성되었다. 안동 지역은 다른 지역에 비해 유독 규방가사의 창작이 많았다. 규방가사는 여성들이 향유했던 가사를 말하며, '내방가사'라고도 부른다. 여기에서 규방은 여성들이 머무르는 공간을 말한다.

가사는 4음보의 어구로 이루어졌으며, 한 줄이 제한 없이 연속되는 문학 형식이다. 고려 말에 처음 발생하였을 것으로 추정되고 있으며, 형식이 비교적 자유롭고 분량에 제한이 없어 조선시대에 널리 이용되었다. 자연에서의 삶을 서술한 은일가사, 유배지에서 지은 유배가사, 여행지에서 지은 기행가사, 도학의 원리를 풀어 낸 도학가사, 역사적 지식을 적은 역사가사, 사람이 지켜야 할 행실을 가르치는 교훈가사, 시정의 풍속을 적은 세태가사 등등 실로 다양한 내용이 가사로 창작되었다.

산문으로 적어도 될 것을 굳이 가사로 적을 필요가 있었을까 생각할 수도 있다. 오늘날 가사는 거의 사용되지 않으며, 가사로 기록되었던 것은 모두 산문으로 대체되었다. '가사'가 조선시대에 널리 이용된 이유는 당대 글 읽는 방식과 관련이 있다. 조선시대에는 오늘날과는 글을 읽는 방식이 달랐다. 오늘날에는 보통 눈으로 글을 읽지만, 당시에는 혼자서 글을 읽을 때에도 '소리 내어 읽는 것'이 일반적이었다. 그러다 보니 산문이라도 대구 등을 통해서 리듬감을 주는 경우가 많았다. 가사는 대구를 이루는 2음보가 중첩되어 소리 내어 읽기에 적합하다.

규방가사는 애초에 여성들을 교화시키려는 의도에서 권장되었다. 〈계녀가사〉가 그러하다. 안동을 중심으로 한 경북 지역에서 다른 지역보다도 특히 많은 규방가사가 발견되고 있는 것은, 이 지역이 남녀를 구별하는 유교적 사고방식이 다른 지역보다도 영향력을 발휘한 것과 관련이 있다.

2 여성 교육의 전통과 계녀가

국립중앙도서관에는 퇴계 이황의 글로 추정되는 『규중요람』의 한글본이 소장되어 있는데, 서문의 일부를 현대어로 바꾸어 인용하면 다음과 같다.

부인 여자라도 마땅히 시서(詩書)와 사기(史記)와 소학(小學)과 내칙(內則)을 읽어 역대의 나라 이름과 조상의 이름을 알아야 한다. 그러나 문필을 공교하게 하고 시를 화려하게 짓는 것은 오히려 기생의 일이오, 사대부가 부녀의 행할 바 아니다.

흔히 생각하기에 조선시대 여성들은 문자 교육을 받지 않았다고 생각하기 쉽다. 그러나 사대부 집안의 여성은 하층 여성과는 달랐다. 문학적 재능을 과시하는 것은 기생들이나 할 일로 비난받았지만, 여성이라도 역대 나라나 조상 이름 정도는 알아야 한다고 하였다. 그런데 이러한 '최소한의 교양'을 위해서 제시한 책이 『시경』과 『서경』 등의 경전과 역사책, 도덕 교과서의 일종인 『소학』과 『내칙』 등이다. 이 중에서 『내칙』을 제외하면 위에서 거론된 책은 모두 사대부 남성들도 읽고 공부했던 책이며, 이를 모두 읽는다면 상당한 수준의 교양을 갖추게 될 것이다.

조선시대 사대부 여성들에게 필요한 교양 수준은 집안에 따라 달랐다. 김창협이 딸 김운의 사례처럼 서울 지역의 명문가에서는 딸에게도 한문을 가르친 사례가 적지 않게 확인된다. 허균의 누이인 난설헌 허초희나 홍길주의 누이인 유한당 홍씨는 여성이면서도 한시를 지을 줄 알았다.

그러나 이러한 사례는 극히 일부였다. 대부분 사대부 여성은 한글만 배웠다. 사대부 남성이라면 글공부를 해서 과거에 급제하는 것이 목표였지만, 여성은 수놓기, 바느질, 베짜기 등 여성의 역할에 충실하도록 교육을 하였다. 또한 '최소한의 교양'을 위해서 여성에게 한글을 가르쳤다. 한글은 사대부 집안의 여성으로서의 '교양'와 '덕성'을 갖추도록 하는 수단이었다.

무엇보다 한글 교육은 여성들의 '인성 교육'을 위해서 필요했다. 18세기 사람인 송명흠은 "근래 부녀자들이 전혀 배우지 않"고 치장만 하려 하니 덕을 잃는다고 하였다. 당대 여성들이 '배워야 할 것'은 보통 『내훈』이나 『내칙』 같은 '도덕 교과서'를 말한다. 여성에게 한글 교육이 필요한 이유도 여기에서 발생한다. 배워야 할 것은 옛 성현들의 가르침인데 이런 가르침은 글을 읽어야 익힐 수 있다. 이런 맥락에서 한문 교육을 받지 못했던 여성에게 한글을 통한 문자 교육은 당연시 되었다.

그러면 당대 여성들이 소위 '인성교육'을 위해서 읽었던 책에는 어떤 것이 있었을까. 소혜왕후가 편찬한 『내훈』, 한나라 유향이 편찬한 『열녀전』 및 이를 명나라 때 다시 증보(增補)한 『고금열녀전』, 한나라 반소가 지은 『여계』는 여성들을 교화시키기 위해서 권장되었던 당대의 대표적인 '도덕 교과서'들이었다. 이밖에도 원래 남성의 도덕 교과서로 만들어졌던 『소학』 또한 언해본이 유포되면서 여성의 규범서로 널리 읽혔다.

17세기 이후에는 「계녀서(戒女書)」라고 하는 편지형식의 글이 여성 교육에 널리 이용되었다. 「계녀서」는 원래 우암 송시열이 시집가는 딸에 주었던 편지였다. 딸이 시집가서 혹 욕을 먹지나 않을지 걱정하는 친정아버지의 마음이 잘 표현되어 있어서 사대부 집안에서는 이를 본 따서 시집가는 딸에게 친정부모가 당부하는 말을 적어서 주는 것이 풍습이 되었다. 이런 글은 대개 「계녀서」라는 제목으로 전해지는데, 내용은 우암 송시열의 「계녀서」와 크게 다르지 않았다.

「계녀서」 중에서는 4음보의 가사체로 적은 '계녀가사'도 있다. 계녀가사는 '계녀가'라는 제목으로 필사된 것이 많다. 내용은 「계녀서」와 유사하지만, '아이야 들어봐라, 내일이 신행이라' 등 상투구의 사용이 더 두드러지게 나타난다. 이러한 「계녀가」는 특히 안동을 비롯한 경북 지역에서 많이 발견되었다. 이 지역에서는 『내훈』 등의 책보다는 「계녀가」를 통한 도덕 교육이 더 보편적이었다고 이해할 수 있다.

그렇다면 「계녀가」의 형식이나 내용은 어떠한가. 안동의 서후면 이계동에서 발견된 「계녀가」를 가급적 현대 맞춤법에 맞게 표기를 고쳐서 소개해본다.

안동문화로 보는 한국학

아이야 들어봐라 내일이 신행이라

친정을 하직하고 시가로 들어가니

네 마음 어뗘할꼬 이 심사 갈 바 없다

우마(牛馬)에 짐을 싣고 금반을 굳이 매어

부모께 떠날 적에 경계할 말 하고 많다

문밖에 사관할 제 세수를 일찍 하고

문밖에서 절을 하고 가까이 나와 앉아

방이나 덥사온가 잠이나 편하신가

살뜰히 무를 적에 적은덧 앉았다가

그만해 돌아 나와 진지를 차릴 적에

식성을 물어가며 반찬을 맞게 하고

꿇어 앉아 진지하고 식상을 물린 후에

할 일을 살와 보아 다른 일 없다 하면

내 방에 돌아 나와 일손을 바삐 들어

흥돈흔돈 하지 말고 자주자주 하여서라

…(중략)…

아이야 들어봐라, 또 한 말 이르리라

지아비는 하늘이라. 하늘같이 중하니라

언언이 조심하고 사사이 공경하여

친하다 야단 말고 미덥다 방심 말고

한 회에 서지 말고 내외를 구별하며 설압키 말아서라

…(중략)…

아이야 들어봐라, 또 한 말 이르리라

부모와 지아비는 인정이 지극하여

허물이 있다 해도 내리쓰려 보더니라

그 중에 어렵기는 동생과 지친이라

재물을 시세하면 동생이 불화되고

언어를 잘못하여 지친의 불목 되면

그 아니 두려우며 그 아니 조심할까

일척 포 끊어내어 동생과 입어서라

…(중략)…

아이야 들어봐라, 또 한 말 이르리라

봉제사 접빈객은 부녀에 큰일이라.

제사를 당하거든 각별히 조심하여

의복을 갈아입고 제수를 정케 하고

방장을 쇄소(灑掃)하고 훤화(喧譁)를 엄금하고

제미를 씨흘 적에 희도록 다시 쓸고

제물을 씨흘 적에 티 없이 다시 씻고

웃음을 크게 마라 뉘 흉이 뛰나니라

…(중략)…

봉제사도 하려니와 접빈객을 잘하여라

손님이 오시거든 청령을 더욱 하여

이웃제 꿔오나마 없다고 핑계 말고

소리를 크게 하여 초당에 듣게 마라

반감을 친히 하여 종 맡겨 두지 말고

반상을 닦고 닦고 기명을 씻고 씻고

밥그릇 골계 말고 국그릇 씻게 말고

…(중략)…

안동문화로 보는 한국학

아이야 들어봐라, 또 한 말 이르리라.

자식을 교양함은 전리에 할 일이라.

미리야 가르치면 조찬하듯 하다만은

수태를 하거들랑 각별히 조심하여

음성(淫聲)을 듣지 말고 악색(惡色)을 보지 말고

침석(寢席)를 바로 하고 음식을 정케 먹고

기울게 서지 말고 틀리게 눕지 말고

열 달을 이리하여 자식을 놓으면은

얼굴이 단정하고 총명이 더하니라.

…(중략)…

아이야 들어봐라, 또 한 말 이르리라.

노비는 수족이라 수족 없이 어이 살며

더위에 농사지어 상전을 봉양하며

치위에 물을 끼려 상전을 봉양함이

그 아니 불쌍하며 그 아니 귀할손가

귀천은 다르나마 혈육은 한가지라

…(중략)…

옛글에 있난 말과 세정에 담한 일로

대강으로 기록하여 책을 매서 경계하니

이 책을 잃지 말고 시시로 내여 보며

행신과 처사할 제 유익하게 되았서라

그밖에 경계할 말 무수히 있다만은

정신이 아득하여 이만하여 그치노라

앞의 「계녀가」는 시집가는 딸에게 어머니가 시부모 모시기, 남편 받들기, 봉제사와 접빈객, 친척간 우애 등에 대해서 당부하는 말로 구성되어 있는데, 이러한 내용은 「계녀서」와 거의 일치한다. 「계녀서」와 「계녀가」는 문체가 다를 뿐 내용에 있어서는 차이가 없다고 할 수 있다. 이러한 내용이 시집가는 딸에게 주는 교훈으로 거의 굳어져 있다고 보아도 좋을 것이다.

「계녀가」 내용은 작품마다 엇비슷하지만 동일하지는 않다. 조선시대 시집간 여성의 삶이란 시부모 봉양과 접빈객, 봉제사, 자녀 양육 등의 범주를 크게 벗어날 수 없었지만, 개개의 삶이 모두 똑같은 삶일 수는 없다. 각각 처한 상황에 따라서 여성의 삶은 달라진다. 그러므로 시집가는 딸에게 하는 친정부모의 말은 비슷하면서도 다를 수밖에 없다. "옛글에 있는 말과 세정에 말하는 것"을 기록했다는 위 「계녀가」의 대목에서도 이 점을 짐작할 수 있다. '옛글'은 선행하는 「계녀서」 혹은 「계녀가」를 말한다. 작자는 선행하는 글에 내용을 조금 덧붙이거나 변형하여 이전과는 비슷하면서도 다른 「계녀가」를 짓는다.

그러다가 아예 허구적인 내용으로 변형되는 사례도 나타나는데, 「복선화음가」가 그렇다. 안동 지역에서 널리 발견되는 「복선화음가」는 이씨 부인이 신행 가는 딸에게 자신의 인생사를 술회하는 내용으로 구성된다. 부유하게 자란 한 여성이 문벌은 좋지만 가난한 집안으로 시집오는데, 이 여성이 농사짓고 누에치며 베짜고 수놓기 등 치산(治産)에 힘을 쓴 덕에 가난하던 시댁은 수천 석 부자가 되고 남편(혹은 자식)이 장원급제까지 하여 집안이 번성한다는 내용이다.

이씨 부인은 자신의 치산담을 들려준 뒤에 '괴똥어미'라는 여성의 이야기를 들려준다. 괴똥어미는 처음에 가산(家産)이 만금인 집으로 시집오지만, 행실이 거침없을 뿐 아니라 먹성도 좋다. 게다가 푸닥거리에 돈을 낭비하여 결국 집안을 말아 먹는다. 이처럼 「복선화음가」는 이상적 여성상과 부정적 여성상을 대비하면서 여성의 도리를 가르치는데, 허구적인 인물을 등장시켜 교훈을 전달한다는 점에서 「계녀가」의 변형이라고 할 수 있다.

계녀가사는 필사를 통해서 전승되면서 다양한 변형들을 파생하였다. 교훈서를 필사할 때는 원저자의 권위가 의식되기 때문에 필사자의 목소리가 섞여 들어가기가 어렵다. 그런데 「계녀가」를 필사할 때는 필사자가 원래의 텍스트를 자신의 목소리로 바꾸어 필사하기 때문에 의식적·무의식적 변이가 이루어진다. 이는 일종의 '자기화'의 과정이라고 할 수 있다. 또 실존하는 인물의 이야기가 여러 필사자를 거쳐 전해지는 과정에서 이름을 잃기도 한다. 이러한 과정이 진행되다 보면 허구적인 내용일 들어갈 수도 있는데, 「복선화음가」가 바로 그러한 사례라고 할 수 있다.

3 규방가사를 통한 자기 위안

「계녀가」 외에도 규방가사 중에는 자신의 감정을 토로한 것들이 상당수 있다. 여성들은 가사를 이용하여 친정부모와 형제에 대한 그리움, 여자로 태어난 한(恨), 남성의 삶에 대한 동경(憧憬), 병든 몸에 대한 탄식, 화전놀이의 즐거움 등을 표현하였다. 한마디로 살면서 느끼는 온갖 감정을 가사에 풀어낸 것이다. '신변탄식류'라고 지칭되는 이러한 가사에는 행복했던 어린 시절, 시집오던 당시의 상황, 시집 온

후의 생활, 친정을 그리워하는 마음 등이 나타난다. 경북 영주군 임고면에서 발견된 「정부인 자탄가」를 통해서 '신변탄식류' 규방가사의 내용을 살펴보자. 현대어 맞춤법에 맞게 고치되 사투리를 그대로 살려 옮겨본다.

가소롭다 가소롭다 여자일생 가소롭다
못할새라 못할새라 부모생각 못할새라
전생에 무슨 죄로 여자 몸이 되어 나서
부모동기 멀리 하고 생면부지 남의 집에
이십 전에 출가하여 부모 동기 기리난고.
부모인정 생각하니 태산이 가부얇고 하해가 옅을로다.
십 삭을 채워 탄생하여 아들딸 분간 없이
주옥같이 사랑하여 아픈 자리 갈아 가며
치우면 치울시라 더우면 더울시라
만단수선 골물 중도 잠시라도 아니 잊고
젖을 먹여 잠을 재고 척푼천이 모와내어
철피이복 곱게 지어 몸 간수도 정히 하고
육칠 세라 자라나서 비단명주 침자질과
마푼 무명 물이기를 조리 있기 가라치며
본문 기역 이언가라 철부지 어리석음
전후실수 많건 만은 우리 어매 한 번도 논찌도 듣지 아니하며
한 번도 매질 아니하니 글씨를 가리칠지요

「정부인 자탄가」의 서두인데, 작자는 먼저 여자로 태어나서 부모를

안동문화로 보는 한국학

떠나 시댁에서 생활하는 처지를 한탄하는 것으로 시작하고 있다. 그리고 태어나서 자라기까지 부모님의 노고를 서술하였다. 예닐곱 살이 되어서는 여성으로서 배워야 할 수놓기나 염색법, 한글 등을 배웠다고 하였다. 대부분 규방가사에서는 시집가기 전 어린 시절이 가장 행복한 시간으로 기억된다.

여성의 삶에서 가장 중요한 변화는 '결혼'이다. '시집간다'는 어휘에서도 나타나듯이 전통사회에서 여성의 결혼은 친정을 떠나 '시집'이라는 낯선 공간으로 들어가는 것이었다. 「정부인 자탄가」에서는 시집가기 전에 중매쟁이가 오가고 정혼을 하고 택일을 하고 신행까지의 과정이 자세히 서술된다.

…(중략)…

날마당 외당에 손님 와서 중매로다

가문도 좋고 낯도 선관 같다 하는 편지 동서남북에 오는구나

사방으로 이런 혼사 다 든지고

이랑 사난 안동 손씨 존문에

일가 부모 갖아 있고 낭자도 준수하다

가내도 홍성하고 백사가 반반하다

청혼허혼 왕래하여 모월모일 택일하니

자정 있는 우리 부모 혼인안목 법도 있어

골모일모 안 생각고 명주비단 시백 목을

침금이복 두일섭과 회양요강 반상기며

비단 당태 호관망을 색색이 차리노니

늑늑잖은 우리살림 부모 간장 오작하리

…(중략)…

지포북포 시백목이 장롱목농 채웠으니

혼인안목 색색하기 남보기는 좋거니와

철철이도 침자질과 가지가지 침자질은 부모간장 오죽하리

춘복하복 하인 갈 제 가져가도 마음에 흥취없다.

조선 창옷 상하이복 넉죽 닷죽 부족하고

소주약주 가진 술과 생선건물 안주 등을

가지가지 보내자 하니 그 걱정이 오죽하리

…(중략)…

정부인이 자라면서 날마다 외당에는 중매인이 오가고 여러 집안의 신랑감들이 추천된다. '정부인'은 그중에서 안동의 손씨 집안으로 시집가게 되었다고 하였다. 「정부인 자탄가」에서는 혼수를 마련하는 과정도 자세히 서술되어 있는데, 넉넉지 않은 살림에 갖은 혼수를 장만하느라 고생했을 부모님에 대한 미안함과 고마움과 안타까움이 표현되어 있다.

시월이 여루하여 칠팔월이 닷치구나.

신행한다 편지하고 날 받았다 하인오네

이법 알건니와 뉘 영이라 거역하리

신행길을 치증할 제 받은 옷은 품색이요 무명옷은 울역이라.

…(중략)…

갖은 단장 고이 하고 가마 안에 들앉으니

어린 동생 큰 동생은 굽이굽이 눈물이요

늙은 종과 젊은 종은 목을 놓고 실피 운다

형제숙질 가내동류 잘가거라 하직한다

가마 안에 들어앉아 옛날 일을 생각하니

구곡간장 갈발 없다 우리어마 나 키울 제

밤이면 한 비개요 낮이면 한 자리에

수족같이 씨이시고 주옥같이 사랑하여

잠시라도 아니 잊고 사랑 드니 백리타향

이지 가니 우리 어마 날바리고 어이 할고

…(중략)…

우리어마 거동보소 가마문을 거더들고

앉을 자리 편키 하고 요강도 만지 보며

머리도 시셔 보기 구곡간장 다 녹는다.

말할 수가 없건 만은 경계하여 이른 말씀

우지 말고 잘 가거라 늬야 무슨 한이 있나

느 아버님 배행 서고 층층시하 좋은 집에

번양농 바자 가니 무슨 한이 또 이시리

친정생각 과히 말고 구고님 사랑시리

그려나마 방송없기 하지 마라

드디어 신행 가는 날이 되었다. 정부인은 집을 떠나고 싶지 않지만 어쩔 수 없이 치장하고 가마 안에 들어앉으니 동생들과 종들이 슬피 운다. 부모 형제, 친척들과 이별하고 떠나가면서 행복했던 어린 시절을 회상하니 자신을 애지중지 키워 떠나보내고 허전해할 어머니가 마음이 걸린다. 친정어머니는 걱정스럽고 허전한 마음에 가마 문을 열고는 자

리는 불편하지 않은지 요강은 제대로 있는지 자꾸만 살펴본다. 그러고
도 마음이 놓이지 않아 시집가서 잘 살라는 당부의 말을 한참 한다.

저 동네가 그 동넨가
하인들도 왕래하고 사람도 낯이 설어
저무도록 우던 눈을 분세수를 정히 하고
깨기렴으로 머리 시다듬고 손견도 다스리니 새 정신이 절로 난다.
정반청에 들어서서 분성적을 다시 하고
찹쌀감주 냉면주를 먹으라고 권하나마
조심 많아 못 먹을새 현구례를 드릴 적에
인물병풍 대병풍을 첩첩이 둘러치고
늙은 부녀 젊은 부녀 이칸 청에 둘러서서
내행지만 살펴보니 바꼼바꼼 보는 눈은 고질맞고 얄모하다.
공중에 뜨인 몸을 하인년에 의지하여
예절을 드린 후에 상방에 들어가니
저물도록 불 땐 방에 훈기도 과히 있고
가마 안에 추운 다리 각통정이 저리 난다.
녹의홍상 새댁들은 첩첩이 둘러서서 섰다가
앉는 모양 눈밧지기 자시 보고
…(중략)…
구고님 귀미 몰라 시매씨야 맛을 보게
싱거워도 조심이요 짜와도 조심이라.
두 손으로 반을 드려 구고전에 앉아
어느 반찬 질기시난고 상나도록 조심하기

정부인이 드디어 낯선 시댁에 도착하였다. 화장을 고치고 정반청에 들어가니 이런저런 음식을 권하지만 이목이 집중된 새색시인지라 조심스러워 먹지도 못한다. 그리고 시부모님께 큰절을 올리는 현구고례를 하는데 새색시를 구경하러 온 사람들이 방마다 둘러서서 쳐다본다. 겨우 인사를 마치고 따뜻한 방안에 앉아 있으려니 가마 안에서 쪼그리고 있던 다리가 저리고 아파온다. 그리고 본격적으로 시집생활이 시작된다. 집안마다 식성이 다른 탓에 음식을 하기도 조심스러워 시누에게 맛을 보게 한다. 시댁에서의 삶은 모든 것이 어렵다.

> 청 끝에 올라서면 남산만 바라보고
> 방안에 들어서면 숨은 눈물 갈발없다
> 한길에 가는 하인 친정하는 오옵난가 바라보니 대문밖을 지내가고
> 외당에 마상 손님 친정손님 오시난가
> 높이 서서 바래보니 생면부지 손님이라
> 하인도 날 속이고 손님도 날 속이니
> 바람 끝에 저 구름은 고향에 돌아간다
> 동산에 저 달빛은 고향에도 비치난가
> 저산 너머 저 골짝은 우리집 있근만은
> 양액에 나래 나면 날라가 보지만은
> 탄탄대로 그리 먼가 약수 삼천리 그리 먼가
> 규중에 갇혀서 생각하니 한발 없다
> …(중략)…
> 부모생각 갈발없어 일편가사 지어내어
> 벽상에 걸어두고 부모생각 다시 보니

부모생각 원이로다

위 대목에서는 날로 더해지는 친정에 대한 그리움을 서술하고 있다. 오는 손님마다 혹시나 친정에서 오는 사람인가 기대했다가 실망하는 대목이 실감나게 서술되고 있다. 친정에 대한 그리움은 규방가사에서 빠지지 않는 내용이다. 「사친가(思親歌)」를 제목으로 한 일군의 규방가사가 있을 정도이다. 시집살이가 고되지 않아도 시집간 여성은 낯선 사람들, 낯선 환경 속에서 친정을 그리워하게 된다.

마지막에는 부모 생각하다가 가사를 지어 두고 본다고 하였다. 가사를 지으면서 친정에서의 생활부터 과거의 일을 회상하는 것으로 그리움을 달래고 있음을 알 수 있다. 누군가에게 굳이 보이려는 의도도 없이 단지 자신의 마음을 풀 데가 없어 이렇게 가사를 지은 것이다. 이 점에서 규방가사는 '위안'의 문학이다. 여성들은 규방가사를 통해서 자신의 답답한 마음을 표현하였고 또 이를 읽으면서 스스로를 위로했다.

위안의 문학으로서 규방가사는 서사민요와도 유사한 점이 있다. 서사민요 역시 경북 지역에서 주로 전승되고 있는데, 하층의 여성이 주향유층이다. 「진주낭군」, 「이사원네 맏딸애기」 등의 노래에서 주인공은 자신의 억울함을 풀 수 없어 자살한다. 하층 여성들은 베를 짜거나 삼을 삼으면서 이런 내용의 민요를 불렀는데, 팍팍한 삶을 사는 하층 여성들은 비극적인 내용의 서사민요를 부르면서 카타르시스를 느꼈을 것이다.

그러나 여성으로서의 삶을 탄식하고는 있지만 삶 자체를 부정하지는 않는다는 점에서 규방가사는 서사민요와 차이가 있다. 게다가 누

안동문화로 보는 한국학

군가의 이야기인 서사민요와 달리 규방가사는 자신에 대한 글쓰기이다. 사대부가 여성들은 규방가사를 통해서 자신의 삶을 기록하는 것을 자랑스러워하며 '글하는 여성'으로서의 자부심을 가졌다. 가사는 4음보의 간단한 율격만 지키면 되지만, 모든 여성이 쉽게 지을 수 있는 것은 아니었다. 규방가사를 지을 수 있는 글하는 여성들만이 스스로 자신의 삶, 자신의 내면을 기록할 수 있었다.

「정부인 자탄가」에서도 마지막에는 "무심한 여자들도 이렇거든 하물며 남자 되어 부모 생각 없는 것이 사람이라 하올손야"라고 적고 있다. 이 말은 가사가 전해지는 과정에서 작자가 아닌 다른 사람이 덧붙인 말일 수도 있다. 가사는 주로 집안에서 필사를 통해서 전승되었는데, 필사 과정에서 필사자는 앞부분 혹은 뒷부분에 자신의 말을 덧붙이기도 하였다. 이렇게 덧붙인 말은 본문과 구별되지 않는 경우가 많으며, 이러한 과정을 여러 번 거치면 텍스트에 여러 목소리가 섞이게 된다. 규방가사 중에는 말미 부분의 내용이 앞의 내용과 착종을 일으키는 경우가 종종 나타나는데, 대개 필사 과정에서 내용이 덧붙여지면서 나타나는 현상이다. 텍스트의 일관성을 해친다고 볼 수도 있지만, 규방가사를 필사하던 사람은 이렇게 한 줄 덧붙임으로써 텍스트에 참여하고 소통하게 된다. 규방가사가 개인의 심회를 토로한 것을 넘어서서 한 집안 부녀자들의 공감과 소통의 장이 되고 있는 것이다.

4 규방가사의 양면성

규방가사는 충청도 등 다른 지역에서도 발견된다. 그런데 압도적으로 많은 작품이 경북 지역, 특히 안동 지역에서 수집되었다. 더구나 이 지역에서는 일제 강점기는 물론이고 해방 이후까지도 가사를 창작하는 여성들이 있었다. 다른 지역에서는 찾아보기 힘든 현상이다.

이는 경북 지역이 다른 지역보다도 유교의 영향력이 강했던 데 원인이 있다. 분별이 강조되는 유교적 사고방식에서 남성은 여성에 대해 우위에 있는 것으로 인식된다. 그렇기 때문에 유교의 영향이 강한 경북 지역 양반가로 시집 온 여성의 삶은 다른 어떤 지역보다도 고달팠다. 식량과 재화가 부족한 상황에서 챙겨야 할 식구가 많고 제사가 많다보니 굶주리고 헐벗었다. 먹성 좋고 사치스러운 '괴똥어미'에 대한 비난에는 잘 먹고 잘 입는 여성을 비난하는 사회적 인식을 드러난다.

이러한 상황에서 시집간 딸들이, 혹은 자기 집안의 며느리들이 여성으로서의 삶을 잘 견디도록 하기 위해서는 「계녀가」류의 글을 권장할 필요가 있었다. 「계녀가」를 반복해서 필사하는 가운데 여성들은 가사에 나온 삶을 '바람직한 여성의 삶'으로 내면화하게 된다.

그러나 여성들이 규범에 의해 '교화'되기만 한 것은 아니다. 여성들은 계녀가사를 통해서 익숙해진 가사를 자신들의 갑갑한 마음을 풀어내는 데도 이용하였다. 남성처럼 여성들은 글쓰기를 별도로 익히지 않았지만, 비교적 쉽게 사건이나 상황을 서술할 수 있는 가사를 익히면서 이를 자신들의 마음을 하소연하는 데도 이용했다.

경북 지역에서 그토록 오랜 기간 널리 향유되었던 규방가사는 규제의 문학인 동시에 위안의 문학이었던 것이다. (이지영)

3장

이육사의 삶과 고향

1 안동, 안동 사람들, 안동의 시인

현대 문학사에 중요한 족적을 남긴 안동의 문인들은 적지 않다. 그 중에서도 사람들에게 가장 잘 알려진 시인은 아마도 이육사일 것이다. 2004년도에는 이육사가 태어난 안동 도산면 원촌마을에 육사문학관이 세워졌다. 이육사는 안동 사람들의 자랑이다.

그런데 이육사는 안동에서 태어나 안동에서 어린 시절을 보냈지만, 열다섯 살 이후에는 대구로 이주했고 이후 주로 대구 및 서울에서 활동했다. 문득 이육사가 '안동의 시인'일 수 있는지 의문이 생길 수도 있다.

그럼에도 불구하고 많은 학자들은 이육사를 '안동의 시인'이며 안동 원촌마을에서의 성장 과정이 그의 삶에서 중요한 영향을 미쳤다고 생각한다. 또한 이육사는 저항시인으로 널리 알려졌는데, '저항'과 '안동'이 서로 상관관계가 있는 것으로 논의되기도 하였다. 그의 삶에서 안동은 어떤 식의 흔적을 남긴 것일까.

이육사는 고향에 대한 기억들을 여러 시문에 남기고 있다. 그가 남긴 글속에서 안동은 '그리운 고향'이기도 하고 '무서운 규모'이기도 하다. 안동에 대한 이육사의 이런 기억은 20세기 초 안동의 양반가 후손으로 태어난 사람이라는 점에서 더욱 특별한 의미를 지닌다. 이러한 기억은 근대 이후 안동 사람들이 생각하는 '안동'의 의미와도 연결된다.

이 글에서는 20세기 초 격동기에 안동에서 태어나 어린 시절을 보낸 한 인간의 삶과 문학에 초점을 맞추어, 그에게 고향 안동이 어떤 의미가 있는지 생각해보고자 한다.

2 이육사의 생애[26]

이육사의 본명은 이원록이다. 어릴 적 이름은 원삼이었고, 문단에서 활동하면서 이활(李活)이라는 필명을 사용하기도 하였다. 우리에게 잘 알려진 '육사(陸史)'는 그가 장진홍 의거 사건으로 대구에서 검거되었을 때의 수인번호 '264'에서 비롯한 것으로 '이육사(二六四)'라

---

26) 이육사의 삶에 대해서는 다음의 문헌을 참조하여 정리하였다. 이효걸 외, 『안동 원촌마을』, 안동대학교 안동문화연구소, 예문서원, 2011; 손병희, 「어두운 시대, 빛나는 정신」, 『예향의 도시, 문학을 말하다』, 대구문화재단, 2013.

고 쓰이다가 1932년에 중국의 조선혁명군사정치간부학교에 들어갈 무렵부터 사용되었다.

그가 태어난 곳은 현재의 안동시 도산면 원천리이다. 도산의 원천리는 원래 '원촌리'라고 불렸던 곳으로 퇴계 이황의 후손인 진성 이씨 집성촌이다. 원촌마을은 안동 시내에서 자동차로 한 시간 넘게 가야 닿을 수 있는 산골마을이다. 육사문학관이 마을 입구에 있지만, 원촌마을의 상당 부분은 원래의 모습을 찾기 어렵다. 1973년에 건설된 안동댐으로 마을의 상당 부분이 물에 잠겼기 때문이다. 댐 건설로 마을이 수몰되면서 육사가 태어난 집은 안동 태화동으로 옮겨졌고, 집터에는 청포도 시비(詩碑)가 세워졌다.

이곳에서 이육사는 1904년 음력 4월 4일에 태어났다. 그가 태어난 시기는 조선이 거의 기울어가던 때였다. 육사가 태어나던 해 2월 8일에는 러일전쟁이 일어났고, 이듬해 러일전쟁에서 러시아가 패하면서 조선은 일본과 강제로 을사조약을 맺으면서 일본의 '보호국'이 되었다. 이후 육사가 우리 나이로 일곱 살 되던 해인 1910년 경술국치로 조선은 망했다.

경술국치 이후 이육사의 집안 어른들은 직·간접적으로 항일투쟁에 나섰다. 그의 집안의 이만도, 이중언은 경술국치 소식을 듣고 단식을 하다가 순국했다. 그리고 외할아버지 범산 허형(許蘅)은 을사오적의 한 사람인 이근택(李根澤)을 암살하려던 사건에 연루되어 체포되었다. 외할아버지뿐만 아니라 외숙도 항일투쟁에 나섰다. 그러다가 일제의 감시가 심해지자 허씨 일가는 서간도로 이주하여 항일운동을 계속하였다. 육사의 친가와 외가는 이처럼 나라가 망한 충격 속에서 일본에 저항할 방법을 모색하였고, 이러한 분위기 속에서 육사는 어

서대문형무소 시절의 이육사

린 시절을 보냈다.

어린 시절 육사는 집안에서 전통적인 교육을 받았다. 어린 시절 그가 받았던 교육에 대해서는 수필 「은하수」에 자세히 서술되어 있다.

가령 말하자면 내 나이가 칠, 팔 세 쯤 되었을 때 여름이 되면 낮으로 어느 날이나 오전 열시쯤이나 열한시 경에는 집안 소년들과 함께 모여서 글을 짓는 것이 일과였다. 물론 글을 짓는다 해도 그것이 제법 경국문학(經國文學)도 아니고 오언고풍(五言古風)이나 줌도듬을 해보는 것이었지마는 그래도 그때는 '그것만 잘하면' 하는 생각에 당당히 열심히 했던 모양이었다.

안동문화로 보는 한국학

그래서 글을 지으면 오후 세 시쯤 되어서 어른들이 모여 노시는 정자나무 밑이나 공청에 가서 고르고 거기서 장원을 얻으면, 요즘 시 한 편이나 소설 한 편을 써서 발표한 뒤에 비평가의 월평 등류에서 이러니 저러니 하는 것과는 달라서 그곳의 좌상에 모인 분들이 불언중(不言中) 모두 비평위원들이 되는 것이고 글을 등분을 따라서 급수를 매기는 것인데 거기서 특출한 것이 있으면 가상지상이란 급이 있고 거기도 벌써 철이 난 사람들이 칠언대고풍을 지어 골이는데 점수를 그다지 후하게 주는 것이 아니라, 이상(二上), 삼상(三上), 이하(二下), 삼하(三下)란 가혹(苛酷)한 등급을 매겨내는 것이었다.

그런데 문제는 항상 가상지상(加上之上)이란 것이었다. 이 등급을 얻어 한 사람은 장원을 한 만큼 장원례를 한 턱 내는 것이었다. 장원례란 것은 내는 방법이 여러 가지인데 사람에 따라서는 술 한 동이에 북어 한 떼도 좋고 참외 한 접에 담배 한 발쯤을 사오면 담배는 어른들이 갈라 피우고 참외는 아이들의 차지였다. 그뿐만 아니라 장원을 하면 백지 한 권의 상품을 받는 수도 있었다. 그것은 유명 조상의 유산의 일부를 장학기금으로 한 자원이 있는 것이었다. 이것이 우리네가 받은 학교교육 이전의 조선의 교육사의 일부였기도 했다.

그러나 한여름 동안 글을 짓는데도 오언, 칠언을 짓고 그것이 능하면 제법 음을 달아서 과문을 짓고 그 지경이 넘으면 논문을 짓고 하는데 이 여름 한 철 동안은 경서는 읽지 않고 주장 외집을 보는 것이다. 그 중에도 『고문진보』나 『팔대가』를 읽는 사람도 있고 『동인』이나 『사초』를 외이기도 했다.

…(중략)…

그러나 숲 사이로 무수한 유성같이 흘러 다니던 그 고운 반딧불이 차즘 없어질 때에 가을벌레의 찬 소리가 뜰로 하나 가득차고 우리의 일과도 달라지는 것이었다. 여태까지 읽던 외집을 덮어치우고 등잔불 밑에서 또 다시 경서를 읽기 시작하는 것이었고 그 경서는 읽는 대로 연송을 해야만 시월 중순부터 매월 초하루 보름으로 있는 강(講)을 낙제치 않는 것이었다. 그런데 이 강이란 것도 벌서 경서를 읽는 처지면 『중용』이나 『대학』이면 단권책이니까 그다지 힘들지 않으나마 『논어』나 『맹자』나 『시전』, 『서전』을 읽는 선비라면 어느 권에 무슨 장이 날지 모르니까, 전질을 다 외우지 않으면 안 되므로 여간 힘 드는 일이 아니었다. 그래서 십여 세 남짓했을 때 이런 고역을 하느라고 장장 추석에 책과 씨름을 하고 밤이 한 시나 넘게 되어 영창을 열고 보면 하늘에는 무서리가 나리고 삼태성이 은하수를 막 건너선 때 먼데 닭 우는 소리가 어지러이 들이곤 했다.[27]

육사의 나이 일곱 살이면 경술국치가 있던 해이다. 나라는 망했지만, 전통적인 교육 내용과 방식은 바뀌지 않았다. 「은하수」를 보면, 육사는 열 살이 넘도록 경서를 외우고 글을 짓는 그런 학습을 하였다. 육사의 이러한 학습은 퇴계의 후손인 진성 이씨 집안이기에 가능했다. 원촌마을의 진성 이씨 중에서 조선 후기 문과 급제자는 여섯 명이나 되었다. 조선시대 과거 급제자를 한 명도 내지 못한 고을이 여남은 개나 되었지만, 원촌마을은 영남 지역의 어느 지역, 어느 가문보다도 높은 합격률을 보였다. 그렇다고 이들 집안 출신들이 높은 관직에 다수 진출했던 것은 아니었다. 노론이 집권하고 있었던 조선 후기 상황에서 영남 남인들의 벼슬은 쉽지 않았다. 이 때문에 학문적 수준이 높

---

27) 이하 인용하는 글은 모두 김용직·손병희 편, 『이육사전집』, 깊은샘, 2004을 참조하되, 표기는 현대 맞춤법에 맞게 바꾸었다.

은 인물들이 고향에 머물면서 후학을 길러낼 수 있었다. 육사가 경전을 배우던 20세기 초까지도 이러한 교육은 지속되었다.

어린 시절 육사가 배웠던 전통 교육 안에는 글씨와 그림도 포함된다. 전통 사회에서 글씨와 그림은 선비의 교양이기도 하였다. 그래서 추사 김정희처럼 그림과 글씨에 능한 문인들이 많았다. 육사는 「연인기(戀印記)」에서 열두 살 무렵 배웠던 그림과 글씨에 대해서 다음과 같이 적었다.

우리가 시골 살던 때 우리집 사랑방 문갑 속에는 항상 몇 봉의 인재(印材)가 들어 있었다. 그래서 나와 나의 아우 수산(水山) 군과 여천(黎泉) 군이 그것에 제각기 제 호를 새겨서 제 것을 만들 욕심을 가지고 한바탕씩 법석을 치면 할아버지께서는 웃으시며 "장래에 어느 놈이나 글 잘하고 서화 잘하는 놈에게 준다."고 하셔서 놀고 싶은 마음은 불현 듯 하면서도 뻔히 아는 글을 한 번 더 읽고 글씨도 써 보곤 했으나, 나와 여천은 글씨를 쓰면 수산을 당치 못했기에 인재는 장래에 수산에게 돌아갈 것이 뻔한 일이었다. 그래서 나는 글씨 쓰길 단념하고 화가가 되려고 장방에 있는 당화(唐畵)를 모조리 내놓고 실로 열심히 그림을 배워 본 일도 있었다.

이러한 전통교육이 있었기에 어른이 되어서 문단에서 활동하면서 당시 지식인 사회에 깊은 영향을 주었던 서구를 일방적으로 추종하지 않을 수 있었다. 그리하여 육사는 「조선문화는 세계문화의 일류」이라는 글에서 "지성 문제는 유구한 우리 정신문화의 전통 속에 그 기초가 있었고 우리가 흡수한 새 정신의 세련이 있"었다고 말할 수 있었다.

그렇다고 그의 집안이 전통적인 학문만 고집했던 것은 아니다.

1909년 진성 이씨 문중에서는 초등 과정의 신식 교육을 담당하기 위한 보문의숙을 세웠다. 이때 초대 교장이 바로 육사의 할아버지 이중직이었다. 보문의숙은 후에 도산공립보통학교로 정식 인가를 받았으며 육사는 도산공립보통학교의 1회 졸업생이었다. "내가 배우던 중용·대학은 물리니 화학이니 하는 것으로 바뀌고 하는 동안 그야말로 살풍경의 십 년이 지나갔"다고 한 〈연인기(戀印記)〉의 기록으로 보아 그는 보통학교에서 물리나 화학 등 근대적인 학문을 배웠을 것으로 짐작된다.

이후 육사의 집안은 대구로 이사했다. 대구는 이십 대의 육사가 활동한 곳이다. 1921년 17세의 육사는 대지주였던 안용락의 딸과 결혼하고 영천에 있는 백학학원에서 중등 예비 과정을 다녔고, 20대 이후에는 대구의 조양회관을 중심으로 활동을 하였다. 대구에 있을 때 육사는 두 차례나 구속되었다. 먼저 1927년 육사는 장진홍 의거 사건에 연루되어 1929년까지 옥살이를 하였고 출옥 후에 중외일보 대구지국 기자로 활동하던 중 1931년 대구 격문사건에 연루되어 다시 석 달 가량의 옥살이를 하였다.

그는 일본과 중국에서 공부하기도 하였다. 육사가 일본에 유학하던 시기는 1923년에 일어났던 관동대지진 직후이다. 관동대지진 이후에 일본인은 민심을 수습하기 위해서 조선인이 폭동을 일으키려 한다는 유언비어와 테러를 일으켰다. 이로 인해서 수많은 조선인들이 살해되었다. 육사가 일본 유학을 1년 만에 포기하고 돌아온 것은 관동대지진 이후의 조선인 학살이 주요하게 작용하였을 것으로 추정되고 있다.

중국에서의 유학 기간도 그리 길지는 않았다. 1926년에 중국 대학에 입학하여 이듬해까지 다니고 귀국했다. 이 시기 중국은 조선과 마찬가지로 서구 열강의 각축장이 되고 있었다. 한때 문명국으로서 조선의 이상이었던 중국이 몰락하는 것을 보면서 육사는 중국과 조선이 지켜왔던 전통적 가치와 서구의 관계에 대해서 좀더 냉정하게 바라볼 수 있었던 것으로 보인다.

이 시기 육사가 다녔던 중국 대학의 교육에 대해서는 「은하수」의 다음 구절을 통해 짐작할 수 있다.

그때 나를 담당한 Y교수는 동경에서 문학을 공부한 사람으로 그의 작품에 「안작」이란 것이 있었습니다. 그 내용이란 건 글씨의 안품을 능구렁이 같은 상인들이 시골 놈팡이 졸부를 붙들어 놓고 능청맞게 팔아먹는 것인데, 그 독후감을 이야기했더니 그는 좋아라고 나를 붙들고 자기의 의견을 말한 뒤 고도(古都)의 가을 바람이 한층 낙막(落寞)한 자금성(紫金城)을 끼고 돌면서 고서와 골동품에 대한 이야기와 역대 중국의 비명(碑銘)에 대한 지식을 가르쳐 준 것이 인연이 되어 나는 그의 연구실을 자주 드나들게 되었나이다.

중국 대학의 교수가 육사의 독후감에 관심을 보였다는 위의 대목에서 잘 나타나듯 육사와 Y교수가 교감할 수 있었던 것은 전통이라는 공통의 관심사가 있었기 때문이었다. 고서와 골동품, 역대 중국의 비명 등은 모두 조선과 중국이 공유하였던 '지나간 날'들의 지식에 속한다.

그러나 그는 Y교수가 "문학을 닦았고 문학을 가르치면서도 야금학에 깊은 조예(造詣)가 있었다"고 하면서 "그것은 지금 생각해 보아도 끔찍한 일"이라고 한다. 야금학은 근대적인 학문이면서 문학과는 대척점에 있는 '돈벌이'로 인식되었기 때문이다. 이 부분에서 육사는 고서와 골동품에 대한 Y교수의 관심이 역시 '돈벌이'에 대한 관심이었음을 깨닫게 되었다. 이 때문에 육사에게 Y교수는 근대의 전망을 보여주지 못한 천박한 속물적 인물로 기억되고 있다.

그런데 중국 대학에서의 공부는 과거의 학문에 국한되지 않았다. 육사는 그곳에서 정치경제학을 접하면서 민족적 사회주의자의 길을 걷게 되었다. 당시 많은 지식인들에게 사회주의는 일본의 제국주의를 비판하고 봉건 잔재를 타파하기 위한 대안으로서 인식되었다. 육사가 귀국 후에 쓴 글을 보면 사회주의적 성향이 강하게 나타난다.

1932년 이육사는 중국 남경에 있는 조선혁명군 정치간부학교에 입학하였는데, 이 학교는 레닌주의 혁명이론을 교육하며 실습 교육을 통해서 항일 무력투쟁에 나설 수 있는 인력을 양성하기 위해 세워졌다. 졸업식 무대에서 노동자 농민이 일으킨 혁명이 성공하는 내용의 연극「지하실」을 공연한 것을 보아도 이 학교의 정치적 성향을 분명히 알 수 있다.

간부학교를 졸업한 육사는 노동자·농민에게 혁명 의식을 고취시키고 간부학교 2기생을 모집하라는 지령을 받았다. 그리고 임무를 위해 1933년 3월 서울에 밀입국하였는데, 조선일보 대구지국 특파원으로 채용되어 대구로 출발하려다가 체포되었다. 이후 이육사는 1937년까지 대구에서 머물며 다수의 시사평론 및 문학평론, 수필, 시 등을 발표하며 활동하였다. 육사가 서울로 이주한 것은 1937년이었다. 서울로 이주하면서『문장』지를 중심으로 시와 수필을 발표하는 등 활발한 문학 활동을 하였다.

그러나 잦은 수감 생활 탓인지 그의 건강은 악화되어 1936년에는 포항에서 요양을 하였고 1941년에도 성모병원에 입원을 했다가 이듬해 퇴원했으며, 1943년 다시 옥룡암에서 잠시 요양 생활을 하였다.

이 시기는 식민지 상황에서 희망을 잃은 많은 문인들이 일제의 강요와 회유로 인해 친일문인단체를 결성하던 시기였다. 육사는 우리말을 사용할 수 없는 절망적 상황에서 한시를 발표하면서 저항하기도 하였지만, 점점 더 심해지는 일제의 폭압을 피하여 1943년 북경으로 떠난다. 북경에서 어머니가 사망 소식을 듣고 소상에 참석하기 위해 귀국했다가 체포되었고 이듬해인 1944년 북경 주재 일본 총영사관 감옥에서 옥사하였다.

이상으로 이육사의 삶의 궤적을 더듬어보았다. 이육사는 안동 도산의 원촌마을에서 태어나 열다섯 살 무렵까지 이곳에서 자랐다. 이후 가족들과 함께 대구로 가면서 일본과 중국에서의 체류를 제외하면 주로 대구에서 활동하였다. 그리고 육사가 가족과 함께 서울에서 생활하기 시작한 1937년 이후부터는 주로 서울에서 활동하였다. 즉, 육사는 안동에서 대구로 가서 살다가 일본, 중국을 오갔고 이후 서울에서 활동하였다. 이렇듯 그에게 삶의 공간은 끊임없이 변화하였다. 이러한 공간 변화의 궤적은 평탄지 못했던 그의 삶을 표상하고 있다.[28]

3 고향의 이중적 이미지

육사의 삶에서 가장 중요한 비중을 차지하는 곳은 안동, 대구, 서울

---

28) 김재홍, 「육사 이원록」, 『한국 현대시인 연구』, 일지사, 1986에서는 떠돌이 인생으로 인한 육사의 불안감에 대해서 지적한 바 있다.

원촌마을

중에서 어디였을까? 성장한 이후 그가 줄곧 살았던 곳은 대구나 서울이었다는 점에서 안동은 그리 중요하지 않을 수도 있다. 그러나 그에게 안동의 원촌마을은 늘 '그리운 고향'이었다. "밤이 으슥하고 깨끗이 개인 날이면 할아버지께서는 우리들을 불러 앉히고 별들의 이름을 가르쳐주시"던 곳이며, "들에는 오곡이 익고 동리집 지붕마다 고지박이 드렁드렁 굵어가는 사이로 늦게 핀 박꽃이 한결 더 희게 보이는" 곳이었으며, "온 동리가 모여서 잔치를 하며 야단법석을 하"던 곳이었고, 견우직녀의 재미있는 이야기를 들었던 곳이었다. 또한 "지상에는 낙동강이 제일 좋은 강이었고 창공에는 아름다운 은하수"가 있는 곳이다. 이러한 고향의 이미지는 고향에서의 어린 시절에 대한

안동문화로 보는 한국학

아련한 그리움으로 인해서 형성된다.

그러나 많은 육사의 시와 수필에서 고향은 부정적으로 표현되기도 한다. 예컨대 「계절의 오행」에서 그는 고향에 대해서 다음과 같이 말하고 있다.

본래 내 동리란 곳은 겨우 한 백여 호나 될락 말락 한 곳, 모두가 내 집안이 대대로 지켜 온 이 땅에는 말도 아니고 글도 아닌 무서운 규모가 우리들을 키워 주었습니다. …(중략)… 지금 내 머리 속에 타고 있는 내 집은 그 속에 은촛대도 있고 훌륭한 현액(懸額)도 있기는 하나 너무도 고가(古家)라 빈대가 많기로 유명한 집이었나이다. 이 집은 그나마 한쪽이 기울어서 어느 때 어떻게 쓰러질는지도 모르는 것입니다. …(중략)… 그놈의 빈대란 흡혈귀를 전멸한다면 나는 내 집에 불을 싸지르고 로마를 태워 버린 네로가 되오리다.

위의 밑줄 부분의 '무서운 규모'는 '아버지의 법'으로 해석되기도 하였다.[29] 「은하수」에서 서술되었던 어린 시절의 교육은 여기에서 개인을 억압하는 과거의 권위로 인식되고 있는 것이다. 육사는 또한 고향의 집에 대해서 은촛대가 반짝이는 훌륭한 집이었다고 말하면서도 빈대가 많고 언제 쓰러질지 모르는 '낡은 집[古家]'이라고 하였다. 그리고 빈대가 많은 낡은 집을 불태워야 한다고 하였다. 여기에서 고향 집은 더 이상 그리움의 대상이 아니라 제거되어야 할 낡은 것이다.

고향의 부정적 이미지는 다음 「교목」에서도 나타나고 있다.

---

29) 박현수, 「이육사의 문학과 현대문학」, 『안동 원촌마을』, 안동대학교 안동문화연구소, 예문서원, 2011.

푸른 하늘에 닿을 듯이
세월에 불타고 우뚝 남아서서
차라리 봄도 꽃피진 말아라

낡은 거미집 휘두르고
끝없는 꿈길에 혼자 설레이는
마음은 아예 뉘우침 아니라

검은 그림자 쓸쓸하면
마침내 호수 속 깊이 거꾸러져
차마 바람도 흔들진 못해라.

세월에 불타고 우뚝 남은 교목은 봄이 와서 꽃이 필 수 없는 생명력 없는 존재이다. 거미집이 둘러진 교목은 호수 깊이 거꾸러져 있어 요동하지 않은 죽은 존재인 것이다. 대대로 명문가의 위치에 있는 집을 '교목세가(喬木世家)'라 지칭하기도 하듯이, '교목'의 이미지는 그대로 육사의 고향집의 이미지를 반영하고 있다.

이 밖의 시에서도 고향은 생명력 없이 메마른 곳으로 그려지고 있다. 「자야곡」의 경우를 좀더 살펴보자.

수만호 빛이래야 할 내 고향이언만
노랑나비도 오잖는 무덤 위에 이끼만 푸르러라.

슬픔도 자랑도 집어삼키는 검은 꿈

육사문학관

파이프엔 조용히 타오르는 꽃불도 향기론데

연기는 돛대처럼 나려 항구에 들고
옛날의 들창마다 눈동자엔 짜운 소금 저려

바람 불고 눈보라 치잖으면 못살리라
매운 술을 마셔 돌아가는 그림자 발자취 소리

숨막힐 마음속에 어데 강물이 흐르느뇨
달은 강을 따르고 나는 차디찬 강맘에 드리노라

수만호 빛이래야 할 내 고향이언만

노랑나비도 오잖는 무덤 위에 이끼만 푸르러라.

이 시에서 고향은 그리움의 대상으로서의 고향과 괴리되고 있다. 수만 호가 반짝거리는 번성한 고향이 아니라 노랑나비도 오지 않는 황량한 무덤이다. 이런 고향은 검은 꿈의 섬뜩한 곳이며 숨 막히고 갑갑한 곳이다. 이러한 고향의 이미지에 대해서 식민지 현실에서 '잃어버린 고향'을 표상한다는 해석도 있었다.

그러나 이러한 고향의 이미지가 현실에서 존재하는 육사의 고향인지에 대해서는 의문이다. 「계절의 오행」에서 육사는 "내 동리란 곳은 겨우 한 백여 호나 될락 말락한 곳"이라고 하였다. 육사의 어린 시절의 고향은 '수만호'의 고향과는 거리가 먼, 산골짜기의 작은 마을인 것이다. 그렇다면 육사가 「자야곡」에서 표상하고 있는 고향은 추상화된 의미에서 '잃어버린 고향'이다.

이러한 고향의 이미지는 육사가 중국에서 공부하였던 사회주의 사상과 무관하지 않을 듯하다.[30] 사회주의자의 시각에서 보면 당대의 조선이 극복해야 할 것은 일본 제국주의만이 아니었다. 봉건 잔재와 같은 과거 역시 청산의 대상이다. 즉 육사의 시에서 극복되어야 할 대상으로 '고향'은 육사 개인의 고향이 아닌 조선을 의미한다.

이러한 시각에서 본다면 육사의 정신 구조에서 중요한 비중을 차지하는 전통과 집안은 '무서운 규모'가 된다. 그의 집안에는 그를 위해서 등롱을 들고 다니는 용이나 분이들이 있었고 벌을 잡아달라고

---

30) 류순태, 「이육사 시에서의 '고향'의 의미화 연구」, 『남도문화연구』 24, 순천대 남도문화연구소, 2013 참조.

떼쓰던 나를 업고 있었던 돌이가 있었다. 이로 보면 그의 정신을 떠받치고 있는 것이 바로 그가 부정해야 할 대상인 것이다.

그러나 「계절의 오행」에서도 육사에게 그리움의 대상으로서 고향의 이미지는 나타나고 있다. '무서운 홍수'로 이름난 낙동강이 육사에게는 '하얀 조각돌이 깔린 곳에서 강물 소리를 들었던' 곳으로 기억되고 있는 것이다. 이러한 고향을 모두 과거의 것으로 돌리고 '빈대가 많은 고가(古家)'라고 해도, 그곳은 울기만 하면 어른들이 유밀과의 달콤함으로 달래주었던 따스한 곳이다.

이런 점에서 육사의 수필과 글에서 나타나는 고향의 이미지는 분열되어 있다. 그에게는 고향은 현실이 아닌 '과거'에 머물러 있기 때문에 아련한 그리움의 대상이다. 이는 그가 십 대 이후로 대구로 이주하였다는 점과도 관련이 있을 것이다. 그의 어머니와 형제들이 머무르는 고향은 과거에 속하기에 현실에서의 고향은 추상적일 수밖에 없다. 그럼에도 불구하고 근대적 조선을 꿈꾸는 그에게 고향은 부정의 대상일 수밖에 없다. 여기에서 고향은 분열된 이미지로 등장하고 있다.

4 지금 여기로서의 고향

고향을 떠나 타지를 떠도는 사람에게 고향은 과거의 기억으로 존재한다. 고향에 대한 그리움은 실상 유년에 대한 추억과 결부되어 있기에 기억 속의 고향은 현실의 고향과 다를 수밖에 없다. 어른이 된 사람이 어느 날 고향을 다시 방문했을 때 자신의 기억 속의 고향과 다른 모습의 그 '공간'을 보고 당혹스러운 것도 이 때문일 것이다. 육사가 번역한 루쉰의 소설 「고향」의 한 대목은 이러한 당혹감을 잘 짚어주고 있다.

내 마음에 남아 있던 고향은 본래 이런 것은 아니었다. 고향에는 훌륭한 곳이 무척 많았을 것이다. 그러나 그 아름답던 기억을 생각해 보고 그것을 말로써 해 보려 하면 나의 공상은 사라지고 무엇이라고 말로는 할 수 없이 눈앞에 보이는 것과 같이 쓸쓸하여질 뿐, 이에 나는 내 자신에 말하기를 고향이란 원래 이런 것이다. —옛날보다 모든 것이 진보했다고는 할 수 없으나 그렇다고 반드시 내가 느끼는 것같이 쓸쓸한 곳도 아니다. 이것은 다만 내 기분이 변했을 뿐이다.

육사에게도 안동의 원촌리는 그런 고향이었을 것이다. 육사에게는 고향인 안동의 도산면 원촌리는 이제 '육사의 고향'으로 사람들에게 기억된다. 안동 사람들은 육사가 안동 출신이라는 점을 강조하면서 '안동'의 자랑으로 내세운다. 그리고 육사가 세상을 떠난 지 반세기를 훌쩍 지나버린 오늘날, 안동의 원촌리 입구에는 육사문학관이 세워졌다. 육사문학관 건립은 독립투사이자 민족의 저항시인으로서의 그를 기억하기 위한 것이다.

그런데 오늘날 젊은 세대에게 민족시인 이육사이라는 명명은 여전히 유효한가? '민족'에 대한 의식이 예전과는 달라졌다. 그렇다면 육사에 대한 기억도, 육사의 고향으로서의 원촌리에 대한 기억도 점점 희미해질 터이다. 어쩌면 오랜 동안 '민족시인'이라는 우리의 기억은 절망적인 시대를 살면서 자신만의 방식으로 세상을 바꾸어보려고 했던 그의 삶과 문학을 이해하는 데 장애가 되었을지도 모를 일이다. 이 제는 육사에 대한, '원촌리'에 대한 새로운 의미 부여가 필요하다.

(이지영)

참고문헌

제1부 안동의 지역과 문화

『東山文藁』 권2,「잡저: 太息論」(1920년 작으로 추정).

『동아일보』 1922년 8월 8일자,「夜學을 妨害하는 兩班」.

『영가지』,「연혁」조.

고석규,「지방사 연구의 새로운 모색」,『지방사와 지방문화1』, 역사문화학회, 1998.

김미영,「혈연적 종가와 사회적 종가의 공존과 대립」,『가족과 친족의 민속학』, 민속원, 2008.

김종석,「안동 유학의 형성과정과 특징」,『안동학연구』 3, 2004.

김희곤,『안동 사람들의 항일투쟁』, 지식산업사, 2007.

마이클 김,「일제시대 출판계의 변화와 성장」,『한국사시민강좌』 37, 일조각, 2005.

윤학준,『나의 양반문화탐방기—온돌야화』, 길안사, 1994.

이수건,「17, 18세기 안동지방 유림의 정치사회적 기능」,『대구사학』 30, 1986.

이한용,「안동, 진정한 '한국정신문화의 수도'인가?」,『향토문화의 사랑방, 안동』 128, 2010년 7.8월.

정진영, 「'동학농민혁명=전주정신' 정립을 위한 제언-'한국정신문화의 수도 안동'의 사례를 중심으로-」, 『전주정신과 동학혁명』, 동학농민혁명기념사업회, 2014.

정진영, 「'한국지방사연구의 현황과 과제' 토론문」, 『한국지방사 연구의 현황과 과제』, 한국사연구회, 2000.

정진영, 「16세기 향촌문제와 재지사족의 대응-'예안향약'을 중심으로-」, 『민족문화논총』 7, 영남대 민족문화연구소, 1986.

정진영, 「고려말 조선 전기 안동 재지사족의 성장과정」, 『고려시대의 안동』, 예문서원, 2006.

정진영, 「동학농민전쟁과 안동」, 『안동문화』 15, 안동문화연구소, 1994.

정진영, 「안동 양반의 성격과 활동」, 『안동양반의 생활문화』, 안동대 민속학연구소, 2000.

정진영, 「안동에는 왜 갑오년의 난리가 없었는가」, 『안동문화의 수수께끼』, 지식산업사, 1997.

정진영, 「안동에는 왜 양반이 많은가」, 『안동문화의 수수께끼』, 지식산업사, 1997.

정진영, 「영남 지역 지방사 연구의 현황과 과제」, 『지방사와 지방문화1』, 1998.

정진영, 「조선후기 동성마을의 사회적 기능」, 『조선시대 향촌사회사』, 한길사, 1987.

정진영, 「조선후기 향촌 양반사회의 지속성과 변화상(1)-안동 향안의 작성과정을 중심으로-」, 『대동문화연구』 35, 1999.

정진영, 『조선시대 향촌사회사』, 한길사, 1998.

정진영, 『혼례, 세상을 바꾸다―조선시대 혼인의 사회사』, 한국학중앙연구원, 2015.

조동걸, 「안동 역사의 유가중심적 전개―조선시대 이후 안동 역사의 개관」, 『안동학연구』 1, 2002.

주승택, 「안동문화권 유교문화의 현황과 진로모색」, 『안동학연구』 3, 2004.

강종원, 「출산 후 '산걷이' 의례 물품의 의미와 기능-안동시 추목마을의 사례를 중심으로-」, 안동대학교대학원 민속학과 석사논문, 2014.

김택규, 『씨족부락의 구조연구』, 일조각, 1979.

김택규, 『한국 농경세시의 연구』, 영남대출판부, 1985.

배영동, 「안동양반의 의식주생활」, 『안동양반의 생활문화』, 안동대민속학연구소 · 안동시, 2000.

배영동, 「목현마을에 까치구멍집이 많은 까닭」, 『까치구멍집 많고 두둑 없는 목현마을』, 한국학술정보, 2002.

배영동, 「안동포 생산과 소비의 전통과 현대적 의미」, 『한국민속학』 제37집, 한국민속학회, 2003.

배영동, 「안동지역 전통음식의 탈맥락화와 상품화」, 『사회와 역사』 제66집, 한국사회사학회, 2004.

배영동, 『고려 공민왕과 임시수도 안동』, 안동시 안동대학교 민속학연구소, 2004.

배영동, 「경제현상으로서 근대 이행기의 의생활」, 『비교민속학』 제27집, 비교민속학회, 2004.

배영동, 「종가의 사당을 통해본 조상관」, 『한국민속학』 제39호, 한국민속학회, 2004.

배영동, 「고려시대 하회탈이 제작된 시기와 배경」, 『고려시대의 안동』, 예문서원, 2006.

배영동, 「유교문화적 취향이 구현된 안동지역 음식」, 『향토문화』 제20집, 사단법인 대구향토문화연구소, 2005.

배영동 · 장동익 · 남인국, 『충렬공 김방경: 고려를 지키고 안동에 돌아오다』, 민속원, 2006.

배영동, 「안동과 휘주의 종족촌락 주거문화 비교연구」, 『안동학연구』, 제5집, 한국국학진흥원 · 하와이대 한국학연구소 · 안동대 안동문화연구소 · 안휘대학 휘학연구중심, 2006.

배영동, 「안동지역 간고등어의 소비전통과 문화상품화 과정」, 『비교민속학』 제31집, 비교민속학회, 2006.

배영동, 「집들이[入宅] 풍속의 전통과 변화」, 『비교민속학』 제32집, 비교민속 학회, 2006.

배영동, 「안동소주 생산과 소비의 역사와 의미」, 『지방사와 지방문화』 제9권 2 호, 역사문화학회, 2006.

배영동, 「유교이념의 실천공간으로서 주거」, 『유교민속의 연구시각』, 한국국 학진흥원, 2006.

배영동, 「퓨전형 향토음식의 발명과 상품화」, 『한국민속학』 제48집, 한국민속 학회, 2008.

배영동, 「안동식혜의 정체성과 문화사적 의의」, 『실천민속학연구』 제14호, 실 천민속학회, 2009.

배영동, 「곡식에 대한 신성관념과 의례의 의미-농가의 家神 神體로 인식된 곡식을 중심으로」, 『농업사 연구』 제8권 1호, 한국농업사학회, 2009.

배영동, 「생활문화」, 『안동 근현대사』 제4권(문화), 안동대 안동문화연구소 · 안동시, 2010.

배영동, 「민속학으로 읽는 민가 주거문화의 전통」, 『건축』 통권 370호, 대한건 축학회, 2010.

배영동, 「부포마을의 공동체민속」, 『안동 부포마을』, 예문서원, 2012.

배영동, 「16~17세기 안동문화권 음식조리서의 등장 배경과 역사적 의의- 『수운잡방』과 『음식디미방』의 사례」, 『남도민속연구』 제29집, 남도민속학회, 2014.

배영동, 「한국인의 상어고기 먹는 문화」, 『상어, 그리고 돔배기』, 국립대구박 물관, 2015.

배영동, 「전통적 마을민속의 공공문화 자원화 과정」, 『비교민속학』 제58호, 비 교민속학회, 2015.

임재해 · 임세권, 『안동문화의 재인식』, 안동문화연구회, 1986.

임재해, 『민속마을 하회여행』, 밀알, 1994.

임재해, 「놋다리밟기와 강강수월래, 무엇이 같고 다른가」, 안동문화연구소 편,

『안동문화의 수수께끼』, 지식산업사, 1997.

임재해, 『안동문화와 성주신앙』, 안동시, 2002.

임재해, 『안동문화의 전통과 창조력』, 민속원, 2010.

임재해, 『하회탈, 그 한국인의 얼굴』, 민속원, 2005.

임재해 · 배영동 · 조정현 외, 『세계문화유산 하회마을의 세계』, 민속원, 2012.

한양명, 「안동 동채싸움 관련 담론의 전승양상과 향촌사적 의미」, 『한국민속학』 26, 한국민속학회, 1994.

한양명, 「하회별신굿의 축제적 성격」, 안동대 안동문화연구소, 『하회탈과 하회탈춤의 미학』, 사계절, 1999.

한양명, 『물과 불의 축제: 선유 낙화놀이 전통과 하회 선유줄불놀이』, 민속원, 2009.

제3부 안동 사람의 사상과 철학

『국역퇴계전서』

『증보퇴계전서』

『진성이씨세보』

『퇴계선생문집』

『퇴계선생언행록』

권오봉, 「퇴계의 서당교육의 전개과정」, 『열화』 13호.

김종석, 「도산급문제현록과 퇴계학통 제자의 범위」, 『퇴계 문하의 인물과 사상』, 예문서원, 1999.

윤천근, 『안동의 종가』, 지식산업사, 2001.

윤천근, 『퇴계 이황은 어떻게 살았는가』, 너름터, 2003.

윤천근, 『퇴계철학을 어떻게 볼 것인가』, 온누리, 1987.

장기근, 『陶淵明』, 「飮酒」 제5, 태종출판사, 1978년.

제4부 안동 선비의 규범의식과 한시 창작

이종호, 「안동권 한문학 연구의 제문제」, 『안동문화』 10, 안동대학교 안동문화 연구소, 1989.

이종호 외, 『안동의 선비문화』, 아세아문화사, 1997.

이종호, 「17~18세기 안동한문학 연구: 갈암학파의 독서론을 중심으로」, 『대 동한문학』 9, 대동한문학회, 1997.

이종호, 『안동선비는 어떻게 살았을까: 선비의 실존과 이상』, 도서출판 신원, 2004.

이종호, 『조선의 문인이 걸어온 길』, 한길사, 2004.

이종호, 「지역 한문학 연구의 회고와 전망: 안동지역을 중심으로」, 『한국한문 학연구』 39, 한국한문학회, 2007.

이종호, 『월천 조목의 삶과 생각 그리고 문학』, 한국국학진흥원, 2007.

이종호, 『온유논후: 퇴계학 에세이』, 아세아문화사, 2008.

이종호, 「퇴계 수창시의 양상과 의의」, 『한국의 철학』 47, 경북대학교퇴계연구 소, 2010.

이종호 외, 『열녀와 의리: 조선후기 안동권 열녀전의 이해』, 북코리아, 2012.

이종호, 「18세기 안동 여항문학 시탐」, 『대동한문학』 41, 대동한문학회, 2014.

주승택, 『선비정신과 안동문학』, 이회문화사, 2002.

제5부 안동의 문학

1장 안동 지역 설화의 민중의식과 민족문학 인식

성균관대학교 국문학과, 『제2차 안동문화권학술조사보고서』, 성균관대학교 국문학과 학술조사단, 1971.

송지향, 『안동향토지』 상, 대성문화사, 1983.

이효걸, 『천등산 봉정사』, 지식산업사, 2000.

임재해, 「내려오는 전설」, 『내 고장의 자취』, 안동시, 1982.

임재해, 「설화에 나타난 겸암과 서애의 엇갈린 삶과 민중의식」, 『퇴계학연구』 5, 안동대학 퇴계학연구소, 1993.

임재해, 「설화에 나타난 조월천의 삶과 그 민중적 인식」, 『퇴계학연구』 3, 안동대학 퇴계학연구소, 1991.

임재해, 『민족설화의 논리와 의식』, 지식산업사, 1992.

임재해, 『한국구비문학대계』 7-9, 한국정신문화연구원, 1982.

임재해, 『한국민속학과 현실인식』, 집문당, 1997.

최정여 · 천혜숙, 『한국구비문학대계』 7-13, 한국정신문화연구원, 1985.

한양명, 「안동 동채싸움 관련담론의 전승양상과 향촌사적 의미」, 『한국민속학』 29, 민속학회, 1994.

강재철 · 홍성남 · 최인학 편, 『퇴계선생 설화』, NOSVOS, 2011.

권정수, 「동채싸움(안동차전) 부활기」, 『영가문화』 1, 영가상록회, 1982.

류증선, 『영남의 전설』, 형설출판사, 1971.

성병희, 「하회 별신탈놀이」, 『한국민속학』 12, 민속학회, 1980.

임동권, 「안동지방 차전—놋다리」, 『무형문화재조사보고서』 35, 문화재관리국, 1967.

임동권, 『한국민속학론고』, 집문당, 1971.

장주근, 『한국의 향토신앙』, 을유문화사, 1998.

Janet Wolff, *The Social Production of Art*, The Macmillan Press Ltd., 1981.

2장 안동 여성과 규방가사

권영철 편, 『규방가사-신변탄식류』, 효성여자대학교출판부, 1985.

나정순 외, 『규방가사의 작품세계와 미학』, 역락, 2002.

신경숙, 「규방가사, 그 탄식 시편을 읽는 방법」, 『국제어문』 25, 국제어문학회, 2002.

이정옥, 『내방가사의 향유자 연구』, 박이정, 1999.

정형우 외편, 『규방가사 1』, 한국정신문화연구원, 1979.

김용직 편, 『이육사』, 서강대 출판부, 1995.

김용직 · 손병희 편, 『이육사전집』, 깊은샘, 2004.

김재홍, 「육사 이원록」, 『한국 현대시인 연구』, 일지사, 1986.

김희곤, 『이육사 평전』, 푸른역사, 2010.

류순태, 「이육사 시에서의 '고향'의 의미화 연구」, 『남도문화연구』 24, 순천대 남도문화연구소, 2013.

박현수, 『원전주해 이육사 시전집』, 예옥, 2008.

손병희, 「어두운 시대, 빛나는 정신」, 『예향의 도시, 문학을 말하다』, 대구문화 재단, 2013.

이미순, 「한국 근대문인의 고향의식 연구」, 『비교문학』 23, 한국비교문학회, 1999.

이시활, 「근대성의 궤적: 이육사의 중국문학 수용과 변용」, 『동북아문화연구』 30, 동북아시아문화학회, 2012.

이효걸 외, 『안동 원촌마을』, 안동대학교 안동문화연구소, 예문서원, 2011.

안동문화로 보는 한국학

1판 1쇄 발행 2016년 2월 20일
1판 2쇄 발행 2016년 7월 10일

지은이 | 배영동, 정진영, 윤천근, 이종호, 이지영, 임재해
펴낸이 | 조영남
펴낸곳 | 알렙

출판등록 | 2009년 11월 19일 제313-2010-132호
주소 | 서울시 강서구 공항대로45길 101 강변샤르망 202-304
전자우편 | alephbook@naver.com
전화 | 02-325-2015
팩스 | 02-325-2016

ISBN 978-89-97779-60-4 93380

이 출판물은 2015년도 정부(교육부)의 재원으로 한국연구재단의 지원을 받아 수행된 연구임.
(This research was supported by the National Research Foundation of Korea(NRF) funded by the Ministry of Education)